地势坤，君子以厚德载物。

如果这是宋史

壹

太祖开国

高天流云 著

浙江人民出版社

目录

第一章　我本乱世一根草

中国这一段的历史，从一个人的离家出走开始。

赵匡胤，时年二十一岁，已婚。此前的生活平静得像是一潭死水，没有任何特别的事发生。别看二十一年平淡无聊，出生时却很不得了，据说赤光绕室，异香经宿不散，生出来时体有金光，三日不散，胞衣如菡萏。

这都成了他日后伟大非凡的理由。

可怜的赵匡胤，这是多么严重的异形胎加新生儿黄疸，一连黄了三天还没好，还被人调侃了一千多年！

在这空洞无聊的二十一年里，赵匡胤干过的唯一一件出点格的事，就是骑了一匹烈马冲出城，结果脑袋撞到城门，硬生生栽下马来。旁观的人吓坏了，以为他这下铁定死了，却不料他立即就跳了起来，不仅没事，反而冲向那匹害他丢了面子的马，骑上去，直到马服了，把面子找回来为止。

结果是郁闷的，千百年来从来没有人佩服他意志坚强，年纪轻轻就把铁头功练到炉火纯青的地步，反而大搞封建迷信，说有金甲神时刻守护，根本没他本人什么事。

话说，一个在冷兵器时代的军营里长大的男孩子，居然在二十一年的时光里，才弄出来这么一丁点的“光荣”事迹，他的折腾能力和顽劣性也就可想而知了。他本应该一直生活在父母身边当个乖宝宝，但他为什么要离家出走呢？

在百分之九十九点九的历史记载里，都说他是因为天生英才难自弃，实在是没办法寂寞，甚至是看到了五代十一国（不是笔误，这段时期可以说是五代十国，也可以说是五代十一国，具体原因以后再说）时兵祸连连，生灵涂炭，他才不得已离开慈母妻儿，出去执行上天的神圣命令，拯救苍生的。

可事实上呢？

非常简单，他家穷，得出去找食吃了。

穷啊，在那个时代里，连皇帝都没觉得自己富裕过。翻开史书，满纸都是禁贩私盐，五斤以上就处死；牛皮全归国有（军需），家存一寸或者贩卖一寸，就处死；铸钱太薄，十余文叠加起来也没有以前一文厚，简直就是薄铁片子，而且敢私铸就处死……反正都是死。至于水灾、旱灾、虫灾或者兵灾时人怎么活，那可是有难度，如果能真实记录下来的话，现在市面上的那些专门吓小女生的火爆畅销的恶心型恐怖片就可以歇菜了。

一点都没有夸张，《人肉叉烧包》之类的片子只不过是些个体变态者的单独行为，如果满城或者方圆几百里内都成了这种店铺，且时刻营业的话，是什么世界？请郑重地记住这句话——那、时、真、的、人、吃、人！

然后我们才会知道后来的赵匡胤有多么伟大。

那么这时就出现一个问题——在这样的世道里，赵匡胤居然能活到二十一岁，还娶妻生子了，不得已才离家谋生，他似乎混得很不错啊。

事实上也真的不错。

赵匡胤的祖先可考的能追溯到他的高祖，名叫赵朓，生活在唐代，做过永清、方安、幽都三个县的县令；曾祖父赵珽在唐代藩镇势力上升时期，历任藩镇属官（注意，藩镇），兼御史中丞，在朝廷里有一定地位；祖父赵敬生于唐末，文武兼备，出任营、蓟、涿三州的刺史；父亲赵弘殷在后唐庄宗李存勖手下任职，是禁军中飞捷军指挥使。

从以上资料可以看出，赵家祖上其实从来都没有真正地显赫富贵过，大都是些县市级的中层干部，不过都挺油滑干练，比较识时务。中央不行了，马上就转地方；汉族的朝廷不行了，马上就给少数民族的政权打工，而且非常忠诚可靠。

他们被各个时代的不同种族的领导人所信任和欣赏，时刻在皇帝身边工作。包括赵匡胤，只不过他最后坏了规矩。

为了更好地了解赵匡胤的成长经历，我们很有必要先知道他的成长环境，以及不断变化的环境。

一切从后梁说起。

终结者朱温。

朱温，讳晃，本名温，宋州砀山人，本是农民。后来又叫朱全忠，不过他很讨厌这个名字，根据他的行为和职业，这简直就是在骂他，并且这是唐朝赐给他的，可他本来是黄巢的人。

黄巢起义，龙蛇混杂，朱温是他的得力部下，一直帮着他攻进了长安当上了皇帝。

皇冠压顶，黄巢马上就变了，简单地说，他变成了刚刚逃跑的唐朝皇帝。此人天天和宫女 PK，并且信任太监，其结果匪夷所思，他居然让这些在唐朝后期能决定皇帝废立的死太监重操旧业，在他的起义军里当上了监军。

朱温惨了，他像唐朝的将军们一样被压制、被欺负，时刻被太监海扁。他冤，他不服，他按照正常程序向他的陛下不止一次地上报申诉，可是一点回音都没有。因为都被太监们习惯性地截留了。

这时候朱温的反应也是非常习惯性的，他本性大发，不可遏制，一刀下去，让太监又丢了一个非常重要的身体部件——脑袋。

后来发生的事可以证明，他把太监们恨到了极点，成了所有太监的噩梦。

朱温宣布向唐朝投降，成了宣武（汴州，河南开封）战区的节度使，并马上向老上级黄巢开战。

这个时候，朱温并不孤单，他在战场上有一个真正强有力的队友，那就是强悍的世袭雇佣兵种族——沙陀人。

沙陀人真正走进中国的历史，是在8世纪。安史之乱后，唐朝无力控制西域（新疆及中亚东部），沙陀人从故乡蒲类县归附了吐蕃，做了侵略唐朝的先锋部队，从此开始了他们的雇佣兵生涯。

沙陀人每战必胜，战果辉煌，给吐蕃人带来了大批战利品和几乎不受其他种族攻击的威望。可是他们也证明了会工作的人通常都不会处理工作关系的悲剧。他们过分地骁勇善战，让东家吐蕃人心里都发毛，于是，吐蕃人打算把他们南迁。

沙陀人幸运地事先得到了消息，他们在9世纪刚开始时，向欺骗员工的吐蕃人拔出了刀。一场火并之后，转战东奔，向唐朝投降。唐政府大喜过望，把他们安置在灵州（宁夏灵武）附近。从此，他们为唐朝效力，同样骁勇善战，同样所向无敌。向西曾经攻击回纥汗国的王庭，向东迁移后，主要的工作变成了帮助唐王朝消灭国内的叛乱。

当黄巢的菊花盛开时，沙陀人的领袖名叫李克用。

李克用遵守工作合同，全力攻击黄巢，不仅把黄巢赶出了长安，而且还穷追不舍。黄巢东撤，正好路过宣武战区，也就是他老部下朱温的地盘。一场大战，结果是朱温喊了救命。

沙陀兵团听见了。

李克用以河东战区（山西太原）节度使的身份，亲自率军赴援。再次大战，黄巢还是不敌，再次跑路。

李克用和朱温也需要休整了，打扫战场后，朱温尽地主之谊，在开封城里，摆出丰盛大餐犒劳救命先生李克用。

事后证明，经常喜欢而且习惯动刀动枪的人，还是不要在一起喝酒的好。酒席筵上李克用喝高了，他怎么看朱温都是个灰孙子模样。

李克用笑嘻嘻地对朱温说三道四，主要内容也就是“你真不是个男人，连那些被我打跑的土匪都打不过，而且还主动叫唤喊救命，真是没种”之类的习惯性酒话……

本来这或许没什么，哪个男人喝酒不吹牛？也许这类话李克用也说习惯了，谁让他兵强马壮所向无敌，经常救别人的命呢？

可是朱温受不了，他死盯着李克用，心里习惯性地充满阴冷。他看着李克用越来越放肆，甚至是非常享受他这时的难堪和愤怒的嘴脸，于是他从牙缝里蹦出了两个字："关门。"

关的是城门，接着朱温拔出了刀子。一场火并，李克用冲了出去，可是他带到城里的弟兄，没一个活着出去的。

这个梁子结死了。

这之后，朱温穷追黄巢，逼得黄巢在狼虎谷（山东莱芜）自杀。然后他数年苦战，才击败了秦宗权。

秦宗权是这个时代甚至整个中国历史上最为卑鄙狠毒的人，万死不足以蔽其辜。他的部队行军，一向不带粮草，只用车子装载盐和人的尸体，饿了就割肉烹食。他平时的行为也就可想而知了。

朱温占领蔡州，又一口气吞并了感化战区（徐州，江苏徐州）、天平战区（郓州，山东东平）、宣义战区（滑州，河南滑县）、泰宁战区（兖州，山东兖州），成了很肥的军阀。

之后，他好运连连，登峰造极，成了董卓、曹操以及袁绍的结合体。一天他突然间接到了当时的宰相崔胤的密信，命他带兵进京救驾。朱温大喜，天上真的掉下了馅饼，而且准确地砸中了他！

朱温进京，他先以迅雷不及掩耳之势冲进皇宫，根本没兴趣搭理皇帝，而是先把太监们斩尽杀绝。一共几百人，全部死在刀下。其中有两个新任命的禁军司令官，甚至连绝大多数无权无势，也属于被迫害的小太监也不放过。史称当时哀号呼冤之声，宫外数里皆闻，把皇上和大臣们彻底震住了，之后少费了不少口舌。接着朱温下令，把派到各战区当监军的太监们也都就地处决。

各战区的同志们通力合作，非常愉快！

为时一百四十九年（公元 755—903 年）的宦官统治天下的时代终于结束了。

在这一百四十九年里，层出不穷的死太监们可以随意废立李世民的子孙，天下所有事情都由他们操办。虽然他们也是人，也有人权和参政的欲望，但是做出来的事实在太混账了，真是死不足惜。只不过，谁也不会料到，干掉他们的人居然会是朱温，这也许就是恶人自有恶人磨吧。

这之后，朱温把长安拆了。长安城的宫殿和所有民宅全部被拆毁，百万市民立即赤贫。

长安，这座作为中国首都长达一千多年之久的显赫巨城，就这样被彻底毁坏，永远丧失了被选为帝都的资格。

朱温带着皇帝和长安全体市民一起回了他的老家根据地开封。

朱温像曹操那样把皇帝弄到手，却没耐心长时间地养着。仅仅四个月之后，他就干掉了当时的皇帝李晔，命李晔的儿子李柷继位。三年后，他命令李柷禅让。

伟大的唐朝终于在名义上彻底灭亡了，后梁建立，国都开封。

这个消息让天下乱上加乱，所有的节度使一起大骂朱温是乱臣贼子，然后都忙着在自己的地盘自立为王，五代十一国正式开始。他们的领头大哥朱温，在当了六年皇帝（死的前一年还屠城）之后，被他的儿子一刀干掉。十一年后，记忆力健全的沙陀人等到了机会，他们的首领李存勖奇袭开封，把姓朱的人连根拔起。

没有梁了，现在的主人又姓了唐。只不过，它是“后”。

这之前，北方的桀燕帝国，西边的岐王国，都已经被李存勖做掉了。如果去掉它们，加上北汉，那么就是“五代十国”。如果保留它们，就是十一国。

很烦是不是？人家都报过名了，却不带人家玩。可谁让五代十国叫着顺口呢。

赵匡胤出生在后唐。

后唐庄宗李存勗之后是后唐明宗李嗣源，这位陛下喜欢干的事是拜月焚香，同时喃喃自语。

他通常都会这样说——天啊地啊，你们都知道，俺本是个蕃种土包子，被人强迫才做了皇帝，可不是俺自愿的。你们就早点降下来个圣人吧，好把俺赶下台。

历史证明，他的确是个蕃种土包子，他忘了，伟大的天可汗李世民的身上就流淌着蕃种鲜卑人的血液，亏他还宣称自己是大唐王朝的合法继承人。

圣人真的降下来了，就在离他皇宫不远的夹马营。赵匡胤出生了，那一天是公元 927 年二月十六日，为后唐天成二年。

李嗣源痴痴地等待，并不知道他的祈祷已经成功。他没兴趣东征西讨，怕抢了未来圣人陛下的功劳，而沙陀人的军威也让其他的“皇帝”对他没兴趣。就这样，一连八年没有战争，后唐境内风调雨顺，连年丰收，李嗣源过的是小康生活，连带着在他身边讨生活的赵匡胤一家也过得下去。

可是李嗣源毕竟老了，他死了，他的儿子李从厚接班。李从厚没事找事，在公元 934 年做了一件事，表面上看很简单，就是让他的义兄李从珂搬个家。也不太远，从陕西凤翔搬到山西太原。

按说太原总比凤翔大，职务上也是平级调动，明明是偏向自家人，可李从珂的反应却是突然抓狂，他直接起兵，攻陷洛阳，把本已经弃位逃跑的李从厚抓住干掉了。

李从珂真是疯了吗？当然没有，虽然他义弟的皇帝宝座让他流口水，可要他主动造反，还真没那么简单。

藩镇的宿命——搬家马上死。

节度使离开根据地，失去自卫力量，在途中就可能被一纸诏书赐死。与其死得那样窝囊，不如明刀明枪地干上一仗！

这是场流了血的政变，规模之大，包括换了皇上。可是像奇迹一样，事变过后，赵匡胤一家人安安稳稳的，毫发无伤。最神奇的是一家之主赵弘殷居然还在新皇帝的禁军中找了份差使，而且还是个官。

可见赵弘殷先生绝对没有贴身保护当时逃难的主人李从厚陛下，他失职了。

不管怎样，赵匡胤仍然在平安地长大。

三年之后，在他十岁时，发生了一件事。当时还是个小孩子的他绝对不会想到，这件事成了他一生中最大的麻烦，同时也是他子子孙孙永远都搞不定的任务。起因是皇帝李从珂也犯了前任皇帝李从厚的毛病，要他的姐夫——河东战区节度使石敬瑭也搬个家。

石敬瑭也很抓狂，但没有马上起兵。理由很简单，他没那个实力。可是他绝对不想等死！怎么办？讨伐他的军队已经在路上了，千万把刀子正在向他越逼越近！

一定要想出个办法来……办法有了。他想到了契丹，他要向契丹求救，用土地换生命——用后唐的土地换他的生命！

燕云十六州，幽、涿、蓟、檀、顺、瀛、莫、蔚、朔、云、应、新、妫、儒、武、寰。东西约六百公里，南北约二百公里，面积约十二万平方公里！这相当于三个台湾岛，连同土地上的人，都被石敬瑭断送给了异族！更要命的是，我们千百年来倚为生命屏障的万里长城，已经彻底失去了功能。因为敌人已经越过了它，进来了。

从此，燕云十六州到开封，一马平川五百公里，再没有一个险要的关隘可以阻挡敌骑，而我们要反击，就要逆着地势向上仰攻……下面的事情就简单了，是人都不会放过这样的机会，当时的契丹皇帝耶律德光欣喜若狂，立即御驾亲征，动员全族力量帮助石敬瑭去摆平李从珂。

在这里，实在没有理由咒骂耶律德光乘人之危。换我，我也这样做，我得为自己的子民和后代子孙谋福利！要怪，只能去怪那些对不起自己民族的败类吧！

石敬瑭表示没有压力，因为他是沙陀人，与汉人没关系。

就这样，后唐完蛋了，只有十四年，比朱温建立的后梁还少了三年。末代的后唐皇帝李从珂带着传国宝玺登上玄武楼自焚，在后唐的灰烬中，后晋粉墨登场。

这时的洛阳也残破了，石敬瑭把帝都迁到了他的根据地开封，也就是汴京。赵匡胤的父亲再次显示了他的特长，他居然还是新皇帝的禁军，仍然是个不大不小的官！

我无意讽刺他，在乱世中谋生存，为妻儿求温饱，是一个男人的可贵本能。

赵匡胤随着父母从洛阳来到了开封，在这个陌生的地方开始了新的生活。生活仍然平静，这时的他会想到他现在生存着的这座城市，有一天，也会成为他的帝都，人们也会对他俯首膜拜，山呼万岁吗？

石敬瑭当上皇帝了，可是谁也没有料到，他突然间心理变态，严重的程度在历史上前无古人。

他先是认真履行了事先签订的买卖双方合同，把燕云十六州连同所有原住民都交割给了契丹。按说这样就已经货款两清、各不相欠，契丹人都乐疯了。

这种病急乱投医式的许诺，事后多半都不会认账，哪怕只兑现了百分之五十，都是无可救药的老实人。可是没隔两年，他居然隆重地向契丹皇帝耶律德光提出了一个新的要求，这要求新奇别致得让耶律德光都措手不及，使他两颊飞红、内心忐忑。

“爹，让我当你的儿子吧。”

这就是四十七岁的石敬瑭向三十七岁的耶律德光提出的要求。

还有什么好说的，一个国家出了卖国贼一点都不稀奇，哪个民族、哪个时期没有过？不过这样主动寻找外国主子，把国土像大白菜一样送人，再恬不知耻地称父称儿的行径，有谁看见过吗？就算是后世的卖国大盗袁世凯签订《二十一条》，也没找个外国干爹过过瘾。

耶律德光实在是拿他没有办法，只好收下了这个儿子。他的儿子当了七年的皇帝后，终于先他而去了。继位的人是他儿子的侄子，名叫石重贵。这个孙子，就让他心烦了。

石重贵承认是孙子，却绝对不称“臣”。也就是说，在私人关系上，你是我爷爷，可是在工作关系上我们是平等的！耶律德光哭笑不得，姓石的人可真是各有各的特色，那就随他去吧。

可是石重贵的下一个举动，就不由得耶律德光不抓狂了。

石重贵把在后晋经商的契丹人全都抓了起来，不问青红皂白一律砍头，正式断绝了两国贸易。这还不算，石重贵整军经武，动员全国军队，准备重温沙陀人当年横扫天下的雄风。他下旨——“生擒德光者，擢升节度使”。

好了，耶律德光明白了，该做什么已经完全清楚。他再次御驾亲征，沙陀人早已不是当年强悍无敌的雇佣兵种族了，契丹兵团没费什么劲，就搞定了开封。

后晋，只立国十一年，就毁灭在当初缔造它的恩主手里。所有姓石的皇族，包括石重贵和他的家人，还有石敬瑭的老婆，也就是李从珂的姐姐，都被放逐到东北两千公里以外绝对荒凉神秘的黄龙府——现在的吉林省农安，之后具体怎样再也无法考证。

这一年赵匡胤已经二十岁，他十九岁结婚，此时已经是个成年男人了。他应该目睹了契丹兵团进入开封城门，亲眼看到了契丹皇帝耶律德光登上了城楼，微笑着向惊慌奔逃的开封百姓们说——我也是人，你们不要害怕，我来当你们的皇帝，让你们休养生息。

当天日落时分，契丹皇帝退出开封城，驻兵赤冈。真是奇迹，契丹兵团虽然已经破城而入，但是并没有顺势剽掠抢劫。

赵家人仍然平安，毫发无损。只不过这时耶律德光自有契丹本族的禁卫军，赵弘殷先生暂时失业。

耶律德光在赤冈换上了皇帝的新装，中原的皇帝什么打扮，他就怎么装饰。顾影自怜，他觉得自己已经是个很地道的中原皇帝了——把中原和草原联合起来管理不是很好吗？而这种工作方式，他早就非常熟悉了。

公元916年立国的契丹至今已经三十一岁了，不算长，但耶律德光深知，汉人是契丹的命根子，他的国家之所以能超越突厥、回纥，迅速成为超级大国，全靠汉人的贡献。

这是个沉痛的现实，中原无休止的动乱，让大批的汉人远远逃出国境，到草原沙漠上去讨生活，不知不觉中，让异族人迅速受益。而异族人也非常关照他们，契丹从立国之始，政府就是双套的，分为南院、北院，南管汉人，北治契丹。

南院政府对汉人“照顾”得无微不至，最重要的一项工作，就是一种特殊的保护措施——保证汉人绝对没办法再逃回去。

就这样，契丹成了有史以来东亚大地上最最幸运的少数民族。想想他们的前辈，无论是匈奴，还是突厥，或者是回纥、吐蕃，哪一个不是垂涎于汉人的富裕，骑着马举着刀过来明抢？可结果往往是千辛万苦抢到手，自己的身上也是血迹斑斑、伤痕累累，更有甚者，偶尔碰上汉人出了个强硬的皇帝，比如秦始皇、汉武帝、唐太宗，还要被反攻倒算。

哪一个比得上契丹？汉人先是自己送上门来帮助生产，把契丹养肥变壮，然后沙陀人突然间双手献上燕云十六州，让契丹人凭空得到巨大的财富和无穷无尽的生产力，之后最绝的是生怕契丹人突遇富贵没法消化，后晋居然让契丹人适应了整整十年，然后石重贵这个“孙子”才把中原的腹地断送给了契丹。

这样的机会哪里是千载难逢，简直是自有汉人以来的两三千年里，从来没有给过异族人的机会！

耶律德光决定不走了，无论如何都不走了，一定要落地生根，把契丹就此真正地做强做大。他的具体措施是这样的——首先让开封稳定，并且从他开始改穿戴中原衣冠，从心理上先和汉人拉近距离。接着他把后晋的文武百官都召集起来，告诉他们每人官复原职，薪水加倍，并给予几个知名人物新职。

这样一来，后晋的各位藩镇大人都松了一口大气，这些拥兵自重的大佬，在石重贵和耶律德光的“家务之争”中，多数没有插手，所以兵力基本无损。这时，他们大多上表称臣，让耶律德光也松了一大口气。

但是，只有一个人表现得很不积极。仅仅是不积极，就让耶律德光在开封寝食难安。这个人就是北京（今山西太原）留守、河东节度使刘知远。

刘知远，沙陀人，是石重贵时期最强的藩镇，兵力远远超过其他节度使。此人从小贫苦，以牧马为生，长大后在后唐明宗李嗣源部下当兵，是真正地从生活底层做起，一步步爬到了一个军人所能达到的极限高度。在无数的腥风血雨中，他逐渐拥有了一个独特的、让他可以真正屹立不倒的武器——沉静。

以后发生的事情，证明了他的沉静远比这个时代最流行的勇敢机敏、凶狠残酷等暴力特征更加具有决定意义。

在这场战争中，虽然刘知远时刻关注战局，可始终按兵不动。就连契丹人攻入开封，俘虏石重贵时，都不肯支援，真正做到了冷眼旁观，无动于衷。在大多数藩镇对耶律德光称臣时，他也只是派人到开封向耶律德光表示祝贺，仅此而已，再无其他。

耶律德光沉不住气了，他知道有很多人都在看着刘知远。刘知远不服，人心不固，已经有一些藩镇和后晋的大臣转而逃往后蜀或者南唐了。不能再耽搁，耶律德光决定主动出击。他没有动兵，而是给刘知远送去了一件礼物和一封信。

礼物是一支木拐，样式和用料现在已经不可考证，不过运送的过程中，汉人惊奇地发现，所有的契丹兵将都为木拐避道让路，就好像这支木拐正被耶律德光本人抓在手里。可见这的确是一种殊荣。

刘知远愉快地接受了礼物，据说当天就开始拄拐。至于那封信，就让刘知远沉默了。他真不知道，原来白痴也是种传染病，耶律德光已经深深地被石氏父子给感染了。在这封信里，耶律德光对刘知远非常亲切，亲切和重视的程度达到了一个空前的高度。

信的开头是这样写的："我亲爱的儿子知远，你好吗……"

刘知远深深地呼吸，再深深地呼吸，信还是稳稳地被他拿在手里，没撕碎，没骂娘，什么事也没有发生。耶律德光则继续郁闷，他仍旧什么回答都没有得到。他纳闷，为什么？我做错什么了吗？难道在中原，当别人的儿子不是件很光荣的事吗？实在不解，他只好再次让人带话给刘知远——你不事南朝，也不事北朝，究竟想干什么？

这次他很快就得到了回答，刘知远用行动告诉了他。契丹人在公元 947 年正月攻入开封，刘知远在公元 947 年二月十五日，在山西太原称帝。

的确是不事南朝，也不事北朝，大丈夫兵强马壮，何须屈膝他人，更何况是异族敌寇！

刘知远称帝，留给耶律德光的就只剩下华山一条路了，那就是立即发兵，把刘知远和太原荡平，而且要快，不然刘知远就会变成一块磁铁，把原本在观望的和已经投降的后晋所有势力都从他的身边吸引过去！但是他却不得不佩服刘知远的胆子，要知道，这个时候河北、河南已经完全被契丹控制，关中诸藩镇也已经多数归降，刘知远所在的河东三面受敌，就这样都敢突然称帝！

耶律德光惊怒之余，非常自信，相信只要他发兵，就一定可以迅速剿灭刘知远，从而杀一儆百，平定中原。

计划永远没有变化快，杀气腾腾的耶律德光突然间发现他的兵都非常忙，原来他们一直都在作战！

这里就要说说契丹兵团的军饷制度了。契丹从来不给军队发饷，出兵打仗就是给士兵们发财的机会，挣多挣少看本事，这种方式按他们自己的行话讲，叫“打草谷”。

这次契丹兵团前所未有地深入中原，最富庶的开封不许动，周边市县总可以打一打吧？结果契丹骑兵们每天都四面出动，随意打劫。据史书记载，中原数百里间，财产牲畜被一扫而空。

代价是他们惊奇地发现，中原的老百姓原来比石重贵的正规军强悍得多，多者数万，少亦千百，对他们群起反抗，让契丹兵团遭到了前所未有的沉重打击。等到耶律德光想对刘知远动手时，局面已经不可收拾。

审时度势，耶律德光长叹一声，再不留恋，马上撤退。一路之上，契丹皇帝亲自打草谷，也亲身承受了中原百姓的回击。当他走到河北省栾城县境内的一片树林时，突发暴病而死。此地被中原人命名为“杀胡林”，以此表示对耶律德光这个蛮族酋长的仇恨和戏弄。

作为契丹的皇帝，耶律德光竭尽全力为本民族争取利益，前后数次亲征南下，为契丹当代人取得了梦想不到的富贵，也为子孙后代留下了享用不尽的遗产。平心而论，他是个了不起的人，只可惜现在契丹人已经绝迹灭种了，不然，他一定会像蒙古人的成吉思汗、满族人的努尔哈赤那样被永远地怀念祭祀。

耶律德光死后，契丹内部立即分裂。原因与中原局势一样，就是谁来当这个皇帝。而办法也只有一个——就算是为了传统，一番争斗也不可避免。

契丹军队迅速离开汉地，赶回老家。

刘知远顺势起兵，向开封进发。一路上畅通无阻，据后来的《资治通鉴》记载，是真正兵不血刃地进了京城。

他的沉静，终于使他成功，让他在一个个关键时刻都等到了最合适的时机，得到了最大限度的利益。

耶律德光地下有知，一定会极度郁闷。他可望而不可即的中原皇位，居然就像是凭空而落，砸到了刘知远的头上！

刘知远成功了，无比顺畅，连反对者都没有。

公元947年六月三日，开封，后晋的文武百官列队迎接新的皇帝，从此一个崭新的朝代——后汉诞生。刘知远的第一道命令是，凡受过契丹任命者都不必忧惧，都可留任原职；而且原后晋的臣子，上至节度使，下至将领官吏，官职不变。（会不会重叠？）

反正不管怎样，赵弘殷先生再次回到了禁军里，平安无事，随波逐流。

这时，赵匡胤已经二十一岁了。

回顾这二十一年，这期间三个朝代更迭，六个皇帝斗得你死我活，连契丹人都曾到他家门口一游，而赵匡胤居然毫发无伤，这太不容易了，称得上是个奇迹。更加不可思议的是，连同他的家人，也没有一个人在这些翻天覆地的剧变中死亡——连受伤致残的都没有。

这至关重要，不仅对赵匡胤本人，而且对后来的建国方式，乃至于国家民族意识形态的形成，都有决定性的作用。

试想，如果一个强悍得足以在乱世中开天辟地、创立国家的男人，曾经在他的成长过程中，目睹他的亲人死于战乱，或者冻饿致死，再有甚者他本人流离失所，备受欺凌，他会变成什么样的性格，习惯于怎样处世？

想想明朝的开国皇帝朱元璋，这个苦大仇深的贫农子弟，他的人生经历，他后来怎样对待他的开国功臣，以及他所创立的明朝的国政制度，就足以说明一切了。

这里我想提醒所有看到这一段落的朋友，如果你们有孩子，那么就请一定给他个差不多的生存环境吧。不必太舒适，更不必怎样奢华，惯子如杀子，反而不美，只要能吃得饱、穿得暖，不要在他的面前时常吵闹，就很好了。至少这个孩子的性格就不会太偏激异常，他就会正常地成长。

或许他不会成为赵匡胤，但至少他不会变成朱温。

赵匡胤在他二十一岁的这一年里，是不快乐的。生活永远最现实，肚子就像《荷马史诗》里《奥德赛》中所说——永远是个无底洞，人人都为它奔忙劳苦一生。

这些年里，赵弘殷先生小心翼翼，如履薄冰地保持着自己不上不下的禁军官位，维持着一份不厚不薄的中低层薪水，把自己的小家保持在温饱的生存线以上。而且，还给大儿子娶了媳妇。这已经非常不易，极其难能可贵了。但是，随着战乱的不断发生，朝代的更迭，尤其是契丹人无情的掠夺，让国家的经济大环境越来越差，赵家的生活水平也相应地越来越低。更何况这些年来赵阿姨又为他生了两男两女，这就真正让他力不能支了。

赵家长子匡胤兄弟该怎么办？还要靠老爹养活吗？他身强力壮，整天游手好闲、里出外进，吃得比谁都多，而且连他都开始生娃了，这不是要人命吗？综合种种现实，摆在他面前的只有一条路，那就是走出家门，闯出一片天地，就算不能赚出个大家大业，也至少得把自己的一张嘴给带出去，别给家里再添乱。

我有些口齿轻薄，而且唠唠叨叨的吗？

不，绝对不，赵匡胤当年听到的话远比这难听得多。十二年之后，当他已经是后周的第一军事强人时，因为城里传言“点检做天子”，而他正是殿前都点检，他很郁闷地回到家，随口发了句牢骚，他妹妹就铁青着脸从厨房里冲出来，举着擀面杖把他抡出家门，并且骂他——大丈夫临大事，可否当自决于胸怀，回到家里吓唬女人干什么？！

谁说家里是男人的安乐窝？无论在外面发生了什么，哪怕已经是要出事掉脑袋了，你都不能回家来说句话缓缓神、减减压——你能做的，只有把苦闷埋在心里，把笑容挂在脸上。让笑容一直存在，直到你的人头被砍下来挂在城墙上示众，笑容都不要发生变化。这才是男人，一个纯爷们儿。

想想吧，那时赵匡胤已经是一人之下，万人之上，他老妹都敢这样对待他，那么他在家里白吃干饭，他受到的嘴脸又是怎样的？在下面，我们将看到，初出家门的赵匡胤什么也不懂，干什么也不行，已经饿得在田垄地头偷吃白菜，可他仍然不回家，就有了答案——家，回不去。一来回去也没他的饭吃；二来他终究是个有脸有皮的大男人，怎能受那个鸟气！

就这样，赵匡胤无可奈何，但也毅然决然地走出了家门，奔向了他自己的命运。

第二章　冻不死的种子

家，一步步地远了。生平第一次离家远行，赵匡胤的心情是怎样的？完全可以想象，不管是为了让家人安心，还是不愿在讨厌的人面前最后一次丢脸，他都会站得很直，很快走远。

我无端地想象，赵匡胤也会回一次头，没走多远，他就会站下，向来路张望。可他已经什么都看不见了。他的家在开封城里，千家万户，陌巷勾连，十几步几十步之外，他的家已经被别人的家遮挡。

他看不见自己的家了。

那就走吧，他紧了紧背上的包袱，继续上路。

第一站，南下随州，去投靠他父亲的好朋友随州刺史董宗本。

董宗本为一方之长，什么地方安插不下一个人？于是赵匡胤如愿以偿地开始工作了。他那时的理想是什么？想在董宗本的手下做多久？工作的目的是按月给家里寄钱，还是想尽快地在随州打下根基，把妻儿接到身边来？

这些都已经无法考证了。就连他当时具体负责什么工作，都查无实据。但是完全可以想象，高大强健、仪表堂堂又开朗大度的赵匡胤是广受欢迎的。尤其是他一直生活在当时北方最大的都城之中，无论是洛阳，还是开封，都不是小小的随州可比的，多年养成的大都市气质，哪怕仅仅凭借一些有意无意间流露出来的生活习惯，都会让他鹤立鸡群、受人关注。

但是，麻烦也随之而来了，他抢了别人的风头。一个本来受人瞩目、鹤立鸡群的人倍感屈辱，这个人就是本地的第一公子、最大的二世祖——随州刺史董宗本先生的儿子董遵海。

这里我们必须提一下赵匡胤身上的一些特质，以及这些特质在人世间的无可奈何。

不知道朋友们有没有注意到，在我们这些平凡人的身边就有些很奇异的人。这些人无论走到哪里，都会很受欢迎。大家喝酒，总会想起他；有什么礼品券之类的好处，也会分给他一些。可是仔细想来，这些人却一直没为我们做过什么，他们本身也没什么了不起的地方。大家私下里一想，就觉得这种人不怎么地，于是决定疏远他们，再不搭理。可是奇怪的是，就算心里已经做了决定，但是只要一见了面，还是会不由自主地跟他们笑、闹，打成一片，把以前的成见抛到九霄云外。

这就是魅力，没法解释，没法复制，没有的人没法强求，拥有的人却挥之不去，是最没道理可讲的东西。有些人仅凭着这种特质，就会青云直上，飞黄腾达（比如请客送礼、走歪门邪道的那些人）。而这还只是初级层次、低阶段的，一旦这种魅力上升成了品位，和不同凡响的外貌、非同一般的能力结合起来，那就真正不得了了，会使人一见倾心，为之死心塌地地吃苦卖命，直到自己死了，还会嘴角含笑，觉得一生都值了（这个例子我就不举了，绝对不举，我还想活着）。

不幸的是，赵匡胤就有这种特质。而这种特质说起来，也是一把“双刃剑”，会让他随时随地与众不同，也能让他每时每刻显头露脸，招人嫉恨。

被抢了风头的董公子恨透了赵匡胤，有赵匡胤在随州简直让他寝食难安。说起来也不怪他，像他这种衣食无忧的高干子弟，每天最重要的事不就是些“精神境界”的追求吗？于是，在他的大力干扰之下，赵匡胤只在随州待了半年，就不得不卷铺盖走人。

第二站，复州（今湖北天门市），这次他是去投奔父亲以前的老部下王彦超。此人身膺武职，是防御使。赵匡胤受够了文官的气，想着在武将的手下总能痛快些了吧？

结果非常痛快，王彦超请他吃了一顿饭，在饭局上连连呼酒，主客尽欢，最后一道菜是一个托盘，上有铜钱 N 贯，赵匡胤被直接打发上路走人。

真是痛快。

走出复州，赵匡胤在城外无边的野地里停了下来。四顾茫茫，还要去哪里？他的腿脚仍旧充满了力量，随时可以走得很远，可问题是为什么接连到了两处，都被人拒之门外呢？

是自己哪里做错了吗，是这种投亲靠友的方法本身就是错的？赵匡胤觉得一定要弄清楚这个问题，不然他心里没底，只怕再走八处，结果还是一样的。

赵匡胤想了多久没法考证，想清楚了没有，外人也没法推敲，反正他再没去父亲的其他朋友那里丢人现眼。他记得自己是赵家的长子，也记得自己的祖先世代为官，好不容易才积攒下来的这点人脉，千万别毁在自己的手里，从此变成笑柄。

但是，很快最初的那个难题就又找到了他——他的肚子。人一天得吃三顿饭，他太年轻了，正处于新陈代谢最旺盛的时期，而且还如此强壮（听说身体越好的人越不耐饿，困难年代先饿死的都是最棒的小伙子），让他怎么办？

可以想象，他最初从家里没带出来多少钱，在董宗本那儿半年，也没弄到多少盘缠，而王彦超的N贯铜钱经过精打细算，大概能够他走出复州，不会饿死在王彦超的地盘上。于是，在《宋史》以及宋人的历代笔记中，就留传下来这样的记载：

比如某位和尚正睡午觉，突然做梦，梦见一条金龙从天而降，正落在他种的白菜地里。这条龙落地之后的行为非常古怪，很不符合人们印象中的神物形象，它居然马上张口大嚼，把好几垄的白菜一扫而空。

和尚被吓醒了，马上跑到地里去看。结果发现一条大汉蹲在白菜地里，好多白菜都不见了，而该大汉像个超级菜虫，看见来人了都没反应，还是蹲在那里继续大嚼，完全没有停下来的意思。

又比如，赵匡胤行路劳累，无处栖身，只好躺在野外的大树下，而树不移荫，始终为他遮着阴凉。

这样的事很多，零零碎碎的综合起来也都一个意思，本人没心情多写。值得一说的是赵匡胤穷极无聊，开始了赌博。只不过惨了点，他先是赢大了，然后就全赔了——他忘了强龙不压地头蛇，在一个陌生的地方和一群陌生的人赌，赢得多了还不赶快收手。

没钱啊，估计赢一点心里就想着又能多吃顿饱的，结果就利令智昏了，那么结果就一定是得运动一番。很不巧，那天赵匡胤竞技状态不佳，被人围攻痛扁了一顿。

这样的事一件接着一件，不断地侵蚀着赵匡胤的肉体，更不断地摧残着他的心灵。他在不断地挣扎，要在这个乱世里凭着自己本身之力活下去，可是路在哪里，却一片茫然，越来越茫然。请注意，这时他只是赵匡胤，还远远不是宋太祖，他只不过是一个刚刚二十岁出头的毛头小子，第一次出门求生，至此已经举目无亲，求靠无门。

换你，你会怎么样?

赵匡胤没有沉沦。困境，让他看到了真正的自我。一个人能够明白自己是多么不容易，行进在险恶冷漠的陌生世界里的赵匡胤，有一天面对初升的太阳，突然间豪兴大发，随口吟出一首诗——欲出未出光辣达，千山万山如火发，须臾走向天上来，逐却残星赶却月。

诗，很平常，并无多少文采。但歌咏言，诗言志，看诗要看其中的气象，穷究词句，为一二字搔首终日，推敲不停，乃腐儒酸丁也！赵匡胤不仅没有气馁，反而更加蓬勃激扬。他决定了，要重新北返，回到他的故乡。

只有北方，那个已经变得更乱的世界里才有他发挥的空间。

这时，距赵匡胤离家已经有两年了，可以说他混得很差，如果那时候他能有张照片留念的话，想必我们能够看到一个衣衫褴褛、面黄肌瘦但目光炯炯的英悍青年。无须嘲笑，说实话，我非常欣赏这副模样的赵匡胤，甚至为他自豪。

想想看，他为什么会落到如此地步?是他没有能力，还是他运气不好?不，都不是。最大的原因是他坚持原则，一定要按自己的理想去活，才让他穷困潦倒。

有一个外国的汉学家曾经说过，在每一个中国人的心里，都隐藏着一个儒者、一个佛教徒，还有一个强盗。中国人在正常的生活中，都有变成儒者或者崇尚儒者的趋向；意志消沉，或者梦想更加富贵时，佛教徒的影子又会笼罩他们的心灵；到了山穷水尽时，就都会变成强盗。

这一点无须讳言，几千年以来我们就是这么活的，而且在我们的潜意识里，强盗的行径是如此浪漫和理想。如果列举我们的偶像的话，梁山上的哥哥们都会名列前茅。

赵匡胤在这两年中，每时每刻都可能变成强盗。而凭他的个人素质，在这个乱得没有王法的年代里，当个强盗一定非常优秀。

世所公认，赵匡胤是中国历代所有皇帝中个人击技最强悍者。他本没有必要把自己弄得狼狈不堪，但是他坚持下来了。信念就像是一颗过了冬的种子，寒冷没有夺去它的生命，就注定了在它破土而出时，会更加茁壮茂盛。

每一个人的成功都不是偶然的，就像刘知远的帝位绝不是凭空而落。赵匡胤之所以能成为宋太祖，而不是朱温，他创立的朝代文华风流、温和而不酷厉，从他最初的坚持中，这些就已经注定了。

一路向北，归心似箭。赵匡胤已经晚了，至少晚了整整一年。一年前，就在他离开董宗本，去投奔王彦超时，他的家乡就天翻地覆了。

皇帝又死了，刚刚登基做了一年皇帝的刘知远突然得病死了，继位的是他十八岁的次子刘承祐，这已经是当时刘氏家族里最好的选择了，可仍旧没法稳定局势。

马上有人反叛，河中护国节度使李守贞、凤翔节度使王景崇、永兴军节度使赵思绾，三大重镇联合谋反，新登基的皇帝立即接受考验。

让人惊奇的是，接到这样的挑战书，年轻的皇帝坐在金殿之上居然哈欠连天（绝对属实，不敢杜撰）。

这真是个奇异的现象，朝臣们不由得交头接耳，就连官场老油条冯道都摸不着头脑。最后他们得出的结论有三点：

一、陛下已经成竹在胸，所以对反叛的蠢人们不屑一顾（这太好了，意味着他们也可以就此高枕无忧，不必战战兢兢，整天坐班侍候）。

二、可以看出陛下虽然年轻，却是位深藏不露、举重若轻的高人（这更加可喜可贺，哪怕他现在并没有马上想出平叛良方都无所谓，因为素质决定一切）。

三、就有些不妙了，十八岁的青年精神萎靡不振，难道是少年天子爱风流，他已经风流过度了吗？

刚刚成年的刘承祐高坐在皇帝宝座上，就这样承受着下面的窃窃私语和好多双暧昧淫荡的目光，他只能苦笑，没法解释。他每天晚上都彻夜失眠，怎么能在第二天的早朝上精神抖擞，震慑群臣？

事情是这样的，他老爸临终前，给他留下了五个宝贵的遗产，他们是：杨邠、史弘肇、王章、苏逢吉、郭威。

这些人或文，苏逢吉，宰相；或武，杨邠、郭威同为枢密使，杨邠内掌机要，郭威外领征伐，史弘肇是侍卫亲军都指挥使，负责京城警备；或管钱，王章，三司使，主管全国财赋。

一个个老谋深算、久经考验。刘知远深信，只要有这五个人扶保自己的儿子，那么后汉的江山就会稳如泰山。

但他犯了天下所有父母的通病，为儿子做了很多，却忘了问儿子要不要。

刘承祐从一开始就认定这五个人把他架空了，军、政、钱，一个国家不就这么点事吗？他什么都摸不着！他从来都没有真正尝过当皇帝的滋味！

老爸……你为什么这么爱我？！

现在机会来了，有人反叛，妙不可言。刘承祐是聪明的，居然无师自通，马上就明白了危险与机遇同在的道理。首先，他必须得平叛，那么派谁去呢？首发人选——郭威。掌枢密使，外领征伐，不是他是谁？何况此人久经战阵，威名远扬，尤其是在本国军中，也许只要他去了，根本不必动手，只需要露个脸儿，就能让叛军投降。

但就是不派他去。

派别人去，哪怕是些无名之辈，只要打了胜仗，就能掌握最为关键的军权，从此培养出自己的嫡系，一步步地收回所有在皇帝名下的动产和不动产。

就这么办了，新皇帝在当年三月下令郭威可以回家去钓鱼，然后命令白文珂、郭从义、常思这三个在史书中都查不出当时担任任何官职的人出兵，大集王师，以期胜利！

时间很快就到了七月，从明媚的春天打到了闷热的夏天，大家都开始穿短裤打仗了，李守贞和他的伙伴们却还是活蹦乱跳的，不断地向其余的节度使展示自己依然健在，活得很好。

局势加倍动荡，刘承祐的威信指数直线下降，迫不得已，他只好像三国后主刘禅拜会诸葛亮那样，亲自到了郭威家里，小心翼翼地问了一句话——我可以麻烦您办件事吗？

郭威的回答极为克制且显身份——臣不敢请，亦不敢辞，唯陛下命。

就这样，郭威出兵，受命节制后汉全军。在行军的路上，有一个风尘仆仆的青年加入了他的队伍，成为普通一兵。谁也没有料到，这是一段传奇的开始。这个青年以此为契机，一步一个脚印，攀上了令人目眩的高度，成为中国历史上独一无二的人物。

唯一一位以职业军人起家，成为立国超过百年的正朔朝代的开国皇帝。

郭威，邢州尧山人，父亲郭简，曾为后晋顺州刺史，死在乱军中。

郭威从小孤苦，四处流浪，在乱世中独自长大。十八岁时，以勇力应募从军。当过亲兵，当过俘虏，一路辗转历经后梁、后唐、后晋、后汉四个朝代，在不同的军队中以智勇不断升迁，最后拥立刘知远在太原称帝，得授枢密使，成为后汉开国功臣。

我们都知道，在不久的将来，如果要精确计算的话，就是在两年之后，他就成了后周的开国皇帝。两年，仅仅是两年，他就可以登峰造极，复制刘知远了，那么他现在的心情呢？

很激动，在热切地期盼着两年之后吗？不，这是个很不好笑的笑话。郭威像所有人一样，不知道第二天会遭遇什么，就像这一天，他正在正常行军，突然接到报告，说有一个自称是禁军护圣都指挥使赵弘殷的儿子的小伙子要见他一面。

赵弘殷？有过一面之缘，他的儿子来了，有什么事？郭威想了想，还是见吧，他很随意地告诉手下让那个小伙子进来。

他根本不会知道，这会是历史上非常难得一见的场面——两位开国皇帝在活着的时候，而且都还不是皇帝的时候，见面了。

赵匡胤进来了，郭威马上就吃了一惊，但不是被他的风采所震撼，而是怀疑起了他的真实身份。这实在不能怪郭威，进来的这个年轻人衣衫褴褛、面带菜色，就像是一个很长时间都吃不饱、穿不暖的人，哪像个官宦子弟！

赵匡胤已经尽了最大的努力了，衣服和头脸他都洗得非常干净了，但是气色还有身体状况却绝对骗不了人。如果你每天只能吃些苞米面窝头加上些原汁大白菜这样的纯绿色食品，而且还只能半饱的话，你无论如何也装不成那些成天吃海参、鲍鱼、龙虾的人，何况这时候赵匡胤的精神气质也与刚刚走出家门，离开当时北方最繁华的城市开封时大不相同了。赵匡胤绝对不像个开封的少爷，他非常冷静、不卑不亢地站在郭威面前，礼数周到但绝不谄媚地向郭威施礼问候。

几句问答之后，郭威相信了赵匡胤的身份，虽然那个时候没有身份证可以确认身份，但是一个人的谈吐和他掌握的信息更能说明问题。尤其是赵匡胤所表现出来的态度，让郭威非常欣赏。

这个年轻人非常坦白地说出了自己的愿望——希望从军，为郭公效力。

郭威问他，为什么不回开封，在自己父亲的手下做事不是更好吗？那样离家近，也会轻松些。如果缺少路费的话，他可以帮忙。

赵匡胤感谢了他的好意，然后说出自己这两年的经历。经历可以证明他不管在外面混得怎样，都不想依靠父亲，要独自闯荡天下打拼人生的决心。在叙述中他没有隐瞒什么，种种狼狈困顿他都没有掩饰，他发现郭威听得很用心，一直很安静、很专注地听他讲完，然后直接问他想要个什么职位。

注意，这是个关键性的时刻，这表示郭威已经准备收下他，在问他具体的工作待遇问题了。怎么办？如果回到两年前，刚到随州向董宗本第一次求职时，赵匡胤会怎么说？相信他一定会考虑到他父亲的身份、他自己的身份以及他不同凡响的志向，唯独不考虑自己的确实斤两，然后要求一个虽然不会太高，但肯定利于升迁的职位。

这才符合他赵匡胤的秉性嘛！

但是现在已经是他第三次求职了，他已经在外面独立生存了两年，无数次的寒冷饥饿、风霜雨雪，还有他所目睹的乱世中流离失所、人命如草的现实让他理智，他早就知道了天高地厚。这时在郭威的注视下，他平静地说出了自己的愿望。

我只想当一个普通的兵，请郭公开恩成全。

很好，郭威点头，马上同意了他的要求。赵匡胤从此成了一个军人，郭威没把他扔到外面的野战部队去，而是把他留在了自己的身边，就这样，他成了一个亲兵。

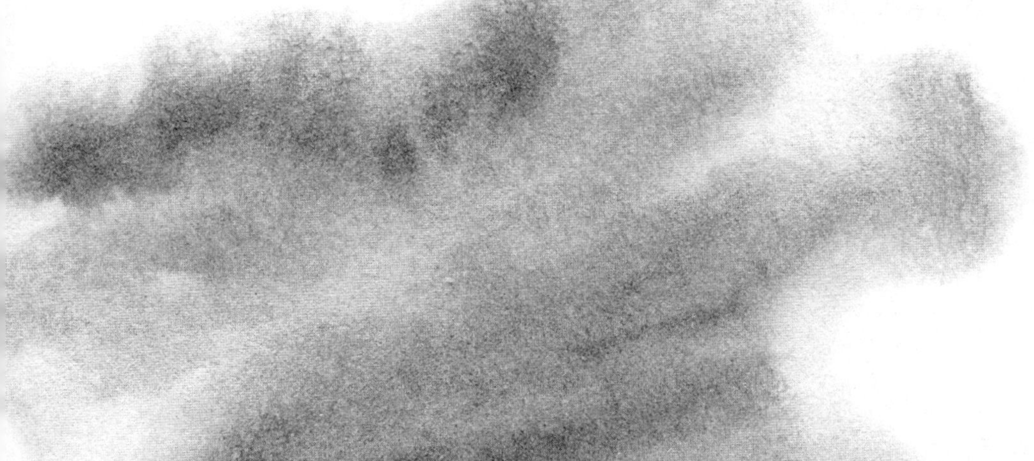

第三章　皇帝流水线

赵匡胤跟着郭威一路行军，在公元948年八月二十日到达了河中。从此河中城下战云密布、军营林立，本就被围得水泄不通的李守贞更加不愁寂寞。

春天就已经到达的白文珂、郭从义、常思并不是无能之辈，他们早已经把李守贞击败，只是没办法攻破河中城而已。不过这也不怪他们，这年头流行的就是高筑墙、广积粮，备战备荒。李守贞是此中高手，他的城墙绝对够高，城里面也兵多粮广，从一开始就打定了死守河中绝不投降的主意，任凭白文珂等人想尽了办法攻城，他就是玩命死撑。

因为他知道，他有时间优势，他每多撑一天，距离刘承祐的江山崩溃的日子就近了一天。就这样，他撑来撑去，终于把他的老熟人——后汉的最后一张底牌郭威给撑来了。

郭威到了，他先是稍事休整。这期间，他并没有假惺惺地去卖自己的老脸，劝李守贞投降，更没有故作姿态，去训斥甚至惩罚久攻不下的白文珂等人以振奋军心，他只是带上些人，轻装简从围着河中城转了几圈。然后，他下达了第一道命令：

即刻起开始筑寨。

常思筑寨城南，白文珂筑寨城西，郭威自领中军筑寨城东，城北不设人马。同时征调周边五县百姓近两万人，在三寨和河中城之间筑起了连接不断的小型堡垒，来保护新建的营寨。

命令一出，全军哗然。这是要干什么？为什么不乘着生力军新来，一鼓作气全力攻城，就此把河中城拿下？这不是坐失良机吗？

河中城和李守贞早已经是瓮中之鳖了，只须不断地攻城，就算不能攻破，也会耗尽城中的人力粮草，火到猪头烂，到时候自然灭亡。何必要大费周折，先干起泥瓦匠的活儿？这完全没有意义，只会让自己的士兵劳累，让敌人赢得难得的喘息之机，结果是增加了取胜的难度。

面对质疑，郭威不动声色，他的沉默让所有人都闭上了嘴。接下来的日子，赵匡胤和所有人都郁闷地对着高大巍峨的河中城城墙龇牙，那上面本来惨兮兮的李守贞的人变得悠闲自在，甚至能舒舒服服地晒太阳。而城下的大兵们就混得差了，他们得监工看料，如果工程进度慢，还得时不时地搭把手，混得就像拿不着工资的农民工。

就这样，好多天之后，三个营寨都筑好了，寨前的堡垒也都筑好了，可郭威却不放周边五县的百姓们回家，但也没再下新命令，全军所要做的事，就是各就各位，排号住进刚刚盖好的新家。

然后呢？没有然后，郭威似乎把战争给忘了，他每天都一副很平静的样子，谁也不知道他在想什么，也没有人敢问。就连刘承祐都不敢问，他比谁都急，可是同样没办法。

现实并没有让人们等多久，一天夜里，久困城中绝不露头的李守贞突然率军出击，没有准备的后汉军一片慌乱，只得放弃了堡垒，向新筑的营寨里撤退。奇怪的是，李守贞也没有乘胜追击，他的军队在战斗的间隙里全力以赴，把新建的堡垒都毁了，然后马上撤退回城，再次开始坚守。

等后汉军重新集结，列队出寨，准备痛扁敌人时，敌人已经不见了，他们的面前只剩下了满地的断瓦残垣。后汉大兵们面面相觑，脑子里一片空白。

就这样全毁了？他们辛苦了好几个月的成果就这么被毁了？这个世界还有公平、公理和道义吗？

愤懑、激动、劳累，再加上这些日子以来不断积压的郁闷，让这些火气旺盛的大兵再也控制不住，有人开始骂娘，有人却大笑了起来，懂得什么叫黑色幽默了吧？与其说这些大兵把李守贞恨到了骨头里，倒不如说实在是忍不住想把郭威这老浑蛋从帅帐里拖出来海 K 一顿。

这时他们终于听到了郭威的第二道命令：

再次筑垒。

他妈的！

军营里爆出了空前巨大的粗口，真是太棒了，大兵们终于知道那些征调来的农民工为什么没被遣散回家了，这些人得重新干活，而他们也别想闲着，以前干什么，现在继续干！

军令如山，又过了些日子，堡垒又出现在河中城和后汉军之间。

之后的事情就像是复制粘贴、再复制粘贴的机械重复一样无聊。不知道是出于什么样的心理，只要堡垒出现，李守贞就会心急火燎，不计利害地率队出城，不管用什么样的代价，都一定要把堡垒毁了，然后他才能稍微恢复点理智，带着人马逃回城。

郭威就像故意和他斗气一样，只要你来毁，我就马上重建。如此周而复始，没完没了，这种单调无聊的工作竟然持续了——别惊讶，是接近整整一年！

在这近一年的时间里，李守贞远远比郭威忙碌。他时常出现在城墙上，带着越来越让人难以揣摩的神情向城下测量。对，不是眺望，而是日复一日、随时随地地对郭威领导的开封建筑工程队的进度进行精度测量。久而久之，他的部下们都掌握了规律，那就是只要城下的堡垒修到了一定的位置，他们就得出城运动了。

只不过，每一次出城拆除这些违法私建的建筑之后，他们回去时的人马都会少很多。其中有战死的，有拆墙累死的，还有借机逃跑的。

不断地拆、建，不断地重复，李守贞带出来的人越来越少，拆不完的墙却越来越多，当这种反比例指数大到了某一极限时，郭威终于下达了第三条命令：

攻城！

郭威部全体士兵嗷嗷叫着冲向了河中城，他们的怒火和怨气已经足足憋了一年！李守贞，我们来了，你这一年来拆了我们多少堡垒，现在要你连本带利都还回来！我们这就拆你的河中城！

三面强攻，北面放行，河中城一鼓而下，李守贞贯彻了自己绝不投降的宗旨，城破后全家集体自焚。消息迅速传向了全国，不多久，又迅速地传了回来，另外两处的反叛者，凤翔节度使王景崇和永兴军节度使赵思绾很痛快地投降了，他们实在不想像李守贞那样被郭威玩死。

一切搞定，郭威用尽可能小的代价，得到了最圆满的战果。

现在明白了吧？李守贞的确是瓮中之鳖了，只要不断地攻城，不断地消耗，就足以让河中城崩溃——但前提是要以战具的毁坏和士兵们大量的死亡为代价。

有必要那么做吗？一定要强攻才行吗？

与其我主动去攻，去承担损耗，为什么不让对方来攻我，让对方来承受损失呢？也就是说，有没有什么办法让躲在城里装孙子的李守贞主动跑出来打我？

答案是——有！

郭威准确地分析出了李守贞的心理——死守无援，又突然看到郭威带着大队人马来攻城，不仅被围得水泄不通，更新添了一个个新建的营寨和堡垒，在向他步步逼近……最后一根稻草能压死骆驼，已到绝境的李守贞再也难以忍受这些本是无害的挑衅了。

他只能一次次冒险出城，以毁灭堡垒来维持自己还能生存下去的信心。

郭威只是用一些用料不讲究、粗制滥造的豆腐渣工程，就达到了克敌制胜的目的。最后，历史可以考证的是，当这些事情发生时，赵匡胤都在现场。而历史无法考证的是，赵匡胤要在郭威的第几条命令下达时，才能明白主帅的用心。

这些都不重要，重要的是在这围城的一年中，赵匡胤有了巨大的收获。他在主帅的身边听到了也看到了许多实际演练中的领导艺术与被领导艺术，这对他的成长有着巨大的教育意义。他学会了怎样做个下属，同时现场观摩了怎样才能做一个成功的领导。军队这个大熔炉开始锤炼他，让他去芜存菁，从一个渴望进步的青年变成了一个快速进步中的职场青年。

还有，他最大的收获，是结识了一个在当时同样不起眼且很年轻的人。

这个人叫柴荣，现在还没有轮到他出场，但是很快整个世界就会发现，柴荣才是这个时代里最英明杰出的人。世所公认，他比赵匡胤还要强，只不过他在一个最关键的因素上输给了赵匡胤。而这个因素是自有人类以来就没有谁能够战胜或者改变的。

那就是命运。

是柴荣的不幸，才造就了赵匡胤的人生。

郭威凯旋，带回了丰厚的战利品、极小的伤亡数字、完整的河中城和后汉天下久违了的平静，这些比杀敌千万，带回来整座金山都重要。他受到了空前热烈的欢迎，迎接他的有鲜花、奖金、升职、百官的恭贺以及皇帝更加萎靡不振的脸。

时隔一年，郭威又近距离看到了他的陛下。他惊奇地发现，年轻的陛下脸色更加差了，神色更加萎靡，著名的哈欠也打得更多了，完全无视此时场合的正规、气氛的热烈以及全体朝臣的注视。不知为什么，郭威的心里掠过了一丝异样，像是感觉到了什么，但是没容他仔细分辨，就马上被欢呼的人群和酒杯淹没了。

因为郭威的新头衔颁布了——加封郭威为检校太师兼侍中，正式成为后汉朝中第一人。

这两个头衔几乎都是荣誉性的，这也没办法，早就是朝中顶级大臣的郭威已经无官可升，除非是刘承祐肯脱袍让位。

一时间觥筹交错，欢声盈耳，郭威也不由得被感染了，这一年来风风雨雨，他是轻松过来的吗？应该放松一下了。但是他做梦都不会料到，他的危机已经在这时候埋下了，他刚刚看到的那慵懒的哈欠和惺忪的睡眼背后真的隐藏了一些东西，在不久的将来，就会给他的人生带来巨大的变故，甚至是给中国的历史带来转折性的变数。

现在，让我们暂时离开皇宫，到民间真正欢乐的海洋里去吧。在开封城里万人空巷热烈庆祝时，赵匡胤在第一时间里脱离了部队，奔向了自己久违的家，他要去探望自己日夜思念的亲人。三年多了，家里人都别来无恙吧？

家中都好，母亲安好，小妹也在，二弟匡义已经长大了，三弟匡美也已经出生，所有人都很健康，只是没有见到他的父亲。他的父亲此时不在京城，在这次平叛的战争中禁军也被派上了前线，和他不在一个战区，但可以肯定的是，也还活着。

多么幸运，赵家有了两位职业军人，同上战场，都还活着。

那么尽情欢乐吧！一年的期盼，一年的忐忑等待，终于等来了胜利和亲人，还有什么理由不快乐呢？！当天的欢庆一直持续到了深夜，满城欢忭的声音一直充斥着整个开封城，也传进了开封城里最高大、最幽深的建筑——皇宫里，这让早就回到寝宫独自安息的刘承祐更加难以入眠。

一个善于让自己习惯痛苦的人，总能找到让自己痛苦的理由。

他发现了一个新问题——为什么有了反叛让他不安，可平定了反叛更让他难受？为什么所有人都在欢呼，而他却加倍痛苦？这些胜利难道不都是以他的名义去获得的吗？这些成功难道不都是记在他的名下的吗？那么他在痛苦什么？

黑暗中的刘承祐瞪大了双眼，他忘不了在白天皇宫里所发生的一幕幕，郭威被群臣簇拥着，所有的人都围着郭威转，郭威才像是皇帝，才像是这座皇宫、这个天下真正的主人！而他，本应享受这些赞誉和恭维的皇帝，却被冷落在了一边……他现在比刚刚即位时更加痛苦了，那些困扰着他的问题非但没有解决，反而越来越严重。他必须有所行动，否则他真的再也无法安睡，直至痛不欲生！

历史的车轮就这样被一个人的痛苦启动了，这个敏感的年轻人一旦找到了他痛苦的原因，就把这些痛苦无限制地放大。在不久的将来，无数人将因此受益，同样有无数人将因此遭殃，比如此时在皇宫外面欢庆太平的开封市民们，他们就将上天无路、入地无门，等待他们的只有冰冷的刀枪和冲天的火焰，只有死亡！

变化里有着无数的机遇和凶险，所有人都只能在随波逐流、尽力而为中得过且过，听天由命。

郭威、柴荣、赵匡胤乃至于当时的皇帝刘承祐莫不如此。只不过，刘承祐在这期间掌握了绝对的主动权，以及作为年轻人特有的激情和骚动。

时间过去了四个月，后汉皇帝刘承祐把郭威再次派上了战场，理由很简单——常规任务，抵挡契丹。这时候契丹的新皇帝也终于被“选”出来了，皇帝开工，总得找点事干，很不巧，后汉的边境与契丹接壤。契丹人不用站在高坡上，就能看见后汉的繁华城市和美丽的姑娘。

后汉，我不找你又去找谁，何况我们还这么熟！

于是郭威出征，但是等他到了报警地点，却连一根契丹人的马毛都没看见，不仅如此，连抢劫现场都没有。怎么回事？是契丹人行动太快，已经溜了，还是消息不准，契丹人根本没来，有人把皇帝连带郭威一起给涮了？但他并没有迷惑太久，没等他报告平安无事请求撤军，皇帝的新命令就又到了。

就地驻防，以防契丹。

好了，郭威就这样被调出京城，到边疆站岗了。

被骗出来的人都愤愤不平，但老于世故的郭威却只微微一笑，他心里明白，千万别再说话，再一次钓鱼的时间到了。他摇了摇头，心想这个年轻的小娃娃，还真不是一般的难伺候。但他并没有太吃惊，对现在的情况他还是有一点心理准备的。还记得当初刘承祐请他出马时他是怎么回答的吗？

——臣不敢请，亦不敢辞，唯陛下命。

表面看来，这话说得既显身份又极为克制，政治语言和个人修养都非常到位。但是领略到里面的无奈和隐患了吗？“臣不敢请”——因为我不想您误会我要借出兵的机会总揽军权；“亦不敢辞”——我更不愿让陛下您误会我借机会要挟您；“唯陛下命”——您怎么说就怎么算，一切都随您心情。

这已经是非常到位的全方面妥协式的服务了吧？但还是不行！还是不能消除刘承祐心底的那点不安，刘承祐居然使出了这样不入流的小把戏！

郭威表面上维持着平静，真实的心情却是非常沉痛且沮丧，甚至非常自卑的。一个臣子需要向自己的皇帝如此表白，而且事后尽心尽力地工作了，却还是得不到最起码的信任，这真是让他觉得自己很无能，他的工作做得极为失败。

但是，他现在还没有真正地开始警觉起来，有什么必要呢？被怀疑或者被虐待，本是历朝历代为人臣子的分内义务，谁都不能例外，根本没有什么好说的。何况他郭威饱经风霜，人生经历是典型的从低到高打通关式的过程，连做俘虏的日子都熬过来了，这点委屈算什么？

于是在边关站岗的这些日子里，他心里经常念叨的，只是下一步要怎样和他的陛下进行沟通——陛下，我还能怎样来消除您的疑云呢？这是郭威百思都不得其解的问题。

事实上，这并不需要他来解决，刘承祐自己都办了。

公元950年十一月十一日清晨，皇帝杀人了，一共死了三个。只有三个，他们是杨邠、史弘肇、王章。他们按照每天的正常工时去上早朝，刚走到广政殿，数十名武士突然冲了出来，没有宣判，迎面一片刀光剑影，立即处决。就是这么粗暴简单，三个老谋深算、终生在阴谋诡计里打滚的人说死就死了。

最高明的计划就是一点都不计划，想干你就去干，想砍你就去砍，只有这样，才能收到最突然也最彻底的效果，才能让三位大师死得一点脾气都没有。

然后皇帝给这三个死人定了性，罪名一点都不新鲜——谋反。

就这样，军权、财权一举收回。

五位顾命大臣除了郭威在外，只有宰相苏逢吉还活着，至于原因，他是个百无一用的文人。

一切就这样拉开了序幕，刘承祐生平第一次杀人杀得干脆利落，却留下了最大的隐患。不知道出于什么目的，他选择动手的时候偏偏把郭威事先调了出去，千年之后，他的这个举动都让人费解。

有郭威在，他动手没有把握？还是他竟然如此嫉恨郭威，一定要留下他来进行一次单挑？又或者他是有什么不得已处，只能这么做？

不知道，一切未知。

需要说明的是，他简单粗暴的杀人方式并没有错，也不业余，就在他之前近三百年，大唐的天可汗李世民就曾经做过同样的事。那也是在一个早晨，上早朝的路上，李世民杀了他的哥哥和弟弟。同样的突然、同样的干脆，只是李世民做得彻底，主犯和从犯一次性完全了结。

刘承祐却偏偏漏掉了手握重兵的郭威。

那么一切就都变味了，荒谬和真理只有一步之遥，成功与失败也相距不远，从这一刻起，刘承祐的命运就基本被判定了。而他之后的表现也堪称绝妙，他用事实告诉了所有人，他之所以选择这样的时机做了这样的事，其原因就是他想这么做。

深思熟虑真的并不是年轻人普遍都有的素质，不管他是不是个皇帝。

接到这条消息时，郭威正和自己的亲信死党宣徽使王峻在办公室里讨论契丹的问题。这是他们每天都要关心的话题，在一定程度上，郭威正指着契丹过日子。没有契丹，就没有敌人，朝廷就不再需要他郭威，事情就是这么简单。在得到这个消息后，郭威和王峻马上都沉默了。

不是吃惊，更不是害怕，这本是平常小事，几十年的血腥生涯，让他们早就对此习以为常了。现在真正重要的是，得马上分析出来局势的下一步走向，会不会扩大，波及郭威时，还会有多大的余震。

好一会儿后，两人都觉得只有再等等看。目前只能保持沉默，连马上给皇帝写信，说陛下杀得好，杀得精彩绝伦、大快人心都是愚蠢的。保持安静，让刚杀过人的陛下也静一静，或许就能让他想起来平日里郭威的良好表现。更何况皇帝已经杀了杨邠和史弘肇，收回了内部的军权，无论如何他还需要一个在外领兵打仗的人吧，会不会因此就饶过郭威呢？

郭威叹了口气，这一点就没有把握了。接着他就开始心烦意乱，多年的经验告诉他，事情绝没有这么简单。刘承祐，这个刚刚杀了人的毛头小子，初次尝到了踩着别人的尸体抢到权力的快感，会马上就此收手吗？

郭威没有找到让自己放心的理由。

事情的发展也没有让他等太久，很快就又有消息来了。这次是一封密信，从澶州快马加鞭抢在皇帝的诏书之前，到了郭威的手上。拿到这封信，郭威的心凉了，真是怕什么来什么。信是以多人的名义写给他的，这些人是镇宁军节度使李弘义、侍卫步军指挥使王殷、侍卫马军指挥使郭崇。而这些人之所以串联在了一起，则完全是因为皇帝刘承祐。

具体经过是这样的——刘承祐写了密诏让李弘义去澶州杀王殷，让郭崇去郭威驻地魏州杀郭威和王峻。李弘义最早得到命令，他证实这确实是皇帝的密诏后，第一时间来到了王殷的面前，从怀里往外掏东西。

激动人心的场面没有出现，他拿出来的不是刀子，而是皇帝的诏书。

就这样，年轻的小孩子刘承祐被出卖了，他把需要以改朝换代为代价才敢进行的消灭节度使行动（参看李从厚、李从珂的灭亡）寄希望于用一道密诏来完成的企图，被现实很搞笑地粉碎了。

密诏，就像是一封倡导书，告诉所有想参与的人都可以开始动一动了，如果你们还不想等死的话。

李弘义、王殷一刻都没有耽搁，以十万火急的速度抢到了郭崇前面，先警告了郭威。之后就像证实这个消息的准确性一样，郭崇紧跟着就到了。等待他的，是郭威已经恢复了平静的脸。

郭威向郭崇伸出了手，拿来——不是你的命，而是你带来的诏书。我要亲眼看一看。什么？没有？我误会了？别再装了，那让我看不起你。你必须随身带着，才能在干掉我后，安抚接管我的军队。

郭威亲眼看到了后汉皇帝刘承祐签署颁布的诏书。黄纸黑字，证据确凿。好了，他能给自己一个交代，也能给他的老上司、后汉第一任皇帝刘知远一个交代了。刘知远，你都看见了，不是我负你，而是你的儿子太不懂事。

诏书，致命的诏书。

幼稚的刘承祐完全没有料到，他的诏书还有别的功能。诏书被郭威稍微改动了一下，还是杀人的命令，只是需要去死的人变成了郭威的各位重要下属。

然后郭威非常难过地把诏书拿给他的下属们看。

这比什么都能鼓舞士气，军队立即集结，当天就向首都开封进发。

被无数激愤的人簇拥着走在反叛的路上，是什么滋味？郭威在五代十一国里活了一辈子，类似的场面经历了很多，但成为主角还真是第一次。他觉得郁闷，他郭威居然有一天要对一个小毛孩子动手了吗？或者，他真的就没有什么更好的选择了吗？

他并没有担心失败，从一开始他就知道自己绝对不会失败。问题是，他想要一个怎样的胜利？

就此杀了刘承祐？

那么谁来当皇帝？他郭威自己做吗？这个打算以前还真没做过。

还是只给刘承祐一个教训，让他从此懂得怎么做人，然后就算了？毕竟一个小孩子做事没经验也没个轻重，什么人都得有个学习和熟悉工作的过程。

但一个人终究会长大，而所有杀人不必负责任的人都善于记仇，谁能保证刘承祐真正成年后会放过他？而且，还有一个问题让他极为头痛，简直束手无策，一点办法也想不出来……

郭威在心里不停地思考着这件事，这让他时常出神，以至于他的同盟者一个个加入到位，他都有些心不在焉。直到有一天，突然有人报告抓到了一个奸细，已经审明是刘承祐亲自派来的，他才猛地清醒。

“带上来。”郭威一反常态，对这个奸细极其重视。接着，他和这个奸细单独相处，好久之后，这个奸细才悄悄地离开了，没有人知道他的去向。

奸细走了之后，郭威才稍微松了口气。他最担心的事情终于有人为他去做了，他衷心地祈祷这个奸细一路顺风，平安无事地回到京城，好让刘承祐可以看到他亲手缝在该奸细衣领里的密信。

在信里，他郑重地向皇帝保证，他绝对没有反叛之心，他和他的将军们、士兵们都是绝对拥护陛下的，请陛下千万不要轻信某些人的谣言，要以和为贵，给和平一个机会……同时也给你刘承祐自己一个活命的机会！

这才是这封密信的真正内涵。如果刘承祐还没有头脑简单到连游戏规则都不懂的话，他就一定会明白郭威到底要说什么。

其实很简单，那就是我郭威还活着，带着大批军队，正向你靠近，随时可以做掉你，而你绝对杀不了我。不过你也不用怕，你手上也有我需要的东西，那就是我的全体家眷，他们都还留在开封城里，随时都有可能被你先做掉。

所以我们谈谈吧，这对谁都有好处。

这实在一点都不复杂，无论谁都应该知道怎么做，那就是心平气和地坐下来，各谈所需，哪怕只是一时之计。然后郭威就开始了等待，忐忑不安、心惊胆战地等待。但是他害怕的事终于还是发生了！

不按常理出牌的人可怕，可是连游戏规则都不懂的人才最可怕！

刘承祐接到密信，没有对郭威做一个字的回复，他直接把郭威留在开封的全体家属一个不留地杀掉，其中包括郭威养子柴荣的家眷。

这时柴荣已经有三个儿子，郭威有两个儿子。刘承祐绝对想不到，他杀了这些人，会彻底改变中国的历史，同时给赵匡胤铺平了决定性的道路。

刘承祐完全断绝了郭威的后路，同时，也把他自己的后路彻底断绝了。

悲愤的郭威在滑州誓师，决心攻占开封——为了必胜，他听从了王峻的建议，向军队郑重许诺，攻陷开封，尔等可以在京城剽掠一旬！

刘承祐，我一定要让你付出代价，一定要你死！

郭威迅速逼近，进军之快，令刘承祐措手不及。从当年十一月十一日后汉皇帝刘承祐杀三大朝臣夺权算起，十一月十四日郭威接到了密报，十六日就已经抵达了澶州，十八日进驻了滑州，到二十日，郭威马不停蹄，已经到达了封丘（今属河南），距离京都开封不足百里。

面对近在咫尺的致命威胁，后汉的二世祖刘承祐反应积极。他抖擞精神，再次向四面八方发出诏书，令各地的节度使火速向他靠拢，带兵进京勤王。让他振奋的是，响应的人数相当多，其中最大的兵力来自兖州，是泰宁节度使慕容彦超的部队。

隔天之后就有了证明，这位节度使真的是非同凡响。

有人有枪了，这让开封的君臣们都松了口气，悬在半空中的心也变得安稳了些，这至少证明了皇帝的威信还在。但是另一个问题紧跟着就出现了——钱，按照惯例，让军队开工得事先赏钱。这合情合理，如果有谁说打完了仗再给钱，那他就是浑蛋——难道说让那么多死尸再站起来领钱吗？！

问题是国家实在是没有钱，近几十年来，在后汉的大地上，各个朝代的各位皇帝以及契丹人不停地搜刮掳掠，已经连豆腐渣都挤压不出来了。这时候皇帝说要钱，估计就算是把皇后给卖了，都别想卖出好价钱。最后，皇帝的亲信们给宰相跪下了，再三叩拜，声泪俱下——“请相公为天子着想，不要再吝惜财物。”

宰相面色惨然，摇头不语——真的没钱。

亲信们坚决不起来，说出了真正的打算——“国库里还剩下点钱，请相公全都拿出来吧。”

宰相长叹一声，再没有说话。

就这样，后汉没有国库了，只剩下了库房。这些钱分发到士兵们的手里，每人也只得到铜钱二十贯，而且这还只是禁军的特殊待遇，外地兵在此基础上再次减半，只有区区十贯钱。

公元 950 年十一月二十日，后汉皇帝刘承祐的部队带着这点可怜的卖命钱，开赴战场，去迎战只要取胜就可以在京都开封剽掠一旬的反叛军队。

当天晚上，刘承祐在开封城头目送着他的军队开赴战场。军队的数量似乎已经很多了，包括赶到的援军和开封城里几乎所有的禁军，这已经是他现在可以动用的全部力量。

能赢吗？

刘承祐的心底不由得泛上来他本不愿再想起的记忆——一年多前他曾亲自到郭威的家里求救。那时的郭威是他唯一的救星，是他赖以震慑朝臣、稳定江山的人。换句话说，郭威就是他后汉王国里的第一军事强人，现在这个强人反叛了，还有谁能制伏他呢？

慕容彦超，目前只能是他了。但他真的行吗？刘承祐顿时心乱如麻。

慕容彦超，年龄不详，出生地不详，父母不详，过往经历通通不详，唯一可以肯定的是，他一定是个男人，当时的身份是驻防兖州的泰宁节度使。除此之外，就再也没有什么了。但就是这个人，将决定皇帝刘承祐的生死和后汉江山的成败。

必须承认，任何人都不会知道当时刘承祐心目中最理想的领军人物是谁，但郭威进军的速度实在太快了，已经不容许他做任何的选择，全国勤王人马谁跑得快，谁到达得早，他就只能依靠谁。

慕容彦超到得最快，带的人马也最多，这也直接证明了他的能力和热情最大，所以他就是最佳的人选。

慕容彦超并不是被历史所选择的，而是他主动地创造了历史。历史记载，在这一天里，慕容彦超是充满了旺盛的斗志和必胜的信念去迎击郭威的。临行前，他对年轻的皇帝做出了强有力的保证——臣必胜！在臣眼中，北军不过是些蠛蠓小虫，可以随手捏死，我要为陛下活捉郭威！

然后，他就雄赳赳、气昂昂地奔向了战场。在那里，他在史书中给自己留下了印记，正式成为历史的一部分，虽然表现得非常搞笑。

公元950年十一月二十一日，在封丘之南刘子坡，慕容彦超终于遇到了郭威。只见对面旌旗招展，号炮连天，人马一眼望不到边。他的部下们看到这样的声势，不禁都有些发怵。

慕容彦超却变得更加亢奋，他连眼睛都没眨一下，就下令列阵，眼看着一场大战就此开打，突然有人报告，皇帝亲自到战场来了。

哦？慕容彦超的精神立即变得更加焕发，他先下令手下们都站得更直点，把刀枪摆得更整齐点，然后才请皇上过来。皇上来了，带着三四位宰相以及几十个大臣，各个风尘仆仆、神色庄严。这些人阅兵，勉励士兵，许诺胜利后的幸福待遇，直到过场差不多都走完了，皇帝才在慕容彦超的耳边轻轻地问了一句话："怎么样，到底有没有把握？"

这才是刘承祐之所以一定要赶到前线来的最重要原因。这句话要是不问出来，他得憋死、急死、焦虑死！

慕容彦超猛然间激昂了起来，仿佛一下子变得极为高大，他声音响亮地回答："臣必胜！请陛下看臣如何破贼，臣不必与他们交战，只需在阵前喝令，他们就会投降！”

呼——皇帝和大臣们都出了一大口气。他们要的就是这句话，满意了，终于放心了。他们就此后退，以免影响节度使阁下开工。可惜他们走得太快了些，只要再稍微等一下，他们就能听见慕容彦超的另一句话。

慕容彦超像是很随便地向身边的手下们问了一声：“喂，对面除了郭威，还有些什么人？”

此言一出，石破天惊，他的部下们立即全体面无人色。天哪，马上就要开战玩命了，他们的统帅居然还不知道对手具体都是谁！

难道慕容彦超接到诏书，带着他们一顿狂跑，一路跑到了这儿，在此之前连一点准备都没有？！

面面相觑之后，终于有人说出了答案，就见这次轮到统帅的脸色变了，慕容彦超像是有了些许的犹豫，但他还是马上就下达了进攻的命令。

这场战斗由慕容彦超主动发起进攻开始，不到半小时就完全结束了。形势发展之快让观战的刘承祐都来不及表达任何失望的情绪，他只看见了慕容彦超的队伍向郭威的部队发起了冲锋，然后两军相接，一片混乱。片刻之后，两股相对冲击的洪流就汇成了一股，向一个方向急速流去。

慕容彦超跑得比谁都快，马不停蹄，比他接到诏书奔向开封跑了第一名时还要快，一路狂跑，再次跑回了兖州。哪儿来的哪儿去，从此以后，刘承祐就再也没有见过这个人。郭威也在战场上被这个人弄得一片茫然，征战一生，还从来没见过这样的人物，来去如风，居然来不及去抓他！等到郭威反应过来时，战场上已经全是他的人了。

刘承祐也不见了。

在混乱中，刘承祐尽管失望，还是证明了年轻人的反射神经就是要比中老年人的快一些，他比郭威先反应了过来，抢先向开封撤退。他还抱有一丝幻想，他还年轻，还是皇帝，而后汉还有很多别的节度使，只要他能活着回到开封，坚守几天，就会再有生机。

他错了，后面发生的事已经被这个时代的人们弄出了规律，执行成了惯例。

刘承祐在开封城下被自己的臣子拒之门外，无奈之下只得选择了逃亡。郭威对这个人已经没有任何兴趣，他的兵直扑开封。

请注意，是他的兵，而不是郭威本人。这时的郭威已经身不由己。他的士兵们都清楚地记着他在开战前的许诺，每个人都想着自己平日在开封城里可望而不可即的钱、财，或者远比他们高贵的女人，他们已经疯了，他们要去抢！

至于刘承祐，落地的凤凰不如鸡，自有旁人去收拾。

开封，又一个千年古都繁华世界，连耶律德光这样的蛮族酋长都舍不得下手的人间天堂，正面临着它自己子民的烧杀抢掠。只要再过片刻，就会火光冲天，哀鸿遍地，满城都是空前亢奋、四下乱窜、肆意强抢的士兵，无数人都将家破人亡！

真的，我们有时的确应该自卑，因为我们总是被自己人无情地糟蹋。

第四章　让天下人都签投名状

乾祐三年（公元950年）十一月二十二日，开封。局势完全失控了，开封的城门刚刚打开，没有任何的交接或者欢迎仪式，郭威的人马不由分说地拥了进去，然后全体立即就地解散，向全城各个角落扑开。一个字——抢！如果有人反抗，那么再加上一个字——杀！

人，有些时候会变得让自己都不敢面对，因为他已经还原了他的本来面目——一只动物。欢乐的兽性不必掩饰地爆发，那是一种怎样的享受！

沸腾的开封城，满城都是亢奋、四处乱窜的大兵。

只有两个人保持着冷静。一个是赵匡胤，他哪有心情抢劫？他的家就在开封，他和这些外地兵在本质上不同！那天的开封城门前，他抢在所有人之前，等着大门的开启。然后第一时间冲进去，抄近路直接狂奔回家。

站在自己的家门前，把所有的亲人挡在身后，拔出刀——你以为只要跟满城红了眼的乱兵说一声“兄弟，这是我的家”，就会管用吗？

这个世界有些时刻没有任何道理可讲，能维持自己和家人生命的，只有手中的刀！

历史记载在这次仅比屠城稍逊的抢劫中，赵家没有任何人伤亡。

满城的火焰、震耳的哭号以及彻底疯狂的乱兵给赵匡胤留下了无比深刻的印象，他深深地痛恨这一切，让他在不久的将来，成功地阻止了另一次类似事件的发生。

第二个人就是这一切的始作俑者郭威。

郭威冷眼旁观，注视着身边所发生的一切。难说这时他是什么心情，或许是他不想，或许是他不能，他没有制止。

但是他也没有参与。

这就让人费解，按说他应该是这时开封城里最有杀人欲望的人，最有毁灭冲动的人，他所有的亲人刚刚死在后汉皇帝刘承祐的手里，他应该去向刘氏家族讨还血债吧！

皇宫近在咫尺，刘氏一脉除了刘承祐之外还有很多人，只要他一个命令就可以痛快淋漓地挥刀复仇了，此时此刻没有任何人能阻止他！

可他偏偏只是沉默地坐着，像是对一切都无动于衷，谁也不知道他到底在想些什么。

抢劫一直持续到了第二天中午，郭威的部下王殷、郭崇报告——如果再不制止，开封到夜里就是座空城了。

郭威下令收队，宣布活动已经提前结束。所有的参与者都还兴致勃勃、意犹未尽，于是他还迫不得已地杀了几个人，才算把命令贯彻了下去。

高级干部们开始兴奋了，大餐的主菜终于可以端出来亮相了吧，既然是造反，就得确认谁才是最后的赢家！

大家准备，向新皇帝郭威陛下欢呼！

郭威接下来的举动却让他们一下子跌进了失望的深渊。

郭威很平静地站了起来，对身边的亲信说："我们去皇宫吧，我好久没有向李太后请安了。"

大伙儿都愣了。去向李太后，也就是刘知远的太太、刘承祐的老妈请安？郭威要干什么？造了人家的反，抢了人家的都城，然后去请安？这是说反话吗？是报复的开始？但是看郭威的样子，一点戏谑嘲讽的意思都没有，说得那是相当诚恳认真。

"走吧，我们都去。"郭威以实际行动打消了手下们的疑云，他真的走向了皇宫，没带多少人，也没带多少把刀。

就在这时，一个非常震撼但也是意料之中的消息传了出来。

刘承祐被证明已经死了。他在昨天，也就是公元950年十一月二十二日，只逃出去不到二十里，就在开封北郊一个叫赵村的小地方被自己的原部下郭允明追上杀死。现在郭允明很快就会来见郭威，并以此向郭威请功。

所有人的目光再次集中到了郭威的身上。有了这样的消息，再去见刘承祐的妈还有什么意义？所有的事情都已经不可逆转，更无法斡旋，再去见李太后只能是个笑柄——假惺惺有什么意思？该做的事就是把已经做了的来一个彻底的收尾，痛痛快快地直接改朝换代，让这片天地从此姓郭！

只有这样才是最现实的。

郭威还是没怎么动声色，他只是点了点头，让人转告郭允明等着，就再次向皇宫走去。

他还是要去见李太后，难道他真的要去请什么鬼安？

出人意料，郭威与李太后的见面感人至深。

郭威的表现极为悲痛内疚，他对自己的所作所为深恶痛绝，表示真是愧对了先帝几十年间对他的大恩大德，自己狼心狗肺，真是大失臣子之道……李太后则充分地理解了郭威的难处，说自己教子无方，对郭威全家死光光的结果表示了最深切的哀悼和遗憾……

两人就差来个互相拥抱，再互相勉励节哀顺变了。

就这样，双方迅速达成了共识，一切以安定团结为主，以和为贵。具体决策条款如下：

一、这座江山仍旧姓刘。这是条根本国策，不可违反，不可更改，更不可怀疑，上至郭威下至庶民一体有效。所以也就不存在谁是反叛，或者日后还有什么平叛。

二、具体由谁来当这个皇帝，由文武百官、六军将校议择贤明，以承大统。结果很快就会出现，大家都不要急，请安静等待。

三、在此期间，一切国事由太后临朝听政，百官官复原职，但决定权暂时授予了郭威。

事情就这样被敲定了，郭威在已经占领了后汉都城、杀了后汉皇帝且已经抢劫掳掠过的情况下，做出了如上的决定。当天，跟着他走出皇宫的人都非常郁闷。他们实在想不通郭威这么做到底是为了什么。

几天之后，百官的选举有了结果，新皇帝诞生了。这位“幸运儿”的名字叫刘赟，他是先先帝刘知远的弟弟刘崇的儿子，当选前的身份是武宁军节度使，驻地徐州。这位皇亲国戚远在徐州一点不知情，突然间富贵临门，想推都推不掉，居然成了下一任后汉皇帝。

为了让皇帝能快点到任，也为了打消新任皇帝的各种不必要的顾虑，众所公推，由老宰相、太师冯道亲自去徐州，务必要把皇帝安全、迅速地接来开封，以便登基。

时间一天天地过去，随着这些政策命令的不断颁布，动乱萧条的开封城渐渐地恢复了生机。人民像是惊蛰过后的虫子，慢慢地走出了各自的隐身之所，开始在大街小巷里行走了。惊恐未定的百姓们在私下里盛传，新皇帝已经在来开封的路上，郭威的军队很快就会离开，浩劫真的过去了，以往平静安宁的日子就会再现。

就像印证这些话一样，九天之后，也就是十二月一日，郭威的军队真的全体开拔，向开封以北运动。一个公开的理由是迎击契丹。不要惊讶，也不要腻烦，虽然真的是很老套了。契丹的军队又来了，还得由郭威去抵挡。

郭威的军队一路向北，一连走了半个月，士兵们越走越郁闷。

一来是他们实在是想不通为什么要这么快就离开开封，二来是因为速度实在是太慢了。他们十二月一日从开封出发，同月十六日才到达了澶州。澶州，就是最早给郭威报密信的王殷的地盘。就在一个月前，同样是从澶州到开封这段路，处于进攻态势的郭威只走了三四天！

现在他们却要以这种蜗牛式的行军速度，去边境迎击来去如风、已经入侵的契丹兵团！

真是活见鬼，大兵们满腹狐疑，可又都心不在焉。边疆离他们太远了，就算那里的人都死光了，又与他们何干？你能想象刚刚劫掠了本国都城的士兵们会对边疆百姓的苦难感同身受吗？何况这时也正有搞不定的事让他们心烦。

因为出来混，迟早都是要还的。

京城是白抢的吗？当时的兽性和快感早已经成为过去式了，在这半个月沉闷缓慢的行军途中，每个人都有足够的时间来想一想他们的前途和已经非常不妙的命运。一个终极问题摆在他们面前，这问题本来不应该有的，但是现在却沉重地压在他们的脖子上，其危险性就像是一把刀，已经割破了他们的皮，马上就要刺入他们的肉。

那就是皇帝并不是计划中的郭威，而是又一个姓刘的人。这个人已经在上任的途中了，按时间计算，就算走得比他们还慢，十天之后也一定会到达开封，再之后的事情就是傻子都能知道——新皇帝迟早有一天会和他们算算账的！

到那时，后悔药到哪儿去买啊？！

一股股可怕的潜流在庞大的军队中隐隐流动，每个人都随着时间的推移变得越来越暴躁不安，解决的办法却一点都没有。他们明明知道，这样下去，就是一步步地走向死亡，但他们却只能听从命令，去边疆和那些混账的契丹人打什么鬼仗！

尤其可恨的是，最应该着急恐慌的郭威却反而越来越镇静，甚至非常轻松悠闲，每天除了有快马在他与开封之间跑动之外，他什么事都不管，像是他早有了把握，无论发生什么他都百分之百地安全似的。

这让整个军队都极端抓狂，他们感觉被骗了，想当初他们起兵时难道不是为了郭威吗？难道他们就只能这样眼睁睁地看着自己走向死亡而郭威却独善其身吗？不，绝对不！

无论如何都要把郭威拉下水！

这种情绪不断地酝酿积累，终于在当月的十六日，大军到达澶州时，抓狂的沸点来到了。士兵们都不走了，公开统一了思想——我们当初拥立郭公打京师，已经个个负罪于刘氏，现在还要立刘氏为帝，将来还会有我们的好下场吗?

这样的话马上传到了郭威的耳朵里，面对这样赤裸裸的话，以及周围无数双火辣辣的眼睛，该干什么已经再清楚不过了吧。

郭威偏偏再次让所有人失望了。他什么表示都没有，只是说别让士兵们太累了，就在澶州放假三天，到十九日再开拔前行。

十九日，大军勉强再次起程，之所以还能移动，完全是出于郭威的严令——军令如山，不从者斩!

到了第二天，郭威的话不管用了，无论如何军队都再也驱赶不动了。队列散开，人人奔走，军队里最可怕的现象——哗变已经初步形成。

这时的郭威不再做任何努力，他甩开众人，躲进了一间民居里，充分地表达了自己“三个不”的原则，即不主动、不拒绝、不负责。

这间小小的路边民房根本难不住刚刚抢劫完开封的士兵们，只见转眼间一大群士兵拥了过来，紧跟着爬墙架梯冲进了屋里，把郭威团团围住，群情汹汹，异口同声——

请您当我们的皇帝吧!

这是大家一致的心声，表达了我们同甘共苦、生死与共的决心，还有我们早就绑在了一起，跑不了我也蹦不了你的现状……所以，郭大皇帝，你就答应了吧!

天杀的郭威仍然不为所动，还是不停地谦让。这时一个经典的、决定性的场面出现了，只见当时乱成一团的人群突然闪开了一条通道，有一个士兵抖开了一面刚刚卸下来的黄旗冲进了屋里，不由分说，就把郭威裹了个严严实实，然后众人簇拥，一哄而出。

转瞬间，屋外边响起了震天动地的欢呼声，数万名士兵终于看到了一个身披“黄袍”的郭威，一个新的皇帝真的就此诞生了!

这是一个激动人心的场面，好几万个身强力壮、横行无忌的大男人都从心底松了一口气，终于达成心愿了，终于安全了。原来强迫一个人还真是不容易，哪怕是强迫他去当皇帝。

在这数万人当中，就有我们的主角赵匡胤。他身为郭威的亲兵，一定在近距离内目睹了黄旗加身、郭威称帝秀的整个过程，不管他是否理解了这件事的真正内在核心——也就是说，为什么会有这次出征，以及郭威一定要拖延到今天才“被迫”上位，这件事都永远地烙印在了他的心中。

十年之后，他都记忆犹新。

大军就此回程，人人精神焕发，腿脚有力，走得那叫一个爽——事业有了奔头，人生再次阳光灿烂，怎能不叫人高兴？！至于那些讨厌的契丹人，就见他们的契丹鬼去吧，我们有更重要的事要做。那就是中国人千百年奉行不辍的“真理”——攘外必先安内。

回开封去把没干完的活儿都干利索喽！

这时郭威的士兵们除了满腔的喜悦和冲天的干劲之外，还都在心里隐隐地流动着一股对郭威的鄙视，因为他们觉得郭威在这件事上做得太拖泥带水了，一点都不男人。何必脱了裤子再放屁？又何必多此一举来这次徒劳的远征？就在上次抢劫开封时，顺势把天下搞定不就什么都安了？那样何其简单、何其利落，又多么男人！

更重要的是，在这动乱的年代里，所有人不都是这么做的吗？！

历史证明，这些人都错了。虽然他们是郭威的部下，天天都见到他，每时每刻都听从他的命令，却仍然不了解他。郭威是五代十一国里一个真正的异数，他的所作所为与前面的那些行事痛快的“霸主”截然不同，所以最后他得到的成果也与前面那些稍现即逝的“寡主”截然不同。

从眼下这件事的处理上，就能够清楚地分辨出来。

这些人不知道，在最初的九天里，发生了许许多多幕外人所不知道的事，而在这沉闷缓慢的十五天行军里，前面所决定的事又有了重大的变数，这是除了郭威及郭威留在开封的亲信死党之外，极少有人知道的。

那么，都是些什么事呢？

首先，就在刘承祐被杀，郭威率部冲进开封大肆抢劫时，后汉国内就已经有人要起兵讨伐郭威了。那就是后汉开国皇帝刘知远的弟弟，“现任”皇帝刘赟的老爹，当时身为河东节度使兼职中书令的刘崇。此人兵多将广，强悍善战，在刘知远时代就被安插在边境与契丹人直接周旋，是后汉的第一道屏障。

在刘知远死后，刘崇就不再入朝，也不上缴国税，一切都省了下来给自己当军饷，所以他军队的数量和质量都相当了得。

但刘崇从一开始就慢了，当这场造反运动开始时，他什么都不知道。当他终于知道郭威造反逼近都城时，郭威已经在都城里边了。当他点兵准备进攻都城时，都城里又传来了新的消息。

他的儿子刘赟在千万人的海选 PK 中获胜，已经被确认是新科皇帝了。

太好了！刘崇一下子心花怒放，什么愤怒难受都被抛到了九霄云外。还能有什么结果比这个更好呢？还用得着再打什么仗吗？根据这个结果，他已经是现任的太上皇了！

兴奋中，他马上派人进京去探听虚实，尤其是要面见郭威和太后，确认消息的准确程度。

消息很快传了回来，千真万确，绝无虚假。尤其是郭威，他接见刘崇的使者时神色凄苦，拍着自己的脖子说：“自古岂有雕青天子？希望刘公能体谅我的忠心。”

使者不禁为之动容，要知道这是天下皆知的隐痛。郭威出身军卒，脖子上有飞雀的刺青，五代十一国时人人称他为“郭雀儿”。这种刺青一直留到了宋代，军卒和犯人一样要刺青黥面，所以好男不当兵。

还有什么可怀疑的呢？再联想一下郭威出兵的理由，以及他现在仍然尊奉后汉、拥立新君的表现，他是忠是奸已经一目了然。而且郭威还说，请刘公一切放心，朝廷派最德高望重、从不说假话的太师冯道前去迎接天子，尽快到任登基。

好了，刘崇放心了，郭威看起来是认真的！那么就必须赶快了，夜长梦多，随时都会出现别的竞争者！他准备只要冯道一到，就马上派儿子向开封出发。他已经克制不住激动的心情，恨不得替儿子出发了。

孩子，你尽管使劲跑吧，向皇位进发！这是千古难得一遇的良机，你跑得越快，就越能早些当上皇帝，而你老爹我就越能早些当上太上皇……这真是太好了！

“且慢！”就在这个激动人心、热血沸腾的关键时刻，突然有人跳出来喊停。事后证明，这是上天最后一次眷顾刘氏父子，奈何刘崇根本没领情，他一脚就踢爆了上帝那张满是关爱的老脸。

喊停的人是刘崇的副手，太原少尹李骧。

李骧满怀好意，向利令智昏的刘氏父子点出了郭威必然有诈，天上岂有无缘无故掉下来馅饼的好事？郭威为什么不把皇位交给别人，偏偏让给你们父子？这正证明了他对你们父子的忌惮，所以千万不能把世子送到虎口里去，不然轻则被扣下当肉票人质，重则就会丢了性命。

这时候最应该做的，是趁着郭威立足未稳，而且刚刚抢劫了都城大失民心，赶紧发兵出太行山，号召天下所有兵马，一举剿灭他们。这样才能一劳永逸，到那时无论是想当皇上还是当太上皇就都随心所欲、自由自在了……

李骧的头脑疾速运转，为刘氏父子精心打造着美好前程，可是他偏偏看不见刘崇变得越来越黑的脸。等到李骧的长篇大论终于告一段落后，刘崇简明扼要地对手下们说了一句话，把李骧的人生彻底定性收尾——把他拉出去，砍了。

就这样，刘崇把一个全心全意为他谋福利的人杀了，仅仅是因为这个人的话破坏了他的好心情！可见好人是多么难做。然后刘崇坚定地按原计划派儿子立即出发，向着皇位一路狂奔而去。

这个时候，郭威就像配合着他的好心情一样，带兵出了开封，向边境运动，表现出了非常“无私”的诚意。

就在刘赟全速前进，到达了宋州（今河南商丘），与开封相距不过百多里时，郭威突然间黄旗加身，瞬间称帝，同时疾速返程，更命人快马通知开封的亲信王峻，去把最重要的事做了——王峻马上派郭崇率七百骑兵赶赴商丘“保护”刘赟。

到了当月的二十五日，郭威回到了开封的近郊。

刘赟此时已经是一个地道的阶下囚。至于刘崇，他则一如既往地毫不知情，仍然做着太上皇的美梦。一切还是因为通信太慢，他只能事后徒呼奈何。

郭威在离开了近二十天之后，再次来到了国都开封城外。他还是带着上次离开时的那些人，只不过一切与出发时已经彻底不同。

这时，我们就很有必要来彻底地分析一下郭威为什么这么做了，相信分析过后，我们就能清晰地看出郭威到底是个怎样的人。

问题一：郭威为什么不趁着抢劫都城、后汉皇帝刚死的时候一举搞定天下？

答案：首先时机、火候都不成熟，其中最重要的一点还是出在后汉的开国皇帝刘知远的身上，虽然这个人早已经死了。

刘知远死得太快太早了，他死之后到现在虽然已经发生了太多的事，但是从时间上看，他才死了不过两三年而已。这样短的时间，他的影响力以及以他为代表的刘氏一族的影响力还远远谈不到消失或者弱化。所以郭威起兵时，还要矫诏改动刘承祐的诏书，来欺骗自己的部下造反，而且在进攻都城的前夕，还要动之以巨利，以许诺剽掠京城为诱饵，才能驱动起士兵们的热情去卖命。

这都说明了郭威那时根本没有真正地掌握他手下的军队，也就是说，枪杆子虽然不见得再姓刘了，可也绝没有姓郭。

这样绝对不行。在五代十一国里，没有绝对效忠的军队，就别想做任何大事。

于是第二个问题也就有了答案。

问题二：郭威为什么要一而再，再而三地躲避，推托众人的拥戴？难道他对皇位真的没有野心吗？

答案：绝对不是。不管他对皇位有没有野心，局势已经强迫他只有一条路可走，那就是顺着反叛之路一直走到底，必须成为皇帝而且坐稳宝座，才能活命。

一点都没有夸张，自古争帝之险，险于上华山。就连十几年之后赵匡胤的母亲杜太后都警告自己的儿子："天子置身庶民之上，若治得其道，则此位可尊，苟或失驭，求为匹夫而不可得！"

郭威在刀尖上打滚一辈子，这些本质上的事情怎么会不懂得？那么他还要去皇宫向李太后请安谢罪为的是什么呢？

无非是看到自己内部不稳，而刘氏尚未死僵，所以要稳定一下局势，让敌人不至于马上出现。为了达到这个目的，他不惜动用百官来"公选"出当时最有实力的刘族精英刘崇父子来当"太上皇"和"皇帝"，来为自己争取宝贵的时间。

这个时间用来做什么呢？

用在最关键的事情上——夺得军权，或者叫作获得军心。

抢掠京都九天之后，郭威就带着军队北上抗击契丹。现在我们都知道了，所谓的契丹来犯纯粹是个骗局。那么他以那么缓慢的速度带着军队去郊游，真正的目的是什么呢？

一切都是为了一些微妙的且极为重要的心理转变。

得让军队醒醒神，让士兵们知道现状有多危险，面对的难题绝不只是我郭威一个人的，你们哪一个都别想置身事外。

试想，如果郭威此时已经称帝了，他对军队，以及军队对他，都是一种什么样的心理？五代十一国时兵强将叛，将骄弑主，郭威的兵马上就知道了自己对郭威的重要性，进而要挟郭威，而郭威迫于形势只有妥协。

那之后政令不行，人心不附，再加上疯狂反扑的刘氏家族，郭威的死期也就不远了。

而在这次沉闷缓慢的行军途中，郭威貌似悠闲自在地看着手下的大兵们越来越忐忑烦躁，自己就是不忙于称帝，绝不替这些大兵顶缸。非得让这些混账大兵一而再，再而三地“强迫”自己当领袖，然后自己才勉为其难地答应了。只有这样，才能让这些大兵积极主动地为自己效命，让他们每个人都有危机感，不用他再去利诱驱赶，都玩命地上战场。

郭威给所有的士兵来了个投名状。他要的不是人头，而是当初还没被抢劫的开封，这些傻大兵自以为占了天大的便宜，凭空发了一大笔横财，却不料从此就上了郭威的贼船，跟着他不得不反，再也没有了回头路。

而且这一切都是在很长的时间和极短的路程中完成的。他缓慢地行军，时刻掌握着京城和周边地区的局势动态，一有风吹草动，马上就能做出反应。你看，当他获得军心，成了皇帝后，只用了四五天的时间，就又回到了开封城外，什么事都没有耽误，还把刘崇父子玩了一票。

这时他面临的局势是多么理想啊——开封城已经尽在掌握，尤其是刘氏家族的代表人李太后，这真是位懂得游戏规则的老太太，从一开始就知道该做什么，不该做什么。而文武百官更加不用说，早在他上次离京“抗击”契丹时，朝中大臣的代表冯道先生就已经开始为他打工了，更何况他人。刘崇父子更傻得可笑，给个坑就往里跳，谁如果拦着，他们都能急得杀人。这样的人本不足惧，只是怕他们一哄而起罢了。

最重要的是，人心也已经得到了缓和。

人们对郭威的反抗意识，随着一系列的和平政策，以及这次军队的远行，已经缓和了下来，再想绷紧，除非是郭威又做出了什么出格的事。

那么郭威从此改过自新了吗？

人心的敌意有时就好比一个极度想自杀的人，不管当初求死的愿望有多坚决，只要几次寻死不成，决心自然消退。郭威要的就是这一点，人民对他的警觉和憎恨已经少多了，已经容许他做一些改变了。

公元950年十二月二十五日，转变开始。

郭威率军重新回到了开封，王峻率文武百官出城迎接。隔天之后，即二十七日，李太后下诏，命郭威“监国”。中外庶政，并由郭威处分。至于“皇帝”刘赟，虽然他中了大奖，但是由于他过期不到，所以奖券作废。当然他可以在宋州爬楼抗议，那都是他的自由和权利，估计没人会搭理他。

郭威倒是什么都记得，看在刘赟中奖不易的分儿上，另赐给他一个爵位。很怪，叫“湘阴公”，不知何解。没过几天，郭威就顺便把他埋在了宋州，此人此生此世再也没有机会回到徐州去看看他的亲人了。

在这一年剩下来的几天里，后汉的臣子们格外忙碌，他们加班加点，争先恐后，集体上表劝进。改朝换代的时候又到了，他们每个人对之都非常敏感且熟悉，没有哪个人愿意在这种事上落在后面。

于是转过年来，就在正月，郭威脱下了黄旗，穿上了正规的黄袍，在一个多月以前还是刘承祐坐过的椅子上坐了下来。他成了五代十一国里又一位开国皇帝，国号为“周”。

现在，大家预备——为新任天子郭威陛下正式欢呼！

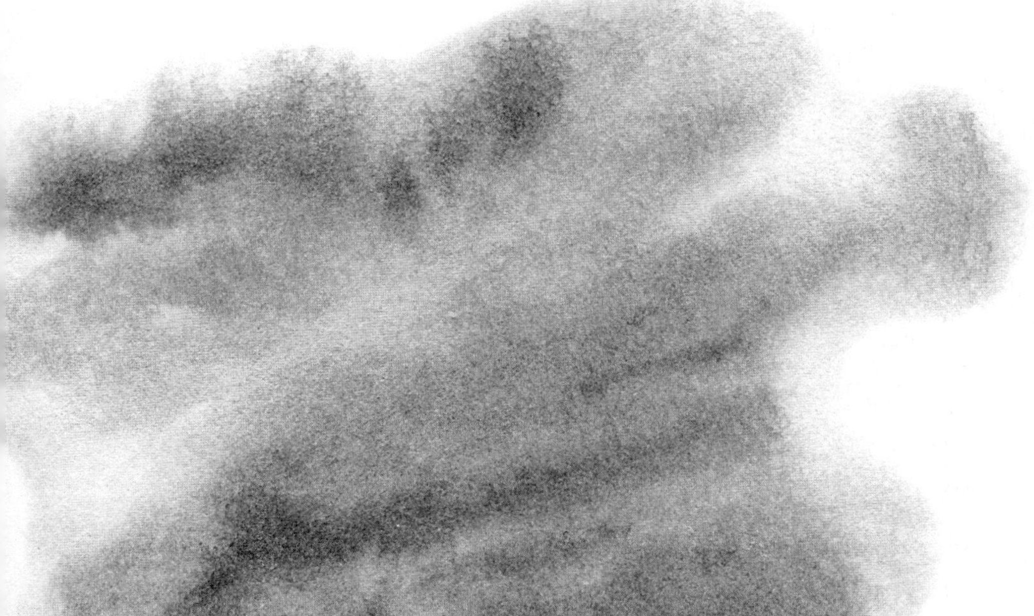

第五章　折磨自己老板的员工

郭威登基，首先论功行赏。这是必需的，这绝对有利于造反集团的进一步团结和巩固，更有利于对全国动乱局势的有效舒缓——告诉了有心继续造反的人已经没有多少空子可钻了。

于是在激动人心的升官大会上，每一个参与了造反行动的人，不分大小都享受到了成功之后丰收的喜悦。王峻、王殷这些坚定的追随者，都被授予了枢密使、节度使、刺史之类的高官；间接地“帮助”了郭威的另类人士们，如慕容彦超、刘崇等人也不必自卑，郭威同样给予了他们官职不变、继续努力的承诺；官场老油条冯道及原宰相范质等人更不用说，重用再重用，加薪再加薪，一切都以安定团结为主。

在这些令人目眩、引人流涎的升职加薪浪潮中，没有人会注意到一个不起眼的小人物的升迁。那就是原亲兵赵匡胤，赵匡胤因为任劳任怨、尽职有功被提升为禁军东西班行首，也就是相当于禁军部队里的一个小班长，继续光荣地负责宫廷的禁卫。

唉！升官了，大小也是个官了。可是看看人家，再看看自己，年轻的赵匡胤心里不知是个什么滋味。

这时他每天的工作就是腰里横着把刀，或者手里拿着杆枪，穿得比谁都整齐，在皇宫里，或者在大殿下比赛谁站得更直。

工作比从前更加无聊了。在打仗的时候，虽然有危险，赵匡胤还可以随时跟在郭威的身边，可以听到、看到很多值得学习、非同凡响的事情。现在郭威当上皇帝了，身边的人就复杂得多了。

一个禁卫班头无论如何都不可能跟着皇帝四处乱转。

唉！再叹一口气吧，也许再升点官，他就能有权力随时走动一下，不必再像个木头桩子了吧？可那还不知道要等到何年何月。

在沉闷的绝望里，赵匡胤做出了一个对他来说最重要的选择，这个选择对他政治生涯的起步有着决定性的作用，不久之后人们就发现赵匡胤真是眼光非凡，可在当时，每一个人都认为他纯粹是疯了。

他居然放弃了郭威这个刚刚成为皇帝、世上最炙手可热的大佬，去依附了一个偏远城市里的年轻小长官!

这个年轻的小长官就是柴荣，也就是后来人人皆知的周世宗。在十几年之后，每个人都知道了他是五代十一国里最英明、最有作为且相当公正又待民以诚的君主，可是在当时却没有一个人会这样想。其原因就像面对当时的禁军东西班行首赵匡胤，也没人会相信他是同样英明神武、震天动地、继往开来、人类少见且基因突变才生出来的宋太祖一样。

那么赵匡胤当时的选择就冒了极大的风险，是个不折不扣的政治投机分子，其行为手段就是传说中的官场升职三十六计之“烧冷灶”。

这一计非同小可，全靠当事人的眼光准、胆子大，有双识英雄的慧眼，能在千千万万中下层领导干部中认准一个，然后坚定跟随，全情奉献，不惜一切手段帮着主子得到位子。

如果成功了，也就是说，你选的主子终于一飞冲天了，那么你自然会跟着平步青云。失败了呢？官场变幻谁敢说百战百胜？你的主子如果一路冷下去，始终都没能热起来，那么你该怎么办？

你就只有更惨了，什么都得从头再来，而且最后还得落下个“政治娼妓”的臭名声，谁让你还得再去找新主人呢？

富贵险中求，赵匡胤坚定地相信了自己的眼光，他明确地分析出自己在已经登峰造极，热得没法再热，没有潜力可挖的郭威身边是没有发展空间的，马上就毅然决然地选择了离开，转而去依附虽然官职不小，可还没有多少根基的柴荣。

我相信，赵匡胤当时做出这个决定时，既有周密详细的计划，也有理智清晰的判断，更重要的还是凭着他敏锐的直觉。一个拥有非凡素质的人，能够非常清晰地感应到另一个与之相似的人的存在。就像一头狼，很轻易就能知道对面那头动物的危险系数一样。这就是为什么赵匡胤选择了柴荣，柴荣也收纳了赵匡胤的原因。

这时柴荣的身份、地位颇有些微妙。说他很高，是的，他是郭威陛下唯一的“儿子”，并且头衔相当多，全部排列出来是澶州刺史、镇宁军节度使、检校太傅、同中书门下平章事。也就是说，他在都城之外有自己的地盘（澶州），还有自己的军队（镇宁军节度使），还大于并约等于当时的宰相（检校太傅、同中书门下平章事）。

但是非常可惜，所有这些让人头晕的高等头衔哪个也叫不准、站不住。

首先他和郭威无论如何都没有血缘关系，这在古老的中国是一条不可逾越的鸿沟。无论郭威与自己的原配太太柴夫人的感情多么坚固，内侄与儿子都是两码事，更何况这时柴夫人早就死了。谈到血亲，在后周朝里，郭威还有一个外甥，叫李重进。

李重进年龄比柴荣稍大几岁，早就手握重兵，战功卓著，很早就有了自己的班底和显赫的威望。并且此人心高气傲，绝不屈居人下，以至于郭威在临终前，都要特意在正规场合当着朝臣的面，命令他向柴荣下跪朝拜，以确立柴荣的继承人身份。

这一切都说明了，虽然刘承祐帮了柴荣的大忙，把郭威的两个亲生儿子都杀了，可在别人的眼中，柴荣仍然是个不尴不尬的假太子。就算是现在尊贵，但是将来呢？谁能保证郭威从此就再也不能生育？后周皇帝的宝座，看着似乎离柴荣很近，但是差之毫厘，谬以千里，也许终柴荣一生都无法企及。

不仅如此，这时柴荣在官场上还多出了一个有进无退、不顾生死一定要给他添乱的政敌。这个人别说是他柴荣，就算是郭威，一时半会儿都不敢动。

这人就是后周立国第一功臣，时任宰相兼枢密使的王峻。

王峻是一个值得细说一下的人物，通过他我们能看到五代十一国里典型的权臣形象，他的升、降、兴、衰都非常具有代表性。

此人最初走向社会，并不具备人们常规意识里的所谓文韬武略等成大事者的基本能力，他最擅长的是唱歌。那时还是后梁的时代，他投奔了一位叫张筠的节度使，能做什么呢？只能是唱唱歌、陪陪酒，形象和地位真的不能算太高，而且他的生活还极不稳定，得随时准备朝秦暮楚。

另一位高官租庸使（管钱粮税收）赵岩到张筠家做客，王峻的歌声让赵岩大为倾倒，于是张筠就非常风雅慷慨地把王峻当作礼物送了出去。

王峻跟着赵岩差一点丢了脑袋。

后唐灭梁时，李存勗杀了赵岩全族，王峻极其机警地逃出了赵府，躲到了民间逃过一劫。躲了很久之后，王峻才敢再出来，投靠了另一位大款——三司使张延朗。

无论是五代还是宋朝，三司使都是财政一把大臣。

终日应酬见多识广的张延朗对王峻并不感冒，而经过了生死大劫的王峻也已经脱胎换骨，他不再在乎风月场上的冷热，而是对张延朗身边发生的一切冷眼旁观，心里不断动着念头。

时机来了，后晋石敬瑭这个人尽可爹的杂种起兵灭掉了后唐，张延朗像赵岩一样被新主人杀掉，张延朗的全部家产包括奴婢也包括王峻都被当作奖品赏给了时任后晋大将的刘知远。不知道王峻用了什么手段，有过什么表现（实在是没办法，史料上查不出具体事迹），他从一名陪酒伶人一跃而成为领兵的将官，而且官运亨通，在刘知远开国后，进封为客省使，成了当时的枢密副使郭威的亲信死党。

再后面发生的事大家就都知道了，王峻在郭威造反称帝的一系列行动里充当了最重要的副手角色，因此一步登天，成了后周朝里一人之下、万人之上的朝臣领袖。

综观王峻的发迹，是典型的起自微末，达于青紫，全凭个人努力自学成才的过程。他一直在进取，在不顾一切、不计生死一定要成功地进取，才有了这时的成绩。那么达于巅峰了，下面还要再做什么呢？是继续进取？那就是取代郭威了。可这是个不切实际的梦，公平地说，就算是到了人生后期，有些颠三倒四、不知所谓的王峻都没有动过这个念头。

那么就像冯道那样从此做个和事佬、不倒翁，高官厚禄终此一生怎么样?

也不行，冯道更是不可复制的。中国几千年历史，冯道这样的高人只此一家，绝无分号，再也找不出第二个来。而让已经习惯了进取并且只会进取的王峻去学习冯道，只会变得不伦不类，自取灭亡。要知道人是有自己的政治符号的，搞混了只会倒得更快。

就这样，王峻在变幻诡异、动静无常的政治旋涡里迷失了。

他先是非常清醒地意识到，无论是在眼前还是在不远的将来，能威胁到他后周朝臣第一人地位的，只有柴荣。为此，他利用职权巧妙地把柴荣固定在了其封地澶州，不管有没有事，或者怎样请示，都别想踏进开封一步。至于和郭威单独见面，更是想也别想。

在将近三年的时间里，除了年庆朝贺等极特殊的日子外，柴荣只等到了一次机会来钻空子，他趁着王峻奉命外出监修河堤时，偷偷地溜进了开封，想和老爹见面说说心里话。可是没承想王峻爪牙遍布，马上就得到了信息，王峻立即放下了手中所有事情赶了回来，柴荣不得不灰溜溜地返回了澶州。

此人的强悍跋扈可见一斑。

不仅如此，王峻对郭威也相当不逊。按说这非常不理智，但是为官处世有时候就像用兵一样，似危实安，运拙胜巧。王峻的为官之道好有一比，就像后来的清臣曾国藩与李鸿章，谁能说得清这两人到底谁高谁低呢?

众所周知，曾国藩成功之后，战战兢兢、克己自守，以极度的谦退来维护身家性命和贤臣名声。他的弟子李鸿章则恰好相反，为了生存，为了让所有人都奈何不了自己，快意无忌地生存，李鸿章大把抓权死不放手，自谓英雄不可自剪羽翼。

后人扬曾抑李，当事者到底谁活得怎样却一目了然。

身为乱世高官的王峻，走的正是李鸿章的路子。他身为后周郭威以下第一人，宁鸣而死，绝不默然苟活，在后周开国初期马上就经受的巨大考验中，起了决定性的作用，让自己的威望达到了空前的高度，从而让所有人包括郭威在内对他礼让三分，但是他与郭威的差距也马上就显露了出来，并由此走向了灭亡。

他把自己是谁、是怎样一路走来的给忘了。

他没有掌握住权力的最基础点。他不懂得所谓权术其实甚为简单，那就是人与人打交道的艺术。他以为站在权力之巅的不再是人而是神，可历史早已无数次地证明，有人之所以能走上神坛，就是因为他了解了人从而满足了人；之所以后来又掉下了神坛，变得什么也不是，也正是因为他真的变成了“神”，不再去理会人的所思所想。

郭威、柴荣、赵匡胤，他们就什么时候都知道自己是谁，记得自己是怎样一路走来的，从而做出来的事情都是人应该做的，所以他们才能成功。

后周建国之初，所面临的第一次重大考验来自政治欺诈受害者刘崇。刘赟被杀、郭威称帝终于让刘崇知道自己被非常不仁道地骗了，他的反应是马上在政治地位上把自己与郭威拉平，绝不吃亏——不当太上皇了，我也要当皇帝！

他绝不承认后周这个“伪”王国的存在，他仍然尊崇延续着汉的国号，只是历史比较无情，为了把他和其兄长刘知远的“后汉”区分开，称其为“北汉”。

刘崇的北汉先天不足，以他的老根据地太原为中心，只有区区十二州的土地。这个面积做节度使是太大了，作为一个皇帝就小得让人头皮发麻。面对庞大的后周，刘崇意识到了和当年石敬瑭一样的危机，怎么办？彷徨无计的刘崇走上了和石敬瑭一样的老路。

契丹，还是契丹，只能是契丹。只是这时的契丹已经改名称为“辽”了。

刘崇给现任的辽国皇帝耶律述律写信，要求支援，开出的条件相当优厚，他答应以前后晋石敬瑭怎么做他就怎么做，绝不含糊。耶律述律一听大喜，这真是喜从天降，又有儿子送上门来了。却没想到刘崇在这方面非常执着地表达了自尊，别的什么都能答应，就这一条，坚决不行！

他给辽国皇帝写信，郑重其事，非常严肃认真地写道：“……侄皇帝致书于叔天授皇帝……”

天下所有的人都给我睁大眼睛看清楚喽，我刘崇绝不是人尽可爹的，绝不像石敬瑭那样不要脸，我只是认了个叔叔而已，你们都别想歪了。

就这样，在郭威称帝当年的十月，辽国派彰国节度使萧禹厥率五万辽兵南下来到河东，刘崇加派两万人马与之一起南下，兵锋直指晋州，口号是“尽此一役歼灭后周”。

后周这边做出的反应是皇帝郭威坐镇国都，由宰相兼枢密使王峻率兵迎敌。

这已经是当时最好的攻守调派了，后周的每一个人都在深秋十月寒风阵阵的西北大地上焦急忐忑地等待着王峻和北汉、辽国联军交锋的结果。但是让人极度不安的是，时间过去了整整两个月，已经进入了深冬，王峻却依然没有到达战场！

也就是说，晋州城已经独自承受北汉与辽国联军的攻击，孤守无援了近两个月！

王峻居然带着后周所有的后援部队，非常悠闲自在地驻扎在绛州，置身事外，远离战场。如果问起原因，他一点都不含糊，直接说自己的军队中既没有流行瘟疫，也没有什么人阻碍他的军令，一切都非常正常。他之所以不到战场，唯一的理由就是他不想去。

这到底是怎么了？如此诡异反常，让郭威都沉不住气了，他不得已派人去问王峻出了什么事，并明白地告诉王峻，实在不行就换人，看来自己的事得自己办，由他郭威御驾亲征好了。

直到这时，一直表现得无动于衷的王峻才把身边的人都屏退，单独对使者说出了自己的想法。

——请转告陛下，我一直在等着一个战机。我不想带着我的生力军第一时间赶到战场，因为那时候北汉人和辽国人也都是生力军，势必会变成了硬碰硬的死拼，一点好处都没有。

别忘了这是我们的地盘，我们最大的优势是晋州城非常坚固，一时半会儿绝对不会被攻破，而且现在是深冬，利守不利攻，再加上我迟迟不到，城里的人绝了外援的盼头，只能靠自己才能活命，这就更加强了防御的力量。他们多坚守一天，就多消耗敌方的一分锐气，彼消我长，等着再过些日子，天再冷些，就是我出击的时候。那时候别说是不成气候的北汉人，就是辽国人我也要他们匹马不得还乡！

至于陛下说想亲征，我看还是免了吧。我国初立，四方的藩镇还没有真正收服，尤其是那个慕容彦超，一直在蠢蠢欲动，如果陛下亲征，第二天就会有人乘虚冲进都城，到那时候腹背受敌，就什么都完蛋了！

恍然大悟的使者以十万火急的速度赶回了开封，把已经准备亲征的郭威拦住，悄悄地报告了王峻的回答。郭威吓出了一身冷汗，一时变得非常失态，所有人都看见皇帝突然狠狠地抓住自己的耳朵上下乱拽，嘴里喃喃自语——几败吾事！

后面发生的事几乎完全按照王峻的预料在进行。

十几天后，突然间天气大变，风雪交加，北汉和辽国联军迫不得已开始撤退，王峻乘势追击，不仅北汉人损失惨重，辽国人也死伤大半。从此之后，刘崇再也没有胆量和力量进犯后周了。

最大的危机度过了，每一个人包括郭威都深深地松了一口气，王峻以自己的聪明才智让新建的王国顺利地熬过了最初的艰难阶段，紧跟着他又带领兵马跟着郭威去讨伐公然叛变的慕容彦超。这一次他身先士卒，率众先登，干脆利落地把这个非凡的节度使干掉，去外侮之后又除了内患。一时间后周变得国泰民安，人人都觉得安定和平的好日子已经到来了。

但越是这样，动乱的种子就埋得越深。没有人意识到，这时的后周应该准备一个继承人了，事实证明，就连郭威都没有意识到已经有了这样一个巨大的危机，他一直都没有给自己的继承者任何展示能力的机会。

柴荣，这位后来的周世宗变得越来越尴尬，他此时的资历让人非常鄙视。请看：郭威做后汉的枢密使时，他是左监门卫大将军；郭威驻防边境时，他是贵州刺史、天雄军牙内都指挥使；等郭威起兵造反时，他留守后方；等刘崇进犯时，由于前线总指挥是王峻，他只能在澶州远远观望。

也就是说，他从来都没有什么能拿得出手的军功，所有人都只能认为他是个地地道道的吃祖宗饭的富家废物。这造成了柴荣在执政初期的艰难局面，文官敢于当众顶撞他，武将更在战场之上公然叛变投敌。尤其是助长了一些权臣的非分之想，就像王峻，他敢于制造出一些事端，向柴荣，更向郭威叫板，来希求更大的权势和富贵。

这样，就没有了退让，只剩下了胜负，再一次的流血也在所难免。

一个员工是怎样虐待自己老板的？这是个非常实际的命题，相信无论是员工还是老板都会密切关注，但是细想这也没有什么，人生不就是在你折磨我或者我折磨你的过程中度过的吗？

身为当事人，切身感受就会大不相同了。没有什么折磨是可以不付出代价的，就像王峻与郭威。

刘崇败退，慕容彦超覆灭，这让王峻的声望如日中天，这些都是在他的英明策划和亲自指挥下完成的，所以公平的人民也把这一切功劳都记在了他的名下。一时间好评如潮，歌颂不断，王峻成了后周国内人见人爱的大英雄，而王大英雄在飘飘然之际回头看了看，也发现人民的眼睛的确是雪亮的，说得都没错啊！

于是他就又顺势向旁边看了看，就发现他的顶头上司郭威在这段时间里的表现可真是够差的，矬得让人不忍直视。

郭威都干了些什么呢？他在王峻大展雄才、叱咤风云的时候，像是无事可做、非常无聊似的，勉强做了几件婆婆妈妈的小事情。这些事情之小，之无关紧要，都是自朱温以后的后梁、后唐、后晋以及后汉的皇帝不屑一做的。

比如说当年的终结者朱温先生曾经在攻打淮南的时候，顺手抢了一万多头耕牛，这在以往来说毫无悬念，这些牛马上缴就会变成军粮了，可是不知为什么朱温一反常态，千里迢迢地把这些牛都赶回了自己的地盘，还变态一般地把牛都分给了农民。

农民们惊喜之余才听到了朱温的附加条件，当然看上去是很公平的——从此每家每户要上缴一定的牛租。

要命的是几十年过去了，这些牛以及它们的儿子们都死得干干净净了，可每一个朝代的每一个皇帝却都清清楚楚地记着农民们当初和朱温签下的租牛合同，牛租一直交到了郭威上台之际。

要说郭威这人可真是没劲，他居然觉得都执行了几十年的老政策有问题，还无条件地把它们废除了。

再比如，还是牛，相信朋友们还有些印象，我在小文开头处曾经说过，五代十一国时牛皮因为军需必须全部归为国有，如果有人胆敢私藏一寸或者贩卖一寸，就会被处死。那么对于养牛的农民呢？对他们的要求就更苛刻了，他们要负责上缴牛皮，每年都有定额，达不到的就会被处死。

想想看吧，在那个饿得人吃人的年月，你还能养着一头牛，等着它一年、两年地长大，然后再顺利平安地剥下它的皮来上缴国家？！

不知道有多少无辜的农民死在了混账的牛皮上。

郭威居然置军队的迫切需求于不顾，下了这样一条命令——以后每年民间应缴的牛皮，三分减二。实在没有的，可以把牛皮税分摊到田亩上，每十顷地捐牛皮一张，剩下的牛皮人民可以自用或者自由买卖。

不仅如此，郭威还把盐、酒这些利税大项都解了禁，随便人民做生意，甚至可以和后周国境之外的人做生意。

这可真是冒了天下之大不韪，这在军事安全第一的当时，不是鼓励人民里通外国吗？这些都让国家原有的税收在一定时间范围内受到了强烈的冲击和影响，当时有一些人怨声载道。

你说郭威这么反常地乱搞，他的国家还是适合人类生存的正常世界吗？！

而最最让人看不过去的是，郭威居然把五代十一国里最基本的一条国策给改动了。一时间上层社会人人恐慌，都说国本一动，国将不国，后周马上就会烟消云散了！

事情是这样的，在郭威之前，所有的皇帝都特别注重国计民生，尤其是粮食是否稳定地高产。为此，所有的皇帝都把劳动力固定，让农民在规定好的土地上耕种，谁也不许跑，跑了就杀头，而且所有的都通通是国家的，土地、耕具、牛马，还有你的妻子和儿女，当然也包括你，都是国家的，就算死了也得埋在这块规定好的土地上，以便使之更加肥沃。

郭威却把一切都无偿地分给了农民，上述的土地、耕具等都成了农民们的私有家产，还大幅度地减免了农业税，把实惠还给了农民。

这些都让后周的官员们看傻了眼，他们不理解郭威这是怎么了，为什么一定要和自己还有国家过不去？百官之首的王峻在惊讶之余，不禁对之嗤之以鼻，郭威何其短智！虎狼屯于四野，国家内忧外患，连后汉原有的国土都被分出去一部分给了北汉，在这样的局势下，不去思考怎样收地破敌，却终日理会这些婆妈琐事，郭威，你真的让我很失望！

由此，一些以前从没有过的，也不会出现的想法，渐渐地在王峻的心里生成了。虽然他永远都不会承认自己有过篡逆之心，但是这都不妨碍他对郭威的折磨。

话说王峻作为后周领袖郭威的亲密战友，以及后周权力集团的二当家，是每天都要和郭威见面的。两个人见面的程序一般是这样的：

先是王峻必须按照传统向郭威致敬，郭威的反应总是满脸堆笑，双手相握，并且这样说："呵呵呵，王哥，不要这样嘛，你真是太客气了……"（峻年长于太祖两岁，太祖往往呼峻为兄，或称其字）然后两个人就谈起了每天多种多样但又千篇一律的话题。

谈话的主要内容如下：

××日，王峻说："陛下，郑仁诲很让人讨厌，此人绝不可重用。"

郭威："……我也没有重用他啊……"

王峻："我是说绝不可重用……也就是说，永远都不能重用。"

郭威："……啊，这样啊……那好吧。"

××日，王峻说："陛下，李重进很让人讨厌，此人绝对不可重用。"

郭威："……我也没有重用他啊……"

王峻："我是说绝不可重用……也就是说，永远都不能重用。"

郭威："……啊，这样啊……那好吧。"

××日，王峻说："陛下，向训也很让人讨厌……啊，对，我承认了，其实就是非常让我讨厌，所以此人永远不可重用。"

郭威："……啊，这样啊……那好吧，既然你都这样说了，那就不重用他……不过我还是要重申一下，我也没有重用他啊……"

谈话就这样每天多种多样又千篇一律地进行着。需要指出的是，无论是郑仁诲、李重进还是向训，都是一直追随郭威，比王峻资历还要老的郭威嫡系，王峻压制他们也就是在削减郭威的羽翼。当然，这还不算他在同时间内进行的压制柴荣的行动。

日升月落，王峻和郭威的谈话每天都在继续，不管别人怎么看，郭威总是答应着王峻的所有请求。直到有一天，王峻的谈话内容终于有了前所未有的新鲜创意。

王峻说："陛下，王峻也很让人讨厌，把他的枢密使职务撤销了吧。"

郭威："……啊，这样啊……那好吧。等等！"郭威突然间回过味来，"你说什么？你要辞职？！”

“是的，陛下，我很不称职，您就把我的职位撤销了吧。”王峻极其认真诚恳地回答。

这下子人们终于看到从不激动的郭威变得极其焦灼，他对王峻进行百般抚慰、小心规劝，问他是否由于工作太累了需要节假日，实在不行就把工作带回家去做。

不要小看这一点，在中国历史上只有极少数的宰相可以每天不必到朝报到，在自己的府第里办公。比如南宋末期的宰相贾似道、清朝的张廷玉，无论忠奸，都得极有资历且权倾朝野，缺一条都别想做这个梦。当然，这种事都无一例外地有可怕的后遗症，朝野都会认为你有了个人的小朝廷，实在大犯人主之忌。

无论郭威怎么说，王峻都毫不妥协，他直接给自己放了大假，回家里躺着休息去了。

可怜的郭威只好自己一个人孤零零地坐在大殿里生闷气，琢磨这事儿到底差在了哪儿。

接下来的事情，就更加让他感到恐怖了。自从王峻撂了挑子，不再履行负责军事的枢密使职务后没几天，后周全国各地的大小节度使突然间一致上书来挽留王峻，一时之间声势滔滔，军心浮动。

这才真是国本动摇。

郭威急了，派大臣去王峻府里传话，说王哥你要是再不出来工作，那我就得亲自去你家接你了。

王峻的回答是相当的诚惶诚恐，他说陛下如果您来，那就是不想让我活了。我马上就去死，说什么也不能让您为我出皇宫一步。

郭威极度郁闷，思来想去再没了办法，最后只好请了王峻的私交好友陈同，请他在自己与王峻之间周旋，务必把王峻请出来。

陈同在王峻家待了好久，回来说王峻托我给您带个话，要是一定让他出来干活儿，也不是不可能的，只是请您来个声明，说马上就亲自去他那儿，给足了他面子，他就没法推托了。

……好吧，就这样吧。沉默了好久的郭威终于同意，一切都按王峻说的办，这样王峻才勉为其难地回到了工作岗位上。

等这次风波过去之后，郭威才从侧面打听出，之所以突然有那么多的节度使联名上书，完全是王峻写密信要求他们那么做的。既要拉又要打，一边儿要挟郭威一边儿强迫底下的节度使，王峻把所有人都耍得团团转。这让他的信心大增，更加看清了郭威的懦弱，以及他在后周国内的影响力。这让他进一步增加了与郭威谈话的次数，提高了谈话内容的质量。

自从王峻重新回到了工作岗位上，他对工作就充满了热情，工作态度和工作的力度全都登上了一个新的台阶。相应地，他和郭威之间的谈话密度更大，周期缩短了。

××日，王峻说："陛下，有鉴于宰相兼枢密使王峻的工作非常出色，而他还心有余而力更足，是不是再给他加点职务？"

郭威："……啊，这样啊……那好吧。你还要再做点什么工作呢？"

王峻："来点实惠的，平卢节度使。"

郭威："……啊，这样啊……那好吧。"

××日，王峻又说："陛下，有鉴于宰相兼枢密使再兼平卢节度使王峻的工作极其出色，而他家里却太穷了，能不能再给他加点薪水？"

郭威："……啊，这样啊……那好吧。每月再加多少？"

王峻："干吗每月每年零敲碎打地让人等得心烦，来个痛快的。这样吧，咱们后周左藏库里还有绫罗一万多匹，就一次性作为额外补贴发给王峻吧。"

郭威："……啊，这样啊……那好吧！"

请别奇怪郭威为什么咬牙，大家还记得后汉的家底子吧，国库早就被刘承祐用光光了，而郭威轻徭役、薄赋税，哪有什么额外收入，这点东西是容易攒下来的吗？！至于左藏库对一个国家意味着什么，我们以后再说，不过笼统点说也就跟国库差不多。

王峻此举，真乃狼子野心，是可忍孰不可忍也！

就这样，郭威对王峻百依百顺，从不违逆。时间就这样又腻歪又平和地溜走了，突然有一天，王峻请郭威到他的办公地点枢密院去做客，郭威不明所以，欣然前去，到了一看，原来是王峻盖了座新房子，史称“极其华侈”，请郭威来喝酒。

郭威非常高兴，一路参观，然后纵情欢饮，给足了王峻面子，于是这一天宾主尽欢而散。转过天来，郭威似乎受到了新房子的诱惑，打算在自己的皇宫内院也盖一座小殿，但是才开始动工，王峻就找了过来，开始了与郭威的新一轮谈话。

王峻说：“陛下，你的房子已经很多了，再盖这个干什么？”

就见郭威的脸色突然间变红，胸膛陡然鼓起，像是憋了好久的气一下子不知从何处都涌了起来，再也忍耐不住。但是无论如何，最后郭威仍然保持了一贯的沉稳平和。他缓缓地转向王峻，说出了下面这样一句比较反常的话：

“王兄，好像你的枢密院房子也不少啊，你怎么也盖啊？”

王峻一下子愣了，他似乎真的对这样的场面准备不足，他还真没想过郭威能这样对他说话。史称其“惭愧不能对”，急急走开。

就是这样，王峻仍然没有警觉收敛，没隔几天，他就又找到了郭威，进行了下面这个虽然命题比较陈旧，但具体内容却新鲜热辣得不得了的谈话。

王峻说：“陛下，李谷和范质都非常讨厌，他们绝对不可重用。”

郭威：“……”

王峻：“我是说绝不可重用……也就是说，永远都不能重用。”

郭威：“……”

王峻：“陛下？！”

郭威："……"

大家是不是非常奇怪为什么郭威没有继续他的正常的回答程序？他怎么一下子痴呆了？终于被王峻给虐待傻了？

当然不是，其实理由非常简单，因为李谷和范质这两个人跟王峻同一级别，都是后周的当朝宰相！

这让郭威怎样回答？他只有继续沉默。但是沉默对王峻而言没有其他任何的暗示，只是意味着软弱。他极不满意，且绝不后退，他勇气倍增，不达目的誓不罢休，进一步提出了一个更加生猛热酷的议题。

王峻说："陛下，我觉得颜衎、陈同（还记得陈同是谁吧？请看上文）一点儿都不让我讨厌，让他们来代替李谷和范质做宰相吧！"

这时的郭威终于感到没法再沉默了，他的回答是："爱卿，今天是什么日子你忘记了吗？今天是法定节假日寒食节啊，今天不办公的。这样吧，你让我过完了这个节，我就答应你怎么样？真的，过完节马上就办。"

当天王峻志得意满，非常满足地离开了，就此走出了后周的行政大殿。至于在他身后的郭威变得怎样了，他再不愿理会哪怕一点点。

据说人当了官之后是会变的，郭威果然是变了，这个皇帝似乎比后汉末帝刘承祐还差劲得多。刘承祐这个少不更事的小毛孩子还知道为自己的合法权力进行斗争，还敢于突然下手，干掉当年的权臣夺回权力和尊严呢！

而郭威，竟然如此，真是可笑又可怜！

郭威是真的变了吗？由于突然得到最高位子而变得不思进取，只想苟且偷安，那么就可以随意被别人鱼肉了吗？通过以前所有的事件叙述，我们是不是也得出了这样的结论：郭威是个极度深沉、满腹心机，却又迟于行动或者怯于行动的人。

就像一个成功的顶级阴谋家一样，一点阳刚杀气都没有。

答案当然是——错!

如果郭威真是这样，他是怎样数十年如一日地混在军队里，而且从最底层冒升出来的呢？那么多狂野凶悍的军人为什么会心甘情愿地为他卖命？

翻开《五代史·郭威传》，我们可以发现能用《西游记》里形容北方真武大帝的话来形容他，“幼而勇猛，长而神明”，是一个真正文武兼备、两手都硬、没有明显缺陷的人。

郭威年未二十，刚进军队的时候，是个极其桀骜不驯、不守军纪、随意游荡的家伙。当时就在军营边上有一个菜市场，里面什么人都有，最突出的是一个肉霸。该肉霸虽然不过是个卖肉的，可是欺行霸市、无恶不作。

这一天，年纪轻轻的郭威走了过去，告诉该肉霸：今天照顾你生意，来，给我切肉。嘿，你别忙，切是切，不是你那个切法……先来十斤精肉，不要半点肥的在上面，都细细地切作臊子……慢着，还没完，再来十斤肥的，不要见半点精的在上面，也要细细地切作臊子……

后面的还要再说吗？是不是有点眼熟？没错，这个屠夫是不是姓郑，史书上没记，不好乱说，不过从年代上看，一定是施耐庵借鉴了《郭威传》，而肯定不是《郭威传》抄袭了施耐庵的著作。

结果是一样的，如此恶搞，该肉霸不管姓什么也一样火了，他像屠夫一样出言不逊，郭威却根本没心情像鲁达那样跟这等腌臜泼皮多费口舌，他顺手抄起肉案子上的刀，一刀就把该屠夫宰了。然后满市场人人奔走躲避，郭威像没事人一样，把刀子一扔，悠悠闲闲地继续逛街去了。

以上就是少年郭威杀人事件的经过。试想当年的小毛孩子都敢干这样的事，难道郭威在领兵厮杀一生之后，反而怕手上溅血了？！

一切的原因都是投鼠忌器。王峻这只耗子虽然可恨，但是他现在却蹲在了珍贵的花瓶上，总不能因一时之怒把花瓶连同王峻一起都打碎吧？那样刚刚稳定下来的局势就要再次动荡起来了。于是郭威选择了忍耐、忍耐再忍耐，他一心盼着也算是见多识广的王峻能自行醒悟，及时收敛，但是无情的现实让郭威的和平之梦彻底破灭了。

那天郭威看着志得意满的王峻旁若无人地走出了他的大殿，离他越来越远，他终于明白了，王峻不能再留，就算这时的王峻仍然没有篡逆之心，也留不得了，因为形势和惯性已经让王峻再也收不住脚了。如果还要退让，那就真的不是宽容而是怯懦了。

一时间郭威觉得愤怒，心里更多的是悲凉。王峻，你为什么就忘了当年我是怎样当臣子的呢？你都亲眼见过的，面对小毛孩子刘承祐我都小心翼翼、谦恭谨慎，你为什么就敢这样咄咄逼人，不留余地？！

好吧，看来再次动刀的时候到了。

可是……唉，人生中多少事是当事者参悟不透的啊，不管这个人是多么聪明机警。仅仅隔了一夜，一天之后，王峻就看到，剥下他显赫的后周宰相兼枢密使兼平卢节度使的华贵外衣后，其实他与当年的那个屠夫肉霸没有任何不同。

他极其可恨，平心而论，郭威非常想亲手一刀宰了他。但是他比那个肉霸幸运，因为郭威现在已经是皇帝了。让这时的皇帝郭威再回到当年的菜市场，郭威顶多只会拍拍那个肉霸的头，说你老实点，不是人，装装人，好好工作，给我多上点税，不然我杀了你。

就是这么简单，因为在郭威的眼里，众生都是一个样——我的子民，给我干活儿的人。你们都是有用的，我都会珍惜。只是，千万别调皮捣蛋，不然我就只好杀了你。

这于王峻也是一样。不管你立了多大的功，或者你的老板是多么宽宏大量，其本质都是一样的。

第二天，寒食节过去了，郭威很早就起床上朝办公，所有的朝臣也在王峻的带领下来了。接下来发生的事要怎么形容呢？是很严肃认真的，还是非常滑稽搞笑的？

我认为是后者。

因为不可一世的王峻一下子就垮台了。

郭威只是坐在行政大厅里当众宣布了他在这两三年里的种种混账讨厌事儿，然后就把他就地免职了。什么力气都没费，什么多余的插曲也没有发生。那些平日里对王峻毕恭毕敬、唯王峻马首是瞻的群臣们，连一个站出来替他说话的都没有。

悲哀，真是悲哀！直到这时王峻才意识到自己犯了多大的错误，面对无比残酷的现实，他开始后悔。看看郭威，这个老谋深算的家伙要么不动，要动就干净利落，绝不给敌人反扑的机会。再回头看看自己呢，已经是群臣之首了，军权、政权一把抓，可是还要贪图一些蝇头小利，还要三不五时地随意敲打郭威，更可恨的是还联络了各地的节度使要什么欲进先退、欲擒故纵的蠢把戏！

真是死催的，这些都让郭威怎么想？

这是在不停地试探，就像狐狸过冰河，一小步一小步地往前挪，走一点听听地下的冰凌是不是响了，再走一点再听听，如此走走停停，不停地推进，等着觉得没危险了，它就会突然加速，三步两步地跳到河对岸去！

那时候就什么都晚了。

所以郭威无论如何都不会再给他机会了，不管他的这些作为是不是真的如同上面的那只狐狸。

了不起的员工王峻终于被憨厚无能的老板郭威给开除了，人人都以为郭威要扬眉吐气，痛打落水狗了，却不料郭威突然哭了起来，他面对朝臣哭得非常伤心，并且就近抓住了老滑头冯道的手，哽咽着说："这都是王峻欺负我，我实在受不了才这么做的！"

被深深感动了的冯道连忙代表全体后周朝臣表示了完全体谅皇帝的苦衷，且拥护陛下英明决定的立场，并劝郭威千万别再伤心了，王峻是咎由自取、罪有应得，应该立即把他正法以正天下视听。

郭威再次摇了头说不，他怎么能杀了自己的王哥呢？绝对不，而且还郑重地强调了王峻虽然犯了错误，但他仍然期待着老同志能改过自新，不能把任何人一棒子打死……于是经过讨论，作为必要的处罚，对王峻同志降级留用，贬到商州，任命其为司马，以观后效。

结果却是令人万分遗憾的，王峻完全没有体谅郭威的苦心，他到任不久后就突然死了。历史给出的死因是王峻越想越觉得没面子，无论如何都想不开，自己跟自己较劲憋屈死的。

唉，你说郭威该有多么伤心啊……

不管怎样，随着王峻的死亡，后周又避免了一次可大可小没有具体当量数值的爆炸危机。郭威终于可以自由自在地生活，且没有阻碍地发展后周的国计民生了。据记载这时是公元 953 年之初，一年之计在于春，后周的春天终于来到了。

当年三月，早春时分，有一行人从澶州而来，进入了都城开封。柴荣，他终于如愿以偿地来到了郭威身边，身份从澶州刺史、镇宁军节度使、检校太傅、同中书门下平章事变成了简简单单的晋王，具体的工作是做开封府尹。

晋王兼开封府尹，请注意，从此这两个看似一般的头衔成了极为显赫的一人之下万人之上的王储身份的象征。尤其是在其后一百六十余年的北宋史上，几乎每一位帝国接班人在正式上班之前都拥有这样的地位和职权，其重要性和象征意味就像西方的大不列颠及北爱尔兰联合王国的威尔士亲王的头衔一样。

这时的柴荣三十四岁，正当年富力强之时，郭威五十一岁，也未见衰老，父子同心同德，绝无猜忌，在他们的治理之下，后周风生水起，众国来朝，渐渐地恢复了中原大地在原有的全国政治格局里的地位。

需要说明的是，现在郭威和柴荣所占据的地方，在几十年前，就是举世无双的大唐的根基所在，辉煌灿烂、强盛繁荣的大唐就是在这片土地上接受着周边所有国家的朝拜敬仰的。虽然伟大的大唐消亡了，但是它二百八十余年的威势和积累下来的文明经验，让这里成为政治中心，无论是谁占据了这里，其他所有的“国家”都会对之称臣纳贡。这就是先天的优势所在。

不公平吗？

你永远不要提什么南方人、北方人谁更优秀，为什么由北方人来统治南方人才合情合理，或者中国历史上为什么总是由北统南而由南统北仅有明朝的朱元璋一事一例的问题，因为历史就是这样安排的。上天让黄河流域先发达了起来，是黄河最先成为我们民族的母亲河，她丰腴的胸膛最先哺育了这一片的中华儿女。无论是之前的刘邦、杨坚、李世民，还是现在的郭威、柴荣、赵匡胤，他们都是在这里出生的子民，命运让他们在不同时段出生在这片大地上，也只有在这片大地上，他们才能统一全国，屹立在世界之巅。

这就是命运。

命运也让赵匡胤在三年之后再次回到了开封。这时他不再是禁军东西班行首了，而是滑州（今河南滑县东）兴顺军副指挥使，这是他作为柴荣最早的班底的奖赏。而且命运之神从此之后就开始真正地对他眷顾了，在中国五千年的历史长卷里，他的名字将第一次出现。

终人一生，无论他是谁，总会亲历一个终点的，那就是死亡。到那时，我们就会真的知道生命的真相，以及它到底还会走向何方。

美好的时光总是稍纵即逝，还是在公元953年，这一年全国欣欣向荣、百废待兴，所有人都以为后周已经走上了正轨，正带着它的人民奔向幸福的彼岸，但是谁也没有料到，它突然间就停顿了。人们惊愕地发现，原来庞大的帝国及其无数子民的福祉竟然是这样脆弱，它们完全依赖于领导人的健康。

郭威突然间一病不起，这时距离他登基称帝才不过短短三年时间，一切都是这样仓促，帝国、人民还有柴荣，都还没有准备好，他真的不应该在这个时候病倒！

后周的这片土地，注定了要由真正的强者来统治。它四通八达，你强盛了固然是四方拥戴，而你衰败了就是四面楚歌，哪个方向都能冒出来必欲置你于死地的仇敌。请看，这个时候它的南边有南唐、吴越、闽、楚、南汉、荆南、后蜀等各割据国；北边有死敌刘崇的北汉以及雄踞朔方据有大漠的异族契丹；在西北还有党项、吐谷浑这些在唐朝就已经极为强盛的部落。在这三年之中，郭威已经与后蜀、南唐发生过摩擦，而北汉和契丹就更不用说了，北汉是不死不休的冤家对头，契丹则要到近五十年之后才与北宋达成澶渊之盟，现在一切都没有和解的盼头。

郭威只有强支病体，每天照样上朝办公，让天下所有的人，包括他的子民和他的敌人都清清楚楚地看见，我——郭威，仍然还活着……没有任何人、任何事能让我倒下！

他熬到了公元954年的元旦，这一天，五十一岁本未衰老的郭威按照惯例盛装出行，咬紧牙关登殿举行了朝庆大典。在最庄严的地方，他身着皇帝服饰向他的臣民们宣布今年为显德元年，愿吾国风调雨顺、国泰民安，并大赦天下。

当天郭威圆满地完成了自己的任务，一直端正地坐在那里，接受着所有人的目光，直到大典结束他才站了起来，慢慢地走回了皇宫内院，从此他永远地消失在了人们的视野里。

郭威的病情忽然加剧，再也无法支撑。弥留之际，他把最重要的一些朝臣叫到了病床前，紧紧地拉住柴荣的手，交代了最后的遗言：

我死后，尽速发丧，不必久留皇宫内院，孝不孝不在这上面。我的坟墓务必要俭素，所用人力，一定要雇用，不计远近，不许差役百姓。我的坟墓不用石柱，也不要石人石兽，你要用瓦做棺椁，用纸做我的丧衣，临入葬之前，当众揭开遍示百姓，切不可以人畜殉葬！你只需要在我的坟前立一座石碑，在上面刻写："大周天子临晏驾，与嗣帝约，缘平生好俭素，只令著瓦棺纸衣葬。”你若不听我言，死后阴灵不见。

还有，你要把我心爱的盔甲、刀、剑分别埋在我作战过的地方，作为我活过的纪念。

第六章 天下英雄他最强

郭威死了。翻阅史书，面对上面的遗嘱，我实在无言再说什么。纵观中国从公元前 221 年秦始皇称帝起，到公元 1911 年宣统帝退位止，在两千一百三十一年的时间内，产生了二百三十位皇帝，在乱世中短暂称帝，随即死亡的郭威或许真的不算什么，但是我真的想说，郭威是一代人杰，是一个极少有的既是皇帝又是一个人的结合体。

深沉和机谋，坚忍和决断，这是他的特点。也许通过我的记述，大家会认为他是个太凶险、太冷静、杀人不流血的伪君子。真的是这样吗？难道要用刀子去血淋淋地获得一切，像暴徒朱温那样横扫一切生命才算是理所应当的吗？

历史没有给他更多的时间去证明他自己，就这样吧，郭威，你来过，你做过，你的生命已经留下了千年不灭的印迹，这些就足够了。

郭威死了，后周的天塌了。按照惯例，皇太子柴荣在郭威的棺前即位，成为后周王国的第二任国王。众朝臣举哀的同时也向新皇帝恭贺叩拜，只不过在每一个人的心里，这就像同时向两位死者致哀一样。

这时的柴荣离变成一具死尸也并不遥远了。

柴荣，他让每一个人都想起了另外一个已经死了三年，本应该被彻底遗忘的人——后汉末帝刘承祐。而且柴荣现在所面临的局面比当年刘承祐所面临的更加糟糕，刘承祐有过的优势他一样都没有，他这时的危机，却是刘承祐从来都没有面对过的。

首先是军心。

要知道刘承祐的父亲刘知远当皇帝之前已经领兵打了好多年仗，带进开封的都是多年的嫡系，包括郭威。这些人马在他死后都臣服于刘承祐。柴荣呢？他的人马在三年前还不姓郭呢，这个致命的弱点在不久之后就显露了出来，差点让柴荣立即崩盘。

其次，刘承祐没有死敌，即位之初的平叛就像是一出大戏开唱前必需的过场一样，不过是个点缀。而柴荣面对的却是不共戴天的死敌。这时后周的百官看着他，都极其自然地想到了另外一个姓刘的人。

北汉刘崇……柴荣马上就要见到这个人了。

这还不是最大的危机。他现在最急需的是威望，是能让手下文武百官听令卖命、令行禁止的威望！没有这个，他就什么都做不到。

没见过被员工奚落的老板、被伙计欺负的东家吗？柴荣现在就是这样。是的，他是至高无上的皇帝了，可是却没有人服他！而这该死的威望却是个最奇妙的东西，你用钱买不到，你用美女也骗不来，你用刀子更吓唬不出来，唯有众所不及的功绩和日积月累的心理压迫才能产生威望。这些，历史和时间都没有给他。

却马上就派给了他倾巢而出、不死不休的敌人！

郭威在公元954年正月去世，北汉刘崇在当年二月就带兵杀了过来！三万北汉兵，一万契丹人，柴荣怎么办？

后周一片慌乱。在大殿上，满朝文武像一只，不，是一群苍蝇，聚集在柴荣面前叽叽歪歪，各说各话，没一个去看他的脸色。最后，柴荣不得已主动说出了自己的打算——朕御驾亲征，亲自去攻破北汉！

请留意，柴荣说的不是抵挡，而是攻破。历史证明，他是一把人们还没有清醒认识到的利刃，有进无退的利剑，在他的字典里从来就没有过“防守”二字，事实证明，永远都是他主动地攻击别人！

但是这时豪言壮语只引来了一片讪笑。威望，致命的威望让柴荣绝望，因为他发现其中笑声最大、笑容最恶劣的居然是五千年来最滑头、最不得罪人的老油条冯道！不只如此，冯道还主动走了出来，笑嘻嘻地说了更多的话。

——陛下，刘崇不算什么，他并不强大，在先帝面前他总吃败仗。可是现在先帝不在了，您刚刚即位，这样吧，您派一员大将出兵，抵挡一下也就行了。何必兴师动众呢?

下面一片附和之声。的确，冯道说的是“正道”啊，他说得没错，非常理智。

柴荣的脸色变了，他忍了又忍，还是没忍住，终于决定说出自己心里的话。

——昔日唐太宗创建大业，哪一次不是亲自出征，我又何敢偷安不出马呢?

话一出口，石破天惊，初出茅庐、白丁一样的柴荣竟然自比千古一帝唐太宗!唉，每一个人都在替柴荣脸红啊，就看见冯道笑了，他实在没有办法表达自己的遗憾，只好说出了下面一句更加理智的话。

——陛下，您未必能学得唐太宗。

尴尬，现在是致命的尴尬了。柴荣的脸色大变，他心有不甘，一字一顿地说出了自己的打算。

——刘崇不过是乌合之众，我要像泰山压卵一样压死他!

却不料冯道更绝，他不过是轻轻一笑，就像没看见柴荣的难堪和愤怒一样，回答得更加风雅绝伦。

——不知陛下做得泰山否?

四两拨千斤，柴荣当场被彻底撅倒。这就是他面临生死存亡的考验时，在自己的大本营里所遭到的“支持”和“爱戴”。

内部不稳，可前方的战报却如雪片一般飞来。军情紧急，刘崇进军神速，已经在邢州与后周第一道屏障昭义节度使李筠交战。李筠绝非等闲之辈，十年之后他成了赵匡胤的大麻烦，但是此时仍然不敌刘崇和契丹的联军，不得不向潞州败退。

但是他给后周和柴荣争取到了宝贵的时间，并且以他的顽强把刘崇继续吸引在身边，带着庞大的敌人一道向潞州移动。

于是柴荣下令。令天雄军节度使符彦卿领兵截断北汉军后路；河中节度使王彦超自晋州（今山西临汾）东下，夹击刘崇；禁军都指挥使樊爱能、步军都指挥使何徽、宣徽使向训等率军向泽州（今山西晋城）移动，那里是刘崇进军开封的必经之路，必须从正面迎击。

他自己，则在当年的三月十一日，带着为数不多的班底人马，亲自领兵出发，去迎击他的死敌刘崇。这些人包括禁军殿前都指挥使张永德以及开封府马直军使赵匡胤。

这之前，已经外放至滑州兴顺军做副指挥使的赵匡胤，因为时任晋王的柴荣的一句挽留，就心甘情愿地再次留在了柴荣的身边。

临出发前，柴荣特意召见了后周大将刘词。他望着这位身为镇国军节度使加同中书门下平章事，镇安国、河阳三城防务的军中宿将，把自己的命运交托了出去。

刘将军，你要迅速集结我军全部的后备力量，尽快地跟上我。一定要快！

久经沙场的刘词没有激昂的神色，他只是沉稳地点了点头。

柴荣直扑潞州，但是这时候刘崇已经不在那儿了。刘崇吸取了上次围困晋州，被王峻钻了空子的教训，这时绝不与李筠多作纠缠，他引兵绕道南下，目标直指后周的心脏——开封。

他清楚自己要的是什么，那就是柴荣的性命。

但他万万没有料到的是，他以最快的速度行军，结果仍然比他预期的要早上N倍就遇到了柴荣。那是在三月十八日，他行进在泽州境内高平县时。

高平，柴荣驻马山岗。眼前就是敌人了，就是敢于蔑视他，趁着他父亲刚死，马上就来侵袭的敌人了，他们完全没有把他放在眼里！

想着这些，柴荣的胸中不再是万丈豪情，而是熊熊燃烧的怒火！是时候了，要让全世界的人，包括他的敌人，还有他自己的臣子和人民都重新认识他！

他命令——前哨出击！

身边马上有人小声地提醒，陛下，我们的人还没有到齐，合围没有形成，后援更加没有到位，是不是再等一下？

柴荣高傲地看了看身边的部下，不解释，不回答，我的命令已经下了！

在柴荣愤怒的时候，刘崇的心情好极了。自从发兵以来，他在后周的国境内狂飙突进，纵横驰骋，无所阻挡！看来他这次真的是来对了，果然郭威一死，后周无人，他为儿子刘赟报仇，甚至就此恢复兄长刘知远的江山，重新恢复沙陀人天下无敌的荣光都指日可待了！

就这样，他心情激越地盼来了公元954年三月十九日这一天。这一天他得到了消息，后周的新任小皇帝柴荣居然不知在什么时候已经到了他的对面，而且前哨部队已经抢先发动了攻击！

太好了，真是盼什么就来什么。沙场老将刘崇微微一笑，面对这样的小辈，他的经验和身份还有优越感，都让他做出了一个大胆的决定。他决定不和初生牛犊分最初之胜负，他要让柴荣这个不知天高地厚的小毛孩子连自己怎么死的都不知道！

于是战场上发生了让后周军队意想不到的一幕，他们憋足了劲冲上来，以为必将爆发一场恶战，却没有料到北汉人居然不堪一击。开战以来一直积极进攻、所向披靡的北汉军，居然与他们稍一接触就后退了，并且开始逃跑。怎么回事？后周的军队不免有些捉摸不透，但是战机稍纵即逝，后面马上就传来了皇帝的新命令：

全速追击！

于是后周军队全线压上，跟着北汉人一顿狂跑，就看见大地在飞速地后退，转眼间他们就追到了巴公原（今山西晋城东北）。到了巴公原，后周的军人们一下子都愣住了，他们的动作在瞬间定型，眼睛瞪得极大，嘴巴张开，个个都变成了极其怪异的后现代行为艺术品。

他们有个共同的问题——我的眼睛还好使吧？我看见的都是真的吗……

只见对面满山遍野都是敌人，北汉人分成了三个方阵，东边的是北汉先锋张元徽（无敌猛将），西边的是杨衮率领的契丹人，中间坐着的是北汉皇帝刘崇。北汉皇帝自将中军，坐镇中央，近四万的人马就那么静悄悄地站在那里，目光冰冷地看着后周人送上门来。

不好，中计了！

这句中国最经典的评书台词像一阵寒风掠过后周军人的心头，让他们一下子有了不祥的预感。

所有人的目光都集中在了柴荣的身上，该怎么办？这时候我们已经掉进北汉人的陷阱里，刻不容缓了，无论是进攻还是后退，都要快做打算了。

但是这些人惊异地发现，他们年轻的皇帝此时毫无惧色，好像根本就没有看到对面漫山遍野的敌人。他声音清晰、绝无颤抖地再次发布命令。

令白重赞和侍卫马军都虞候李重进率军居西，对阵契丹杨衮部；樊爱能、何徽率军在东，对抗北汉张元徽部；史彦超和宣徽使向训、殿前都指挥使张永德领精骑在中央列阵，随朕待机突击刘崇！

刘崇，我要让你知道，在真正的勇气和绝对必胜的信心面前，你这些可笑的小把戏什么都不是！你的埋伏算什么！不还是你原来的那些人吗？很好，看来你真的不知道，我本来就是要找到全须全尾的你，和你来一次彻彻底底的较量！

公元 954 年三月十九日，高平县巴公原。这一天之后，天下所有人都会因为一个崭新的名字发抖，那就是——柴荣！平生有进无退、坚韧不拔、遇强越强、战无不胜、不达目的绝不罢休的柴荣！

高平县巴公原，战场上寂静无声，数万名士兵隔着一片开阔地冷冷相对。西北大地上三月的寒风像刀子一样刮过他们每一个人，让他们变得僵硬。

战斗没有爆发，原因是——风。

剧烈的北风刮过战场，向南边的后周军队迎面直刮过去。这极不利于抢先攻击，人马的冲锋还有箭矢的射程都会大打折扣。所以柴荣纵然有满腔的愤怒和激情，也要适时地忍耐。何况时间的优势在他这一边，刘词和他的所有后备队还在赶往巴公原的路上，时间一分一秒地过去，都在增加着后周的力量。

所以，现在要稳住，不是逞一时之能、泄一时之怒的时候，相反，一定要加倍提防北汉人发动攻击。但是让他们奇怪的是，对面庞大的北汉、契丹联军却始终纹丝不动，任由战场上的良机无谓地消耗，不知道在打什么主意。

时间没有过去多久，突然间战场上的风向变了，多变的春风来了个一百八十度的大转弯，从后周军队的背后刮了起来，带着漫天的灰尘暴土卷向了对面的北汉军队。

太好了，天助我也！

后周的人马一阵骚动，突然间北汉人已经抢先发起了冲锋！

历史证明北汉皇帝刘崇并不是无能之辈，相反地，他久经沙场，是一位货真价实的百战名将。他不守常规，该出击时按兵不动，让后周人白白紧张。转成南风了，后周的军队刚刚放松警惕，他却突然间发动了攻击。

后周人一片大乱，尤其是东边的樊爱能和何徽，他们首当其冲，被北汉头号猛将张元徽打了个措手不及。这时没有什么好说的了，一来是张元徽太过勇猛；二来樊爱能和何徽根本就没有给柴荣卖命的心。这两人立即后退，手下一千多名后周士兵被张元徽切割进了包围圈。

战局突变，柴荣猝不及防，他刚刚要做出反应，战场上突然又发生了一件让他死都不敢相信的事情。只听见被张元徽击破的后周军阵地上，突然间爆发出了一阵响亮而整齐的“万岁”呼喊声。

这是怎么回事？！

转瞬间柴荣的脸就苍白了，这不是在求援，而是那些士兵投降了！连这么一会儿都没能坚持，几乎马上就投降了！不仅如此，连投降的口号都像早有预谋一样，是直接向刘崇致敬！

其他所有的后周军人都惊呆了，“万岁”之声响彻了整个战场，后周军团全线动摇，这时候柴荣的致命伤口完全暴露了出来，他的威望、他的军心，他所要的东西没有一样是他的，他的军队在本国的皇帝面前，在稍微接战不利的情况下马上就叛变了！

怎么办？！整个战场上他的右翼已经完全崩溃了，本就不稳定的军心更加动摇，而最致命的是他孤立无援，手上没有任何能让他翻身的本钱！

失败……就是死亡，还有比死亡更加难以忍受的屈辱吗？后周、柴荣……难道在郭威刚刚死了不到两个月之后，就要这样耻辱地被终结了吗？！

此时在北汉的阵地上，刘崇笑了，他明白自己赢了。柴荣，你这个乳臭未干的小东西，你懂得什么叫战争吗？你了解自己手下的士兵吗？

五代十一国里的士兵都像是打胜不打败的土匪，你赢了，他们就都会跟着你，可是只要你稍微失利，他们马上就会掉头倒向你的敌人。

没有军纪，没有道义，更加没有什么军人的荣誉……只有彻彻底底的生存和利益。留给失败者的，只有投降，或者自杀，或者猛拼一死之路。当然，你也可以选择逃跑，但是从此上天无路，入地无门，落了架的凤凰连只母鸡都不如，最后只能死得更加凄凉悲惨。好了，现在已经可以把“柴荣”这个名字从人世间抹掉了，他已经不复存在了。

来——摆酒，奏乐！刘崇志得意满，意气风发，他要在血肉横飞的战场上纵情狂饮，奏乐高歌，来以此欢庆他空前的胜利。

一战定江山，皇兄、孩儿、沙陀人的列祖列宗们，你们都看到了吧，我刘崇就要——不，我刘崇已经胜利了，天下还是我们的！

但是他连做梦都想不到的是，几乎就在下一瞬间，他就直接见到了柴荣！

身陷绝境中的柴荣根本就没有选择刘崇想象中的那些失败者通常会走的路。投降？想都不要想，不胜利毋宁死！逃跑？那还不如痛痛快快地死去。

穿过乱成一锅粥的战场，柴荣遥望远处北汉军团的正中央，那里就是刘崇，很好，非常好……突然间他做出了一个让所有人都目瞪口呆的举动，他竟然直接策马向刘崇冲了过去！

伟大的皇帝在他最开始的战役中，竟然如此孤注一掷、破釜沉舟。当他策马冲出时，连他自己也不知道自己的下场是什么。谁有事事必胜的把握？但是他知道自己必须得这样做——因为他不想做个俘虏，或者屈辱地作为失败者活下去。

哪怕是死，他也要倒在冲锋的道路上！

透过层层的人浪，劈开所有的阻挡，柴荣义无反顾地冲向了开始欢庆胜利的刘崇。这时的柴荣心里极为悲凉，因为他清楚地听到，他的身后并没有太多马蹄声和喊杀声，也就是说，并没有多少人跟在他后面。他难免有些悲哀地想到，我的部下、我的军队都在哪里？难道他们真的就此背叛我了吗？！

全力冲刺、激烈拼杀中的柴荣对此无可奈何，但他绝对想不到的是，此时具有决定性的变化已经在他身后发生了，另外一个非常英勇伟大的人挺身而出，瞬间爆发了。

历史从这一刻起，将会为除了柴荣之外的另一个名字而欢呼，那就是赵匡胤。疾风知劲草，板荡识英雄，英勇的陛下，你并不孤单！

战场彻底乱了，尤其在后周军这一边，群龙无首，谁也没料到皇帝柴荣居然这样生猛，把阵地和部下都扔下了，直接去找刘崇单挑。那么剩下的人该怎么办？是跟着皇帝往上冲，还是先就地歇一会儿，然后等着皇帝胜利后来个经典的王者归来？

什么都来不及了，面对如狼似虎的北汉军队，后周军每一个人都自身难保。就在这时，有一个年轻的下级军官没有忙着迎敌，反而转身向自己人堆里面冲，他直接抓住了中军大将殿前都指挥使张永德，大叫——将军，你马上带人向左冲上高坡，从那里向敌人放箭。我带人冲击右翼。必须快，北汉人虽然占了上风，但我们还有中军和左翼，我们还没有败！

张永德猛然警醒了，他认出这个年轻的军官名叫赵匡胤，是皇帝身边亲随一样的小官，他怎么会有这样的见识？但是他按照赵匡胤说的重新观察了一下战场，马上就发现乱成了一锅粥的战场其实真的还可以分出条理脉络，如果按赵匡胤说的去做，很可能真的会一举挽回败局。这时候也容不得他迟疑了，他马上分兵给赵匡胤，两人同时行动。

就在这时，柴荣已经直接杀到了刘崇的面前。

历史记载，这时柴荣的身边满打满算只有近五十骑，用这么点的兵力，柴荣就让整个战局发生了急剧的变化。整个战场都看到了，北汉的中军大帐在缓缓地向后退却。

刘崇居然逃了，面对近乎孤身闯阵的柴荣，他在千军万马、众目睽睽之下居然选择了躲避！

没有比这更让人泄气的了，本来占据上风的北汉人一下子变得士气低落，但是这还不算完，更加沉重的打击马上又接踵而来，他们的军中之胆、第一猛将张元徽突然阵亡。

这个打击是致命的，自从开战以来，张元徽几乎成了北汉人的箭头和盾牌，无论攻守他都在第一线。此前击败李筠，刚才又一个照面就打垮了樊爱能和何徽，他怎么会突然间就被人杀了？杀他的人到底是谁？！可惜战场上容不得任何人停下来观察，一阵突如其来的箭雨把北汉军队彻底打蒙了。

这时候轮到刘崇绝望了，风水轮流转，只是转得太快了，他的军队也一下子就变成了土匪，扔下他转身就跑，就算他本人站出来，亲自挥动旗帜召集都没有用。

没办法，深通游戏规则的刘崇也只有跟着一起逃跑了。只是他怎么也想不通，柴荣怎么能突破他的整条防线，单枪匹马地杀到他的面前？而在主战场那边又发生了什么事？就像是中了邪，本来已经赢定了，怎么会突然全都崩了盘？这仗打得真是糊里糊涂，连怎么输的都不知道。

双方再不废话，一个没命地逃，一个不要命地追，一直跑到了天黑以后。然后无论是刘崇还是柴荣都精疲力竭了，他们谁再怎么急着逃命或者如何急着杀人都没用了，兵都累得瘫倒在地，再也寸步难行。

他们只好在后周境内一条山涧边暂时安营扎寨。

这时的局面变得非常让人撮火，这一对死冤家你能看见我，我也能看见你，但是都无能为力。有一首歌是怎么唱来着——你在山涧头，我在山涧尾，日日思君要杀君，共饮一涧水。

就在这样难得的片刻安宁之中，一样潜伏着极大的杀机。随着时间的推移，谁是真正的追击者和逃跑者还不一定。

首先刘崇被打散的人马逐渐地再次会集。历史记载，这天晚上柴荣的命运其实仍然处在悬崖边上，因为刘崇很快就又有了近一万人的兵力。而且大家千万不要忘了，在开战之初，刘崇的部队里还有一万多的契丹人。这些力量如果能有效地集结起来，柴荣还是要面临失败。

契丹人像是失踪了，就算是现在，北汉和后周都一样找不到他们的行踪。其实很简单，他们已经提前回国了。

开战之初，契丹的主帅杨衮是很想给刘崇这个契丹皇帝的老侄子出把力的，可惜刘崇根本不领情。他一看见柴荣的人马很少，立即就觉得请契丹人来是个大失误。这么好的买卖自己做多好，何必要分赃给别人？于是他非常明确地告诉杨衮，你们契丹人可以休息了，那边有一片高坡，你们爬到上面去，好好看着我是怎么打败后周的。

好脾气的杨衮就都照办了，他始终站在高坡上，绝不弄湿鞋，看完了刘崇和柴荣的全部表演之后，就带着干干净净、手脚齐全的人马回家去了。

这些情况后周军队和柴荣都不知道，他们只知道现在本来就不多的人马更加少了。在白天的战斗中，近三分之一的右翼人马在崩溃之后投降了一些、战死了一些，其余的都被樊爱能和何徽带着向后方逃走，虽然已经派人去追了，可是还没有消息。中军和左翼杀敌一千，自伤八百，也没剩多少，而且都累到极限了，这时和北汉人近得呼吸相闻，一旦再次开战，他们一样还是站在刀刃上！

怎么办？所有人的目光都再次集中在了柴荣身上。柴荣却沉默着，他望着不远处人影晃动的北汉营地，心中在默默地念着一个人的名字，这个人才会真正地决定这次战斗的胜负乃至整个后周的存亡。

那就是刘词……刘词，你怎么还不来？

刘词在当天的半夜时分终于赶到了，他带来了柴荣盼望已久的后援军队，还带来了樊爱能和何徽的消息。这两个人一直在不停地逃跑，而且逃跑的决心和表现实在是太不常见，简直让人瞠目结舌。

首先他们一边跑一边抢劫，见什么抢什么，好像国土已经全部沦陷，得马上备战备荒。

他们逃跑的意志无比顽强，谁拦着跟谁拼命。柴荣先后派出了好几个近臣和亲兵将官来召集他们回去，结果都被一刀一个给干掉了，表现了逃跑到底、永不回头的决心。尤其是当他们遇到匆匆北上的刘词时，竟然还把刘词一把拉住，告诉他皇帝已经大败，前线的部队都投降了，识相的和我们一起逃吧！

幸运的是这个被柴荣选中的肩负着整个国家命运的人堪称稳重，刘词不动声色地甩开了他们，一不跟他们走，二不跟他们翻脸，一切都以尽快赶上柴荣为基准。

命运再次拯救了柴荣，他在黑夜中再不耽搁，马上向北汉营地发起冲击。这时的刘崇已经彻底没有办法了，勉强接战，一触即溃，那条横在身边的涧水成了绝大多数北汉人的葬身之地，在初春冰冷的涧水里，躺满了北汉人的尸体和他们的辎重。

他们的皇帝却幸运地逃脱了，沙场老将刘崇还真是有过人之处，在乌漆抹黑、敌我莫辨的战场上，他以六十岁的高龄矫健地飞身上马，骑着他契丹叔叔赠给他的黄骝马，一路翻山越岭，由小路兼程北逃，一直跑回了老家晋阳。

刘崇活了，事后他为了纪念这次难忘的南伐之旅以及这些天里种种刻骨铭心的遭遇，他为这匹无比忠贞的救了他命的黄骝马修造了特制的马厩，按三品官的俸禄喂料，并赐号“自在将军”。

这就是刘崇为了这次战争所做的最后一件事。然后他以为这就算完了，难道不是吗？他败也败了，兵也都死光光了，在后周抢的东西也都留在那儿了，还搭进去了不少北汉造军需，还要怎样？一个初出茅庐的小辈打了这样的大胜仗也应该满意了吧？

但他万万没有料到的是，他刚刚修好了“自在将军”的马厩，就得到了一个吓得他必须马上哭着喊着叫叔叔救命的消息。因为柴荣根本就不想就此拉倒，他已经带着人马向晋阳开拔，来找刘崇算总账了！

柴荣来了，他生平第一次带着千军万马来主动攻击敌人。这时天还是那个天，地还是那个地，但柴荣已经不是以前的柴荣了。最重要的是，他带领的军队也与之前截然不同。

这都源于高平之战过后的一次沉思。

在自己的国境内把刘崇赶跑之后，人人都以为柴荣会大肆庆祝一番，无论如何这是个地地道道的开门红，这一战打出了士气也打出了威风，尤其是让千千万万的人都重新认识了柴荣。更何况在实际力量对比上，后周也就此把北汉打得再无还手之力，北汉从此再也不敢主动挑衅。

但是不知为什么，胜利后的柴荣闷闷不乐，他整天把自己单独关起来，不知在想什么。

柴荣在后怕。不错，这次他是赢了，赢得非常漂亮，当时有多惊险和绝望，胜利后就变得有多传奇，让人们认为他不仅高明神勇，而且简直就是奇迹。但他自己知道，这次战场之险，险过剃头，他不止一次地站在了生死边缘，每一次都是他必输必死的绝境……这样下去绝对不行，不是要他每一次打仗都亲自当突击队去玩命吧？！

到底差在了哪里？

经过冷静分析，他得出结论，首先，他操之过急了。当时他完全可以再等一下，尽量多带些军队去迎战。他太急于把刘崇赶走了，而在自己的国境内，却要以少得可怜的兵力和刘崇决战。想一想真是后怕，如果刘词再晚到一天，而刘崇熬过了那一晚，第二天的北汉人就可能会反败为胜。

更何况刘词还面临着逃跑的局面。

想到这一点，柴荣就又恨又怒。他把自己关起来，主要的问题就是要搞清楚，为什么他的部队竟然敢于这样公开叛变他，这件事弄不明白，他所有的一切都是假的。那么是因为他的军队本身就不行？不，柴荣随即就否认了这点。还是这些军队，在父亲郭威还有前辈王峻的手里，就指哪儿打哪儿，绝无折扣，至少曾经把刘崇打得透不过气来，为什么换了他就这么费劲呢？

原因就只剩下一点了，就是他自己不行，不能服众。

意识到这一点，柴荣非常痛苦。他知道自己先天不足，首先没有战功；其次当王储的时间太短，满打满算不过半年；最重要的还是他姓柴而不姓郭。可这能怪他吗？他出生在邢州龙冈，本是个庄园主的儿子，只因为他姑姑嫁给了郭威，长年没有生育，才把他过继了过去。那时候郭威正处在人生低谷，别说荣华富贵，就连一日三餐都成问题。

年幼的柴荣见识非凡，他不嫌弃郭家，动用脑筋想办法，居然让郭家能收支平衡，不那么拮据了。这中间免不了日夜操劳，甚至孤身外出和一些商人搭伙，在飘摇的乱世中做些小本生意。

柴荣从小就识得了人间疾苦，又在最平凡的生活中和郭威结成了真正意义上的父子之盟。这种本真的至亲至爱让郭威和柴荣在这一生一世里都没有互相猜忌过，所以郭威才会在临终前越过血亲李重进，把皇位传给了他。

但是这些能说给什么人听呢？就算说出去又有什么用呢？只会适得其反，人们会更加认为他懦弱、矫情、无可救药。

所以出身啊，是多么重要……永远都别说什么英雄不问出处，除非你已经成了英雄！

在柴荣把自己关起来，不断沉思冥想的时候，有人报告说樊爱能和何徽回来了。

柴荣真是纳了闷了，他不明白，这两位高官到底还是不是地球人？阵前叛变，带兵私逃，杀了皇帝的信使，还阻碍了救皇帝的后援部队，居然还敢回来！

这到底是怎么回事？！

身边的张永德给了他答案——其实很简单，兵家自古多胜负，打输打赢有什么大不了？谁没有追过敌人，谁没逃过跑？而且以后的仗还多着呢，不还得用他们这些人吗？所以樊爱能和何徽才敢回来。

最后张永德面无表情地强调说，这样的事真的没什么大不了的，常有，近几十年来一直就是这样的。

但是柴荣受不了，他想，人就怕转念一想。柴荣在转念之后突然间勃然大怒——如果说之前樊爱能和何徽敢于叛变他，是对他的不忠和蔑视的话，那么这时候还敢再回来，就是对他加倍的侮辱！难道说他柴荣怯懦得连人都不敢杀了吗？他真的还得依赖这样的混账东西，忍受着虚假的忠诚背后对他冷嘲热讽的嘴脸吗？！

激动之后，他终究还是有些犹豫，因为无论如何张永德刚才说的都对，他还是得要打仗的。杀人容易，可是杀完之后呢？这样的事是不是真的得睁一只眼闭一只眼呢？

这时候有必要说一下张永德了，这个人不久之后就是后周的第一军人，是禁军殿前都点检，是郭威的女婿、柴荣的表姐夫，是后周国里真正的皇亲国戚，所以他与后周的兴衰有着直接的利益关系，他对柴荣是敢于也勇于说话的。

更加难能可贵的是，张永德宽厚有德量、识人重人，是个难得的好下属，更是个难得的好上司。

敢说话的张永德在柴荣犹豫的时候说了下面这一段话，这段话在当时极为重要，直接改变了后周军队的素质。

无论是他还是柴荣，都绝不会想到，这段话居然成了历史转变的一个根本性的契机，给中原汉人的复兴和后周的亡国都埋下了伏笔。

他说——陛下，如果你只想维持现状，那么一切很容易。可是如果你想削平四海，抚有华夏，那么军法不立，纵然有百万勇猛之士，又怎么能为陛下所用呢？

一语惊醒梦中人，柴荣振臂而起，把床上的枕头狠狠地砸在地上。樊爱能、何徽以及他们部下军使以上七十多人，全部就地斩首，概不赦免，通告全军。

从此以后，后周的军纪开始真正地严明了，柴荣用自己的战功和铁腕让每一个人都知道了必须百分之百地服从他。但是他还是有所担忧，那就是吐故之后如何纳新。你杀了那些没用的，可是有用的在哪儿？

别忙，张永德的话还没有说完，他清楚明白地把一个人的名字告诉了柴荣，说就是这个人在柴荣亲自冲锋之后，挽回了后周当时的战局。

他说——陛下，你应该重赏而且提拔他。他的名字叫赵匡胤。

《宋史》称，高平之战乃太祖皇帝肇基之始。从此之后，赵匡胤成了后周世宗柴荣的心腹爱将，在后周军中，他成了一颗迅速升起的新星。

柴荣在公元 954 年五月三日来到了北汉的都城太原城下，在此之前，四月中旬，后周的前锋天雄军节度使符彦卿已经率军到达，把太原城围得水泄不通。也就是说，在三月刚刚结束的高平之战后，柴荣根本就没给刘崇丝毫的喘息之机，立即就开始了反攻倒算。

刘崇向契丹求援，辽国国王耶律述律派兵南下。柴荣立即分兵，命大将史彦超阻击契丹。他本人抓紧时间立即攻城，他的计划很明确，只要能迅速攻破太原，契丹自然绝望退去，北汉的其他州镇也会不战而降。

战争在一个月之后结束。

后周准备严重不足，粮草给养迅速耗尽，大将史彦超也在忻口抵挡契丹时不敌阵亡。契丹军团已经突破了防御，正在步步逼近。

柴荣只好退兵。

在回兵的路上，他还不知道只要再过上小半年，到十一月，另一个战果就将显现。

刘崇死，终年六十岁。

柴荣回到后周做的第一件事，就是抛开了所有的常务，再次陷入了沉思。这次的思考议题是为什么没能一举拿下北汉？

兵不精。

一个大胆的计划在柴荣的脑海里形成了，他要重新招募组建一支部队，它必须是全新的、绝对服从的、战斗力超强的。

他命令全国各地驻军把最骁勇的士兵选送进京，同时向天下招募勇士，只要你能打，哪怕你是逃犯或者强盗都无所谓。这项任务，就交给了刚刚因功提升为后周禁军殿前都虞候、领严州刺史的赵匡胤。

赵匡胤在这次围攻太原的战斗中再次成为亮点。当时后周军队轮番向太原城冲击，可都没什么效果，赵匡胤却带人直接冲到了城门下。史书记载，这次冲击中的赵匡胤早有预谋，他没像其他人那样爬梯子搭人墙往城墙上爬，而是直接打起了城门的主意。而且要命的是他根本就没打算用常规的大木头或者大石头去撞，他直接放了一把大火，把太原的城门给点着了。

赵匡胤纵火成功后，就带人冲了进去。可他往回冲的速度比冲进去时还快，太原城里的弓箭太可怕了，透过还没有完全烧毁的城门，像一大群苍蝇一样劈头盖脸地就射了出来，赵匡胤没法不往回跑，而且左臂上还中了一箭。

中箭之后的赵匡胤反而精神大振，不管怎样他还是破掉了太原的城门，而且城门后面有什么他也领教了。没什么可怕的！赵匡胤回到阵地简单地包扎了一下伤口就要再往上冲，这时柴荣亲自拉住了他，禁止他再次冒险。

在柴荣的心中，赵匡胤已经是他急需组建的新朝臣班底里的重要一员，这次招聘选拔出来的新士兵，就要优先安插进赵匡胤所在的殿前司诸班。

在这里，我们有必要解释一下什么叫“殿前”。这是个简称，全称是殿前都指挥使司，是当时最高级别的统兵机构，一般简称殿前司或者殿司。它的领导人依次往下排是殿前都点检、殿前都指挥使（简称殿帅）、殿前都虞候。

殿前司还只是禁军的一半，另一半是侍卫马步军指挥使司，那边另有系统，单独向皇帝负责。

赵匡胤生平第一次单独主持了一次国家政务。只此一次，就让他一飞冲天，再也无法遏制。他有了自己的私人小集团。

下面有一份名单请大家注意，他们是罗彦环、郭延赟、田重进、潘美、米信、张琼、王彦升。这些人的名字是不是很眼熟？只要翻开《宋史》，在最初的几篇里这些人都历历在目，个个名重一时。他们就是在这次的全国海选中被赵匡胤选中，并且立即安插在自己手下做官的。

赵匡胤也因为有了禁军殿前都虞候这个职务之后，正式进入了后周的高级官员之列。他开始了自己的正常人际交往。请再看一份名单，他们是石守信、王审琦、韩重赟、李继勋、刘庆义、刘忠、刘廷让、王政忠、杨光义。这九个当时已经身有官职、各居要津的人，不仅走到了赵匡胤的身边，还与他结成了生死兄弟。《宋史》并不讳言，连同赵匡胤在内，他们是“义社十兄弟”。

赵匡胤迅速冒升，成了继柴荣之后，在与北汉的这次战争中最为得利的人。历史稍微给了他一缕阳光，他就立即展翅高飞，开始了他波澜壮阔、叱咤风云的一生。

这一年，赵匡胤刚满二十八岁。

第七章　冯道之殇

公元954年，二十八岁的赵匡胤在三十三岁的柴荣的领导下，像一架永动机一样一刻都不停顿地忙碌着，他们四处出击，开疆拓土，后周人充满了前所未见的创业热情，积极、开明、强盛，这些久违了的东西再次回到了人世间。

就在这样一片大好形势下，珍惜每一寸光阴的柴荣突然宣布辍朝三日，全国哀悼，因为深仁厚德、深孚众望、四海臣服的人类偶像长乐老人冯道先生终于与世长辞，驾鹤西归了。

事情是这样的，自从上一次刘崇来犯，柴荣准备亲自迎敌时，冯道当众给了柴荣难堪后，他的好日子就结束了。不仅仅是因为柴荣大胜，让他的判断错误丢了面子，更重要的是人们开始不认识他了。这还是冯道吗？他历仕五朝（后唐、后晋、契丹、后汉、后周），侍候了十一位皇帝（后唐庄宗、明宗、闵帝、末帝，后晋高祖、出帝，辽太宗耶律德光，后汉高祖、隐帝，后周太祖、世宗），从来没有做过这样的事——把新任的皇帝顶得当众下不来台，他可真是临老大出息了。

柴荣却没把他怎么样，而且依照古例，给了他只有宰相才有的特殊权力——派他去给郭威修坟。这也是在变相地告诉他，也告诉全天下臣民，柴荣并没有因此与他计较。但是临老出了昏着的冯道绝不原谅自己。就这样，他的生命终结了，非常遗憾，他只活到了七十三岁。

冯道死了，他的精神却万古长青，甚至其政治立场和政治手段也一样流毒至今，啊……不对，写错字了，是流芳至今啊，请大家和冯道都原谅一下。

所以，我们很有必要来回顾一下他行云流水、潇洒自如、左右逢源、优游享受的一生。我相信，从他的身上，我们能看到太多的我们身边活着的人的影子。

首先我们要承认，冯道是个积极进取、不断完善的人。他在青少年阶段可不是这个样子的。那时他有才，而且非常愤青。

话说，冯道字可道，瀛州人，自号“长乐老”。他生在唐朝末年，超有学问，于是学而优则仕，他不例外地选择了读书人的不二职业——当官。

最初他选择了割据幽州、自封燕帝的刘守光（桀燕国王）。这时候冯道一腔热血，满脑子的雄心壮志，估计他是很佩服天可汗李世民的，所以也就非常想当魏徵，于是他就时不时地给刘守光提各种意见，还相当不温柔。

刘守光在他的不断招惹之下，终于确定冯道是发烧了，决定给他败败火，直接把他扔进了班房，并且告诉所有人，几天之后就送冯道上路。

冯道沉默了，他想不通，他有错吗？难道向领导人提意见，随时随地地发现领导的错误，并积极地帮着领导改正错误不正是儒家提倡的最高指示精神和任务吗？孔子、孟子，还有很多的子，不都是强调一定要这么做的吗？

我做错了什么吗？！

话说冯道非常年轻的时候，在死牢这个最适合反思人生的地方，进行了深刻的灵魂改造。在他的朋友把他设法救出来后，他就变了，从此，他成了众所周知的长乐老。

注意，变的只是一部分，他是开始随波逐流，绝不贸然出头了。可是大家要想清楚，一个真的毫无主见，只知道对上级唯唯诺诺、对同级亲切随和、对下级和蔼可亲的人，怎么会迅速地出人头地，极快地在乱世中当上宰相，而且就此屹立不倒，几十年如一日呢？

这里面的学问可就大了去了。

首先，不管是真是假，是否出于天性，冯道在个人修养和行为上都百分之百地是一个君子。

史称冯道“为人自刻苦为俭约”，他跟着后唐庄宗李存勖出征攻打后梁时，住在茅草房里，身为大臣连床和卧具都不用，就睡在稻草上。自己的俸禄可以和随从、仆人一起花，每天吃喝在一起，使用共同的餐具。将士们抢来了美女，照例先送给大臣们一些，冯道坚决不要，要是实在推辞不了，他就另找房子养起来，再为她们寻找家人，个个尽心。当他回家为父亲守孝时，正赶上大饥荒，农田颗粒无收，冯道倾其家财赈济乡民，并且躬耕田亩。当有人生病没办法种地时，他会在半夜里悄悄地替人种好。田主人登门致谢，他却认为不值一提。地方官因此给他送来“斗粟匹帛”，他也一概不收。

这或许也有博取声誉、投机取巧的嫌疑，可什么叫君子呢？真有天生就是君子、天生就是小人的事吗？也就是说，不管那位天生的君子做出了什么，他就是君子，而天生的小人无论怎样清廉自守，也不过是个装假无聊的伪君子？

不，绝不是！我们要承认，不管你的天性是什么，你做出了君子的事，你就是君子。哪怕只在你做君子事的那一瞬间。

这样才公平。

所以，不管冯道的真假，冯道曾经君子过，且长时间地君子过。

说起冯道在政治上的具体贡献，这就要重提一下后晋石敬瑭以及耶律德光。

石敬瑭为了篡夺后唐江山，认了比自己小十岁的契丹皇帝耶律德光为父，需要一个人去出使契丹，表达诚意。石敬瑭遍视群臣，发现这个任务非冯道莫属。

稍有羞耻之心的人都不会愿意，但是冯道答应得非常痛快，他毫不犹豫地说——陛下受北朝恩，臣受陛下恩，有何不可？

这一句话，让冯道留下了千古的骂名。后世的学者范文澜对其大为不齿，忍不住口吐莲花——好个奴才的奴才！

这还不算，当耶律德光占领开封，践踏中原的时候，时任外官的冯道主动进京来朝觐。这时耶律德光小觑中原所有人物，再也不对他客气了，直接问——你为什么来见我？（当初耶律德光想把冯道留在契丹，可是冯道以退为进，非常巧妙地耍了契丹皇帝一回，估计这时耶律德光回过味来，要出一口气。）

冯道面无难色——无兵无城，怎敢不来？

耶律德光占了上风更加嚣张，简直就是在直接骂人——你是何等老子（老家伙）？

冯道却只是一笑——无才无德，痴顽老子。

耶律德光就此大笑，放过了冯道。

这更成了后世的儒家君子们对冯道口诛笔伐的口实，简直就是觍颜世故，毫不知耻！

但他们就一点不再看下文了。耶律德光出过一口恶气之后，终于静下心来，问冯道一些正事。他问——天下百姓如何救得？

请注意，相信大家都很清楚，耶律德光问的根本就不是怎么救百姓，而是要如何治理这些百姓。

冯道的回答极其巧妙——此时佛出亦救不得，只有皇帝救得！

一语道破天机，想当皇帝，就得留下这些百姓，只有这样，百姓才会要你这个皇帝！

不管后来像欧阳修、司马光这样的史学巨匠怎样评价冯道，在他们编的《新五代史》里怎样贬低冯道，在当时，公道自在人心，由冯道此时一言得活的中原百姓数不胜数。当冯道死后出殡时，民众自发组织列队道旁，纸钱满天飞舞，路旁的树叶都变成了灰色。

然而在欧阳修、司马光等人的著作中，冯道“无廉耻立人之大节”，是“国家危亡致乱之祸根”，是“朝为仇敌，暮为君臣，易面变辞，曾无愧怍，大节如此，虽有小善（上帝，你也知道冯道亦有小善），庸足称乎”的无耻之徒，奸臣之尤。

到了元代，学者胡三省更是义愤填膺，他说冯道——位极人臣，国亡不能死，视其君如路人，何足重哉！

到了清朝，就更不得了了。著名的思想家王夫之把冯道的罪行提高到了一个前所未有的高度——冯道之恶浮于商纣王，其祸烈于盗跖矣！

回到宋朝，伟大的文学家欧阳修、伟大的史学家司马光一边大骂冯道无华夷之防、无人臣之节，一边又把沙陀人建立的“后唐”“后晋”“后汉”立为正朔朝代。也就是说，一边骂冯道不该给夷人打工，一边又承认夷人创立的江山朝代是合法的。

想一想吧，在宋朝对文臣优越无比的官场氛围里——记住，仅仅是对文臣而已，欧阳修、司马光等人衣食无缺，安危无忧，他们怎能知道冯道之流立身处世时的艰难凶险？他们面对过如狼似虎、杀人不眨眼，已经君临中原的外族酋长吗？他们面临过三五年就要改朝换代，且每一次都鲜血横流的场面吗？！

真是站着说话不腰痛，甚至是揣着明白装糊涂！

按照他们的理论，冯道早就该死了，他应该至少死十一次，每一次皇帝的更换，他都应该殉葬一次，尤其是面对耶律德光的时候，他应该横眉戟指，大骂不绝，然后引颈向刀，留下千古佳话，给他们的忠臣孝子的队列加上一个号码。

至于当时中原的百姓嘛，自然也要向冯道学习了，都给皇帝殉葬，那是个至高无上的光荣。

不管怎样，冯道还是死了。但是从另一个角度来说，他还一直活着。历史证明，我们的国人有时是非常善于去其精华、存其糟粕的。冯道高贵的个人品质我们没有学会，甚至完全忽略，他的圆滑世故，不闻不问的不倒翁精神，倒是被我们千百年来不断地继承且发扬光大了。

不作为，闹嘻哈，你好我好大家好，这些我们不常见吗？

唉，历久弥新的冯道先生，你真的没有离去，一直活在我们每个人的心中，我们会长久地怀念你。

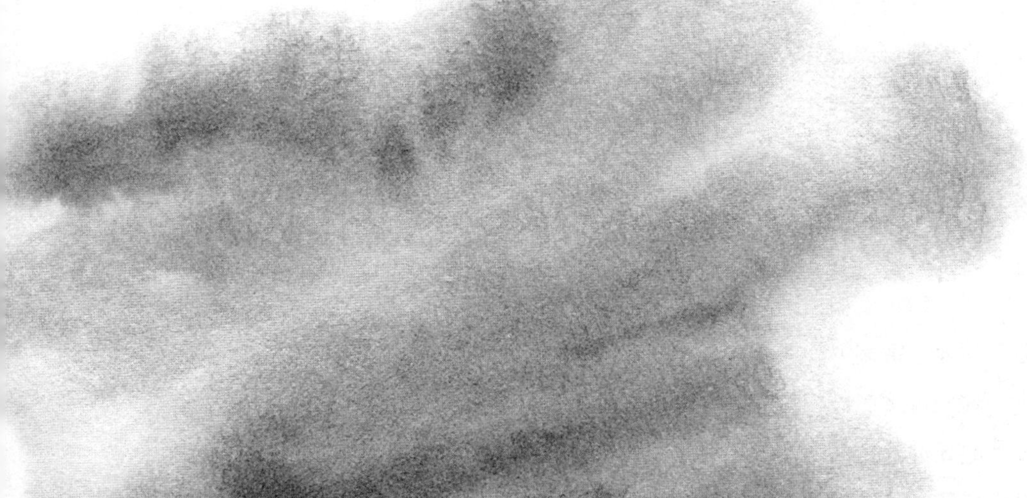

第八章　第一战将赵匡胤

三天之后，柴荣开工，从这一天起，后周周边其他所有国家的噩梦就开始了。

如果有一幅当时的地图，我们会看到，往上，即北边，是北汉和契丹；向下偏左，即西南地区，是后蜀；向右下方看，后周真正的敌人就出现了，那是南唐，汉人地区除了后周之外，就是南唐最为强盛发达了；至于右面，后周倒是可以放一百个心，绝对不会有什么敌人突然冒出来，因为那边是大海，这时无论是高丽人还是仍然署名为倭且沾沾自喜的日本人都还不成气候，中国再怎么乱，也没他们插足的份儿。

面临这么多的肥肉，柴荣要怎么下嘴呢？

柴荣给大臣们出了两道作业题，限期完成。作业题的名字叫“为君难为臣不易论”以及“平边策”。

这两篇文章最后确定了柴荣的战略总方向，即先南后北。而且他发现了王朴。王朴，时任刑部比部郎中，是一个掌管朝廷百司出纳费用的大会计。这个人成了柴荣最重要的左膀右臂，不仅在柴荣历次出征时都留守京都，震慑后方，而且文武百官无不对其敬服，不敢违逆，包括后来的宋太祖赵匡胤。

史有记载，当赵匡胤代周称帝之后，有一天路过供奉后周大臣的功臣阁，突然一阵风吹来，阁门大开，赵匡胤向里一看，马上整衣束冠，向阁内恭肃行礼。

门里面王朴的画像正冷冷地注视着赵家的第一任皇帝，宛如生前那样。

王朴在《平边策》里说，面对四邻强敌，先从弱小着手，一边歼敌一边强己。首先要对付的是南唐，南唐与后周接壤，且可以攻扰的地方有近两千里之长，先从其薄弱处下手，左右攻扰不定，对方往来应付时就会露出真正薄弱的地方，而到那时，我们更不能用强兵去硬攻。

应该只用少量的兵力去骚扰。

南唐人素来怯懦，知道有后周这样的强敌犯境，立即就会全民出动，重兵防守。如此一来，只要经过几次试探，就会把他们的国力耗竭，进而削弱他们的斗志。然后我们就可以真正地发重兵，毕其功于一役，就此得到南唐在江北的地区。得到江北，我们的国力就会极大提升，江南也就指日可待。平定了南唐，吴蜀之地就会望风而降，再之后，就可以去图谋北汉与契丹。

因为这两个敌人都是死敌，绝对没有和平招降的余地。

柴荣、王朴性格极其相似。他们都积极进取，刚强峻急，都像一团烈火一样剧烈燃烧，从不给别人更不给自己留余地。

王朴的命运就和柴荣一样，绚烂强盛的生命就像彩虹或者流星那样划过了历史的天空，一时之间让所有的星宿，哪怕是巨大的恒星都为之失色，但是转瞬即逝，留下的只有叹息和追忆。

公元 955 年四月，战争开始。

最初的方向不是南唐，而是后蜀。理由很简单，因为早些年后蜀趁着中原大乱，在后晋时期把中原的秦（今甘肃秦安）、凤（今陕西凤县）、成（今甘肃成县）、阶（今甘肃武都）四州给占领了。

这四州的地理位置非常重要，无论是想出川还是想进川，这里都是必经之所。如果我们熟读《三国》的话，就会发现当年诸葛亮每次伐魏，都会先出兵夺取这片土地。而这时，它们就像是四把匕首一样，一直顶在柴荣的软肋上，不拔下它们，柴荣就休想发力。

柴荣决定派一个信得过的人去前线替他视察，看看这个仗要怎么打。

赵匡胤。

赵匡胤即日出发，回来之后不仅带回了实际情况，还附带了自己的看法和保证——陛下，我保证，这四州一定可以拿下。而且依我之见，我们先主攻凤州，这是四州的咽喉，攻破凤州，秦州就此孤立，再攻破秦州，另外两州就会自动归降……

赵匡胤侃侃而谈，在场的所有人，包括柴荣在内却都暗暗摇头，这又是一个急于升官、不顾后果的蠢材。一个如此年轻，从没有独当一面，仅仅是以一时的战场表现升了官的毛头小子，怎么敢对这么重要的战局下此断言？你的信心从何而来？你有几成胜算？而且最重要的，你想过皇帝和大臣们凭什么要相信你吗？

就算你说的都对，你表现得也非常愚蠢。因为从交易成本和最后的收获来看，这都是个极不明智的投资。

你说对了有奖，奖不过是升官发财；可是说错了就要罚，此事重大到关乎战事成败、国家气运，罚就是要抄家掉脑袋！

赵匡胤，你是鬼迷心窍了吗？

历史从这一天起，让我们看到了一个谜一样的赵匡胤。我试图把他看清楚，试着去全方位、多角度地揣摩解读他，但是非常吃力，因为我真的是看不到他的特点，不知道他是个怎样的人。

就像这个时候的后周君臣们，他们就搞不清楚，赵匡胤这样的战略性眼光以及敢下必胜断语的胆量从何而来。

这可不同于凭着年轻的热血胆魄在战阵之上斩将夺旗，这需要超高的智慧和惊人的胆识，同时还要拥有丰富的实战经验。而只有区区二十九岁，初上战场的赵匡胤没法使人信服。

那么赵匡胤到底是个什么样的人呢？他是怎么做到这一切的呢？

像谜一样，勉强解析的话，只能稍作比喻。赵匡胤的为人介乎郭威和柴荣之间。至于他的能力从何而来，难道要说他出身军人世家，自幼苦练武艺、熟读兵书，早就成才了吗？还是说赵匡胤是走上社会之后，在郭威等名师手下实地学习，才自学成才的？

哪样都很牵强，哪样又都沾了点边，其实我更倾向于一句老话——世有大年，不在多服补药；天生名将，不必多读兵书。

想想后来的岳飞，以及卓越的军事家孛儿只斤·铁木真，一个是农民，一个是不识字的“夷人”，谁教会他们打仗的？所以认命吧，赵匡胤就是个天才，搞定你，没道理。

至于赵匡胤的为人，绝望吧，从古到今，没有任何人曾经看清过。在他的身心极深处，有一个让人无法揣摩的超复杂的结合体，那里才是赵宋立国精神的根本所在，才是从赵宋开始，我们民族不甘沉沦、不断抗争，直到今天还在追求伟大复兴的根源。

当然，这都是后话了。

话说当年二十九岁的赵匡胤在后周国内面向所有官僚大佬口吐狂言，说千里之外的战争将如何进行，将怎样收场，仿佛他不是个将军，而是位巫师。

在所有人哂笑的表情中，柴荣的脸色是平静的，他看了赵匡胤很久，然后下令向西北四州派出重兵。他真的按赵匡胤说的办了，离奇的是，此后战事的每一步发展，都在印证着赵匡胤写的剧本，几乎连胜利的时间都相差无几。

后周人看向赵匡胤的眼光每一天都在变化，直到战事结束，他已经不再是一员满身血腥的沙场战将了，而是腹有机谋、堪当大任、能独当一面的帅才。

在当年的十一月，四州之战终于结束了，几乎就在同时，柴荣就发动了对南唐的攻击，目标是江北的淮河一带。

江淮，打开中国的地图，这是一片从古至今都繁华富庶的土地，这里再加上长江以南、浙江以北，就是南唐。与后周相比，它的国力特点可以归结为两个字——“有钱”。兵力配备上，它的特点让后周人吃尽了苦头，甚至让后来的北宋都一时间无可奈何——那就是水军。

北人乘马，南人操舟，真的是自古皆然。

柴荣的后周则很遗憾，在五代十一国这段差不多五十三年的时间里，后周这片土地上就从来没消停过，你死我活，无法无天，一直闹到了现在。如果也用两个字来概括，那就是“没钱”。

没有钱就没有一切，柴荣得先备好军饷、备好刀枪，还得给军人们准备好源源不断的军粮等，可是后周真的是没人更没钱了。

柴荣彻底拉下了脸，转向了天下为数众多、最闲散且极其有钱的一群人——和尚、尼姑。

五代十一国乱到了这步田地，佛教事业却比以往更加昌盛，到底什么原因，我来不及调查，不好乱说，只是据史书记载，当时仅在后周国内，就寺院林立，僧尼达到了百万之众！

他们的分类：逃避国家赋役，实在没办法的；军队里的逃兵；无业游民；逃亡奴婢；罪犯。这些人进入空门，四大皆空，从此吃斋念佛，清静度日……

还有，只要是庙产，就可以不上任何税。

柴荣眼睁睁地看着他本应到手的赋税被和尚们逍遥自在地拿走，想怎么花就怎么花。更可恨的是，居然有一些混账刁民，看到有利可图，把自己的庄田也投到和尚们的名下。

忍无可忍，也从来不忍的柴荣下令毁佛。

凡在后周国境内的佛教寺庙，除了有皇帝敕额特批的之外，一律拆毁，每县只许留一座。以后无论是皇亲国戚还是贵族大臣，任何人不得奏请建造寺院和剃度成为僧尼。如果有谁实在是向往僧尼的生活，也不是不行，但要经过官府同意，还要得到家长同意，男的必须满十五岁，女的至少要十三岁，而且要能当众背诵佛经七十纸到一百纸才可以……且慢，对不起，是可以……申请。

柴荣在短短两三个月的时间里，毁了佛寺三万零三百三十六座，还俗僧尼近百万人。这些人都回到了土地上，开始了新生活。

可以劳动，可以结婚，鼓励生孩子，当然，如果他们觉得当兵或者当官很好，柴荣也非常赞赏，他会给他们每个人公平的机会。

还有一件小事，那些佛像都是上好的铜铸成的，国家正缺这东西，连铜钱都造不出来了，居然还铸出了这么多、这么大的佛像！

把它们给我毁掉，都熔了重新铸成铜钱！

后周显德二年（公元955年）十一月，柴荣任命身兼同中书门下平章事，有宰相头衔的大将李谷为淮南道行军都部署，赵匡胤的老熟人王彦超为副部署，统率后周名将韩令坤等十二将进攻南唐。

战事进展顺利，先锋都将白延遇连破来远（今安徽寿县西南）、山口镇（今安徽寿县东），击溃南唐淮河守军数千人，再攻占上窑（今安徽怀远之南），扫平了淮河以北的南唐守军，在深冬时节的正阳段淮河上架起了一座浮桥，渡过淮河，抵达寿州城下。

寿州城，即今天的寿县。

它面对淮河，往西是上游的阜阳，往东是下游的蚌埠，它的后面是战略重镇合肥，再往后就是南唐赖以生存的长江。所以它才是南唐真正意义上的第一道防线，也是绝不可被攻破的第一道生命线。对柴荣来说，拿不下它，前面的所有胜利都没了意义。

南唐的寿州守将是大将刘仁赡。请记住这个名字，历史证明，他让柴荣头痛了两年。

南唐迅速做出了反应，派神武统军刘彦贞为北面行营都部署，率兵两万火速增援，并且命令同中书平章事皇甫晖、常州团练使姚凤率兵三万进屯定远（今安徽定远东南），进行策应。

寿州已经被后周强攻了近一个月，刘彦贞必须迅速进兵。

此人接到命令之后根本就没奔向战马准备昼夜兼程去跑路，而是先冲向了河边。事后证明这一招极为精明狠辣，他要利用南唐军队的第一张王牌——水军，从根本上一举击垮后周军队，让他们有来无回，彻底死在淮河的南岸！

刘彦贞乘数百艘巨舰从水路直扑正阳段浮桥。只要先把浮桥毁掉，就能把全是骑兵、步兵等陆地军种的后周军队截留下来，那时关门打狗，想怎么打就怎么打。

李谷慌了，他没有想到才进攻了一个月，后路就要被抄断。他的反应是马上回兵，保住浮桥这条生命线。那么必须要快，他下令把粮草全部就地烧毁，不留给南唐。

然后马上后撤，再不耽搁。

他没有想到，烧毁粮草时的火光让寿州城头的刘仁赡看得清清楚楚。被围攻了一个月的刘仁赡一点都没害怕，在李谷退兵的时候，他突然冲出城来热烈地欢送了一下，给李谷的队伍再次减了些员，轻了些装，好让后周军队跑得更快些。

开战仅仅一个月，敌我双方的进攻防守态势就来了个一百八十度的大转弯，胜负的天平完全倾斜了。

柴荣御驾亲征。

公元 956 年正月初六，柴荣宣布亲征南唐。由于兵情紧急，他派出了一员大将先期赶赴正阳，一定要抢在南唐刘彦贞前面保住浮桥，这是后周军队承前启后的生命之桥，绝不容有丝毫闪失。由此，真正的较量开始了。最先响彻战场的名字就是这位为皇帝开路、挽救战局的大将。

他叫李重进。

是的，就是郭威的亲外甥，战功卓著、骄傲强横、不甘人下的李重进。李重进星夜兼程，挥军疾进，速度之快，竟然抢在了在水路扬帆前进的刘彦贞之前。当李谷仓皇撤退、不知安危的时候，在刘彦贞踌躇满志、一心立功的时候，李重进已经在正阳段淮河浮桥边上磨刀霍霍、严阵以待了。

刘彦贞刚一下船，李重进立即发起了猛攻。只此一役，彻底击溃南唐援军，阵斩南唐主将刘彦贞及其麾下万余人，自战场向南近三十里，全都是南唐人的尸体。这一战，从根本上打击了南唐人的士气，其后果是惊人的，谁也没有料到，李重进的战斗力如此可怕，与之前的李谷等人截然不同。南唐另一路援军皇甫晖和姚凤立即闻风撤退，退守天险清流关。滁州的刺史王绍颜更绝，他扔下城池就跑了，再也不想和恶魔一样的后周人见哪怕一面。

当月二十二日，等到柴荣亲临战区时，形势已经一百八十度大逆转，他可以畅通无阻，直抵寿州城下了。

寿州城，刘仁赡，柴荣站在城下默默地观看。他在长时间的沉默之后下达的命令把所有人震惊了，后周的将士们没有料到他们的皇帝竟然有如此大的决心。柴荣命令，用最快的速度征调宋州、亳州、陈州、徐州、宿州、许州、蔡州等地壮丁数十万人，从即日起昼夜不停地强攻寿州，城不破，攻不停！

南唐，李璟……我一定要在最短的时间里拔掉寿州这颗钉子，然后我就可以隔着长江和你见上一面！

但是更加惊人的事情发生了，以后周百战之余的精兵，再加上数十万征调来的壮丁，如此不分昼夜地强攻了一个多月，寿州城竟然岿然不动！

刘仁赡，这个在历史上并没有留下太多声名的人，以一城之力，竟然坚强地抵住了后周的倾国攻势。这极大地鼓舞了南唐本已经变得低下的士气。刘彦贞被一举击溃带来的惊慌消失了，南唐继续增派援军，而且战船就停在淮河边上，在不远的地方威慑着后周的军营。退守清流关的皇甫晖、姚凤也重新出动，从北面和西面形成了对后周的反包围圈。

一时间，战局变得让人看不清楚了。

遇强则强的柴荣却在这个时候爆发了，他绝不容忍任何敌人的任何方式的挑衅，哪怕这种挑衅并没有真正意义上的威胁！

在公元956年的二月初，后周世宗柴荣命令攻势暂停，他要换一个方式。

他命令以方舟竹筏载炮，从淝水（今安徽寿县北淝河）上向城里发射石弹。为了激励士气，柴荣亲自搬运一块大石到前线（想象一下吧，古代的抛石器能有多远的射程，这时的柴荣离寿州城有多近），他身边的所有随从官员也都全部出动，加入运送石料的队伍中。一时间，我们可以想象，寿州城里变成了什么模样。

后周正规军队加上数十万民夫壮丁，就算每人每天只发射十块石头，那就是流星雨，再乘以攻击的总天数，我想寿州城里的人民肯定都是没处下脚而且满头大包了吧。

就是这样，天杀的刘仁赡和见了鬼的寿州城仍然还是攻不下来！

这时候，后周军队里有些军人实在耐不住性子了，他们不再相信各种专业的攻城用具以及什么围城打援、久困无粮、不攻自破之类的烦人术语，他们恶性大发，不可遏制，抓过几条小船，举起刀剑就杀进了护城河，向这座该死的寿州城发起了冲锋。

这里面就有年轻气盛、敢对着死神龇牙的赵匡胤。

历史记载，那天赵匡胤他们刚刚跳下护城河，就遇到了生死大险。寿州城上突然之间射下来无数支利箭，不仅密集如雨，而且所发射的箭支都是特殊制造，专门为赵匡胤这些猛人量身定制的——“矢粗如椽”！

赵匡胤等人当时坐在一条小皮筏子上，一时血气之勇，什么盾牌、护身重甲通通没带，面对这样的“箭”雨，简直都可以立即自杀了。

这时，赵匡胤平时为人处世的高明之处就显露出来了，他能躲过此必死之劫完全不是出于侥幸，而是突然间有一个人主动伏在他身上，为他挡箭。这个人叫张琼，当时他大腿上就中了一箭，立即昏了过去。

每当翻阅史书看到这里，我都不寒而栗，我完全不能想象，一个只有二十八周岁的年轻人，要用什么样的手段才能把另一个血肉之躯的人给收服感化到甘愿以身替死，且毫不犹豫。

回到岸上，大难不死的赵匡胤恶狠狠地瞪向了寿州城，他完全没有被险死还生的经历所吓倒，反而毫不犹豫地接受了柴荣的一个新命令。

根据战场形势，围攻寿州已经一百多天了，寿州攻不下来，可外围的敌人却渐渐地逼近了。为了自身的安全，也为了彻底打消城里城外南唐人的幻想，柴荣决定，一边继续攻城，一边四处出击，把寿州周边的坛坛罐罐都砸个稀巴烂。

“赵匡胤，”柴荣叫过来未来的宋太祖，“我给你五千人马，你去把寿州城北面、涂山附近所有的南唐军队都击溃。能行吗？”

只见赵匡胤表情平静，似乎还笑了一笑，然后非常感激地回答：“感谢陛下对我的信任，这是我的荣幸。”他点齐人马，领取军械，立即出发了。

听到了他们君臣对话的其他人一下子都变成了泥塑像，他们不能相信自己的耳朵，他们真的听清楚了吗？给赵匡胤五千人马，去肃清寿州以北所有的南唐军队，这可能吗？

要知道寿州以北驻扎着南唐的两万重兵，而且水、陆军种齐全，不仅岸上有寨，水中还有随时可攻可守也可退的战舰，这样的兵力配备，而且是据寨而守，赵匡胤凭什么去主动攻击，并且要一举击溃？！

就凭着这区区五千人马？！

赵匡胤真就带着这区区的五千人马出发了。在这里，我们就很有必要先澄清一个事实了，即南唐到底是个什么样的国家。他们真的只有我们印象中文弱单薄的李后主那样的军队吗？那么别说赵匡胤带着五千人，就算是五十个人都敢举着刀砍过去了。

但问题是，南唐真的那么好欺负吗？

不，绝对不。南唐不仅地大、钱多、人多，而且历史证明，这些年来，南唐的皇帝李璟称得上心高志远，他在后周忙着内乱、篡位、分裂，不停地在自己的窝里杀来杀去的时候，一直做着开疆拓土、壮大国家的正事。已经在南唐原有的二十八州之外，又攻灭了闽、楚两国，增加了建、汀、漳、泉、剑等七州，总共达到了三十五州的地域。

这些地方加在一起，国土面积不小于后周，而国力更是强过后周不止一筹。

所以现在好有一比，柴荣就像是一个刚刚学会举起刀准备到外面抢劫的小兄弟，李璟和南唐早就是个纵横黑道、杀人如麻的大哥了。

就在这样的实力对比之下，赵匡胤带着不足对方四分之一的兵力，主动过去砍人了。于是，我们就能非常充分地理解，当南唐在涂山地段淮河附近的守军看到赵匡胤等人来袭时的心态。

不知死活、不知天高地厚的北方佬，一共才一百多个骑兵，就冲向了两万多人的营寨！

赵匡胤真的是没把南唐人当人看，不仅带来的人少，发起进攻的人更少。

南唐的营寨大门突然间大开，一大群将军和士兵蜂拥而出，其中竟然包括了南唐当地最高长官兵马都监何延锡，他们争先恐后地举刀砍向了敌人——就一百多个，先到先得，砍完为止！

不管赵匡胤带来的兵都是些什么样的狂人，想要再活下去，就只有一条道可以走了——马上逃跑。

说来北方人骑马真的是好，这一百多个骑兵转身就逃，慌不择路，一直跑向了西边。南唐人一看就乐了，看来这群北方佬明显被吓傻了，南边的寿州城方向才是他们的大本营，怎么往西边逃跑？啥也别说了，追！一定要把他们一网打尽！

一百多个骑兵带出了一万多人，一路向西，一直跑到了涡口（今安徽怀远境内涡河入淮河处），后周骑兵再也不跑了，终点站到了。

就在涡口，赵匡胤所部伏兵四起，只有五千人，彻底击溃追击中的南唐大军，阵斩南唐兵马都监何延锡，立即乘势反攻，由原路杀回涂山，捣毁南唐淮河岸边的陆寨，以步兵夺得南唐五十余艘战舰。

这就是赵匡胤生平第一次单独领军出征的经过，他一点折扣不打地执行了柴荣交给他的任务，五千破两万，一举解除了来自寿州北面南唐军队的威胁，撕开了南唐军对后周军队的反包围圈。

赵匡胤圆满完成了任务，回到了寿州城下。所有人看他的眼神都不对了，见过打胜仗的，没见过这样打胜仗的，就像是带队出去遛了一圈马，就把事给办成了。

看来此人深不可测啊，一句话，还可以给他更重更艰巨的任务。

这也正是柴荣的想法。他当众夸奖了赵匡胤一番，然后问他——北面的威胁已经解除了，但是东边的威胁才最大。滁州，你能拿下滁州吗？

此言一出，周围立即鸦雀无声，所有人都盯向了赵匡胤，心里都习惯性地想到了一句合情合理的话——陛下，我刚刚因公外出回来，很累，能不能放两天假再办公？

但是赵匡胤的表情却像上次一样平静，他点了点头——好的，陛下，我这就去拿下滁州。

——要多少人？

——上次那些就够了。

柴荣很是认真地看了赵匡胤一会儿，点头让他走了。

赵匡胤带着五千人马，再次杀向了滁州。其实在他走出后周君臣的视线时，他真的应该回头再看一眼他的同僚们的表情。那真的是难得一见，精彩绝伦。

滁州，在寿州之东，扼守南唐人的都城金陵的西北门户，是江北的重镇，仅次于寿州。而且滁州之险，比寿州险过万倍。这一点都没有夸张，滁州的门户就是两座山——滁山与石驼山，山势极为险峻，以两山之险，夹口处另设一关，叫作清流关。

在清流关之后，才是滁州城。

也就是说，想拿下滁州城，你得先把这两山夹一关的天险搞定。

守关的将领是皇甫晖和姚凤。姚凤也就算了，皇甫晖非同小可，他本是后晋时期驻守燕云十六州里瓦桥关的北方悍将，专门和契丹人玩命的正牌将军，当初是看不惯石敬瑭这样认贼作父的杂种，才投奔南唐的。这样的人根本就不能和见了小便宜就占的何延锡相比。

最致命的是，皇甫晖和姚凤的兵力足足超过十万！赵匡胤才带了多少人？五千！

也就是说，已经是二十比一的比例了。这个比例不能算是绝后（因为此后金伐辽、蒙古伐金、蒙古伐南宋时，兵力的比例会更加惊人），也绝对是空前的了。翻阅史书，之前两军决战，兵力对比最悬殊的，是五百多年前的东晋谢玄以八万兵力隔长江对峙前秦苻坚的九十万大军，那也不过是近十二比一而已！

何况当时谢玄有长江天险，以逸待劳。赵匡胤却是要主动进攻，强攻天险。

当他那天离开寿州时，所有目送他远去的人，都在心里默默地向他告别——多看一眼是一眼了，可惜没法合影留念。他们确信，一定是赵匡胤哪里做错了，错得不可原谅，无法弥补，所以柴荣才会一而再，再而三地派给他这些根本没法搞定的任务。

赵匡胤重新带着五千人马上路了，一路上整个队伍都在沉默中，每个大兵都有预感，估计这次是没法在沉默中爆发了，就等着大伙儿一起在沉默中死亡吧。

唯独赵匡胤，他不仅愉快地接受了任务，在路上他的心情还特别好，居然不知在哪里弄到了一套又一套花里胡哨的行头，一会儿穿上这件，问大家，这套怎么样？我穿着帅吗？一会儿又换上了另一套，再向全军展示——这一套怎么样？我还是觉得这套好……

全军心情沉重，没一个搭理他的。

赵匡胤变本加厉，又变戏法似的拿出来一套套更加花里胡哨的行头来装饰他的战马！只见崭新的带着花边的马鞍子，精制的绝对高档的璎珞挂件，还有闪闪发光的马镫子……应有尽有。他本人更加光彩照人，铠甲兵刃擦得锃光瓦亮，走在五千人的大队伍中，闪闪发光，就像是另一个会发光的太阳，让人一眼就能认出他来。

这时候终于有下属看不下去了，他们比较好心地警告了赵匡胤一下：将军，你太扎眼了，小心被南唐人认出来，给你一箭或者都奔着你来，那可就麻烦了。

赵匡胤一概不屑一顾，他扔下了一句极其有型有款的话——我正是要给南唐人一个机会，让他们从此知道我是谁！

嘘！全军郁闷地长出口气，什么都不用说了，跟着这样的长官，真是怎么死的都不知道。

很快清流关就到了，还是面对据险坚守的敌人，这次赵匡胤把所有人马都排列在清流关前，自己盔甲鲜明，人马招摇，站在队伍的最前面向南唐人讨敌要阵。

我就是赵匡胤，有种的下来决一死战！

没一个有种的。所有的南唐人都站在清流关的城楼上往下看，他们都清清楚楚地看见了后周人马一共有多少，也看见了领军而来的将军长什么样。

当时是有人想下去和赵匡胤较量一番的，却被皇甫晖给拦住了。沙场老将皇甫晖的经验太丰富，他已经知道了涡口之战的全部经过，赵匡胤的名字已经深深地印在了他的脑海。他绝对不相信，刚刚诱敌深入、以少胜多的赵匡胤，居然转过身来就会这么简单粗暴，以这么点人来“决一死战”。

你骗谁呢？你刚用一百多人来当诱饵，后面就埋伏了五千人。那你现在用五千人当诱饵，甚至你自己都在里边，那么后面又埋伏了多少？是不是连后周皇帝柴荣都来了想做埋伏？！

他命令全军不可妄动。兵法云，以己之不败，待敌之可乘。我们现在据险而守，而且兵多将广，怕他们什么？只要我们自己稳住，就绝对不会出事。

于是这一天就这样平淡无奇地过去了。刚刚威名传扬战场的赵匡胤，居然像个时装模特似的，在两军阵前白白地表演了一整天，连个鼓掌喝彩的都没有。

天很快就黑下来了，夜晚山风呼啸，寒气逼人。皇甫晖站在城头上，决定让这些火力特旺的后周大兵先喝几天山风败败火。坐拥坚城，听敌自败，真是再好不过的买卖。

在回去睡觉之前，他又一次郑重地警告了守城的士兵们，一定要百倍警惕关前的敌人，想想涡口吧，我们再不能上他们的当了！

没有谁想死，皇甫晖的士兵们都保证会打起百分之一百二的精神头，彻夜不休地监视后周军营，绝不放过任何蛛丝马迹。

挑剔的皇甫晖终于满意了，在这天夜里，他睡得非常深沉。

有时候我会不由自主地想，皇甫晖在这一晚的睡眠中，会不会有一种非常奇妙的错觉。就像一只非常幼小的动物，身处漆黑凶险的大森林里，它躲在深深的洞穴里，听着外面世界里你死我活、拼命撕咬的声音，是一种什么感受？

应该是带着一丝极私密的舒适、幸福——我还活着，不管别人怎样，我还活着，我仍然能够看到明天的太阳，能活着……多好。

可也真的仅仅就此一晚了！

第二天清晨，天还没有真正大亮，清流关里突然间杀声四起，后周的军队不知从哪里冒了出来，杀向了毫无准备，甚至还在睡梦中的南唐人。历史记载，在这一天的清晨，发生的根本不能算是战斗，因为几乎没有哪个南唐人来得及反抗，他们中间反应最敏捷、行动最快速的也只是做到了马上撤退，逃出了清流关，奔向他们的大本营——滁州。

这中间就有沙场老将皇甫晖。他急怒交加，又悔又恨，但也死都不明白，赵匡胤和那些后周大兵怎么会突然从天而降，他们是怎么突破清流关天险的，一下子就把战斗变成了没有准备的城内巷战？！

他当然不知道，因为就在他酣然大睡，享受战场上难得的片刻安逸的时候，赵匡胤已经脱下了白天作秀时所穿的炫目的时装，换上了短衣襟小打扮，命令全军都和他一样，把所有的马匹帐篷都扔在清流关前，和他一起乘夜进山，来一次彻底的刺激的徒手攀岩。

这一夜，赵匡胤不仅翻过了数不清的高山怪石，而且据史书记载，他还在初春的深山里，泅过了涨了水的西涧（又名上马河，今安徽滁州城西北），就这样千辛万苦地赶在天亮之前绕过了清流关正面，从背后向南唐军发起了出其不意的猛攻。

置之死地而后生，皇甫晖败得一点脾气都不应该有，因为赵匡胤付出的代价比他大得多。试想只要赵匡胤不能在天亮前抵达攻击点，那么南唐人就会在关前看出他军营里的虚实，从而有所防备，只要清流关里有了准备，赵匡胤就会陷在大山里进退两难。而且就算他如愿地发起了进攻，跋涉了一夜的士兵们还有多少战斗力？只要人数占绝对优势的南唐人能在最初的慌乱中稳住阵脚，那么失败的就一定还是他赵匡胤！

这时候说什么都晚了，无论怎样赵匡胤都把一个个的不可能变成了可能。对于南唐人和皇甫晖来说，只有赶紧逃跑吧。赵匡胤就在他们后面不远处紧紧地追着，一整夜的深山跋涉，紧接着一场以少胜多、必须速胜的战斗之后，他的体力和战斗欲望变得更加旺盛，前面就是滁州城了，天险已经拿下，难道还要让敌人再进城喘上一口气吗？

所谓的经验丰富，也包括了逃跑的经验。那天早晨，在后周和南唐军人之间举行的晨练狂奔中，无论赵匡胤和他的部下怎么拼命加快速度，还是让皇甫晖带着大量的南唐败兵逃进了滁州城。

而且经验的确异常丰富的皇甫晖当机立断，使出了损人也不利己的绝招，妄图把吃了兴奋剂一样的赵匡胤挡在城外——他把滁州城护城河上的桥给毁了，这等于摆明了告诉赵匡胤，小子，你行，我不打算出去了，你也别想着进来！

他的如意算盘再一次打错了，清流关两边的大山还有冰冷的西涧水都挡不住赵匡胤，人工挖出来的护城河能有什么用？

惊魂未定的南唐人看到了让他们心惊肉跳的一幕，剧烈运动了一夜加一早晨的后周军人没有丝毫的犹豫，直接扑通扑通地跳进了水里，那架势轻松得就像运动后洗了个澡一样，然后他们就冲上了对岸，直奔城门。

见过生猛的，没见过这么生猛的，这简直是不要命了……一群疯子！

从梦中惊醒一路被追杀到这儿的南唐军人看得都有些傻了眼，眼看着这道城门什么都不是了，马上这群疯子就要冲进来了……怎么办？！

就在这个时候，曾经有过辉煌的军事职业生涯记录的老将皇甫晖愤怒了，他经过稍微的喘息回过些神来后，突然间勃然大怒。他突然间伏在城墙上，向城下大喊——赵匡胤，我们各为其主，你不要欺人太甚！你偷偷摸摸地进攻，太不光明磊落！有种的等我打开城门，列好队伍，咱们真刀真枪地来分输赢胜负！怎么样，你敢吗？

城墙下头正对着城门，后悔没带火种来的赵匡胤一听就乐了，所有的后周大兵都乐了，大家退后，给人家留个地儿，也让南唐人当回爷们儿！

后周人听话地后退了，愤怒中的皇甫晖兑现了他的诺言，真的大开城门，列队出战了。史书为证，这是他军事生涯所犯的最后一个错误。

其实平心而论，他真的是经验丰富，不愧是沙场老将。从最开始到现在为止，他所有的预先决定都是对的。比如说在清流关前不理会赵匡胤的挑战，那时的坚壁清野绝对是最佳屏障。但是很可惜，他也是初到滁州，并不是本地人，不知道天险背后还有一条小道，让天险变成了他的噩梦。至于逃到了滁州，毁掉护城河桥，决定再次坚守也都是对的。

赵匡胤奔波了一夜，无论怎样神勇都是强弩之末了，只要战事稍作缓和，南唐人的地理及人数优势就会再次压倒他们。

但是可惜，皇甫晖又一次没有真正贯彻自己定下的作战方针，一怒之下，真的带人出城和赵匡胤决斗了。

城门渐渐地打开了，皇甫晖终于出现了，赵匡胤突然直扑皇甫晖！

那天这一幕的具体情况史书上没有记载，只有一句话——太祖拥马项直入，手刃晖中脑，并姚凤擒之。

不说后来的雄才大略，只说这时的骁勇绝伦，这也是一刀一枪挣来的功名，绝不像后来梁启超所说的——宋太祖之有天下，实创前史未有之局，以区区一殿前都点检，未尝有赫赫之功，亦未敢久蓄不臣异志。陈桥之变，醉卧未起，黄袍已加，夺国于孤儿寡妇手中，日未旰而事已毕……

非有赫赫之军功，怎得军人如此之拥戴？随便喝醉就有黄袍加身。世人皆曰宋为积弱无勇之国，但至少在开国皇帝赵匡胤的身上，绝不缺乏勇气与战斗力！

赵匡胤空前迅猛地占领了滁州，这把整个江北战争的格局全给打乱了，南唐的咽喉重镇寿州已经完全孤立。这时候不管寿州里的刘仁赡还有多少坚守不破的决心，其他人是开始对他绝望了。

绝望的人中就包括了南唐的皇帝李璟。

李璟决定谈判，现在已经是谈判的最佳时间了。之前不行，因为形势还没有真正恶劣，如果抢先和谈，马上就会长敌人的威风，灭自己的士气，战局很可能会迅速恶化。但现在再等也绝对不行了，趁着寿州还在手里，这就是谈判的筹码，如果寿州一旦丢了，柴荣就不会再搭理他。

李璟派出了南唐翰林学士钟谟、李德明来到了寿州城下，代表他给柴荣带来了几句话——战场上的变数实在是大，我建议，打仗无非是为了找钱，我直接给你些钱，你拿钱走人，我们就当这些事都没有发生。怎么样？

一般来说，按照五代十一国这些年的惯例来看，柴荣就应该很高兴地答应了。真的，还能怎样呢？难道你还真的想就此一统天下不成？！小心做得过分，不如现在见好就收。

可惜那个时候通信设备太差，李璟没办法和北汉取得联系，要是他能问问刘崇，就不会犯这个错误了。因为他不知道柴荣的另一个显著的性格特征——不达目的绝不罢休。

柴荣的答复很让两位翰林先生费解，他不说同不同意收钱走人，而是询问了一下南唐的国库怎样，坐落在什么地方，有多少库存。然后他转向了四周的将士们，大声地宣布，拿下金陵，南唐的国库就是你们的奖金！

后周将士在一瞬间热血沸腾，轰然欢呼，这根本就不是钱不钱的事，而是给你打工真的是太痛快了！陛下，万岁！我们必胜！

南唐文人钟谟和李德明面无血色，谈判就这样破裂了。不仅如此，柴荣还进一步辜负了李璟的好意。南唐人前脚刚走，他立即命令另一员大将韩令坤向扬州出发，自古扬州多钱粮，去把扬州给我拿下来，免得李璟这个混账笑话我们穷，拿些小钱来就想打发我们回家！

韩令坤显然被刺激到了，此人不仅迅速拿下扬州，并且一鼓作气扩大了战果，把附近的泰州也顺势攻破。一时之间，江北重镇有一大半都在后周的手里，看来战争很快就要结束了。

回到滁州城里，这时赵匡胤已经成了滁州城里的城管了。军民人等，街市弄堂，乃至于小商小贩或者强盗匪徒，他都要管。这可真是麻烦，好大的滁州城啊，每天都有做不完的事，这让年纪轻轻、习惯快刀斩乱麻的赵匡胤怎一个烦字了得！

还好，柴荣充分体谅了赵匡胤的难处，给他及时派来了一个人，把他从鸡毛蒜皮的事里给解脱出来。这个人姓赵，名普，是个年纪比赵匡胤稍大的书生。就像名字一样，这是一个沉默寡言、脸色平静、外表一点都不出奇的普通人。

他的履历也很简单，之前只是大将刘词的府中幕僚，所有的工作都在幕后，不为人知。刘词在高平之战立下大功后，很快就死了，临死之前，郑重上遗表把赵普推荐给了皇帝。

柴荣已经有了太多的人才，他把赵普派给了赵匡胤。

历史记载，当天赵匡胤正心烦，他的手下抓到了一百多个趁火打劫、扰乱治安的匪徒，一百多个，赵匡胤最恨的就是这种人，对伤害平民百姓的匪徒绝不能手软！他的命令像在战场上一样简单有效——拉出去，都给我砍了！

这时有一个声音非常平静地说："将军，在混乱之中逮捕的强盗，其中一定有很多是冤枉的。请您交给我，让我审理一下。"

是赵普，虽然平静，但是目光直视赵匡胤，绝不闪烁退缩。

赵匡胤与他对视了好一会儿，出人意料，文弱的书生绝不退让，就像多年以后那样，让步的居然是赵匡胤。那好吧，在对视中惨败的赵匡胤有点坏笑——拿走吧，这些人都是你的了，你一个一个地给我审出来。

没想到赵普真的一个一个地审问，并且盘查出有很多是后周的大兵误抓误判的。这时候赵匡胤震撼了，一百多条人命啊，险些被他误杀！在战场上可以杀人不眨眼，可他绝不想在平常的生活中也做一个满身血腥的人。要注意，这是真的，赵匡胤一生都在奉行着这样的原则。

从此之后，赵普在赵匡胤的心里，别有分量，不比寻常。

滁州城，这里有赵匡胤太多的回忆。多年以后，他的儿孙们在这里给他修建了"端命殿"，以纪念"应天顺人，启运立极"的太祖皇帝在这里"历试于周，功业自此而成，王业自此而始"，同时这里也是他与他的首席大臣，终生精诚合作、以兄弟相称的赵普风云际会的地方。但是，赵宋的史官们也都在极力地回避着另一件发生在这时的滁州的事情。

那是赵匡胤毕生的大恨，让他永远都无法原谅自己，伤痛之深，让他在临去世的前一年，还回到了出生之地洛阳，扑倒在自己父亲的坟前，深深地忏悔怀念。

父亲，原谅我……

事情发生在一个深夜里，刚刚剧战易主的滁州城外，突然来了一支军队，向城上的士兵喊话，要赵将军马上开城，他的父亲到了。

赵匡胤惊疑不定，立即登城，他和父亲虽然同在一军，但是所属不同，很少有见面的机会，这时突然间深夜出现，到底是真是假？

是真的，城下真的是他的父亲赵弘殷。赵弘殷本来跟着韩令坤去攻打扬州，可是半路上突然发病，只得返回来调养。在路上，他听到了赵匡胤夺得滁州的消息，是特意绕道来看他的。

赵匡胤一阵激动，兵凶战危，生死难料，突然间竟能和父亲在战场上重逢，这是多大的惊喜！但是他马上就控制住了自己，他现在不仅仅是父亲的儿子，更是皇帝选派的滁州守将。

他的回答是——父子虽是至亲，但城门关闭乃是王家之事，儿不敢违命。

身染重病的赵弘殷被儿子挡在了关外整整一夜，第二天清晨，赵匡胤才亲自把父亲迎进城来。但是赵弘殷的病情更加严重了，只能留在滁州。就在这个时候，柴荣突然传来了命令，令赵匡胤火速赶往扬州，韩令坤部如有敢从扬州后撤者，不论是谁，立即杀无赦！

战局突然剧变，和谈不成的南唐已经大举增兵，由南唐皇帝李璟的弟弟李景达为帅，统率精兵六万，来江北决战。李景达知兵好武，第一战一举收复泰州，然后马上进逼扬州，一场血战，韩令坤竟然被迫后退，把扬州给丢了。

柴荣给了赵匡胤两千人马，这两千人有权斩杀任何后退逃跑的败兵！

赵匡胤进退两难了，君命难违，可是父亲病成了这个样子，他怎么能一走了之？何况父亲之所以病重，他也有脱不掉的干系。

赵普站了出来，他还是很平静地说——将军，请把令尊交给我，你放心地走吧。

赵匡胤只好如此，他深深地拜谢了赵普，火速起程赶赴扬州。这之后，赵普尽心服侍赵弘殷，“朝夕奉药饵”“朝夕无倦”，直到战局变幻，后周主动放弃了滁州，赵普又亲自护送赵弘殷回到开封。

一生劳碌征战的赵弘殷还是没能活着回到家乡，死在了半路上。

赵匡胤永远地失去了父亲，虽然宋史盛赞他守滁州时“勇于战、谨于守”，把父亲都能拒之门外，但是他几乎是眼睁睁地看着父亲因此衰病下去，自己却弃之不顾。要知道，父亲当时是特意来看他的。

赵弘殷死了，从此，赵家待赵普以“宗分”，再不把他当外人。

这些都是后话了，当年的赵匡胤离开父亲，抖擞精神，再上沙场，他赶到了韩令坤后撤的必经之路六合，宣称——扬州兵有敢过六合一步者，断其足！

决然无情之外，他暗中派出了信使去警告韩令坤，你唯一的出路只有立即反攻，重夺扬州，不然就算我放过了你，皇帝那里你也过不去。至于对付南唐人，我就在六合，必要时，我可以帮你。

驻兵六合，虎视天下，赵匡胤以为自己会是韩令坤的坚强后盾，却没有料到他已经首当其冲，变成了后周军队整个江北战局的一面盾牌，只有区区两千人马，却几乎要承受全部南唐援军的反攻！

李景达，南唐开国皇帝烈祖李昪第三子，先后封宣城王、鄂王、齐王，经常领元帅衔出兵征伐，为南唐皇室中第一军事强人。这次他领兵出征，已经是李璟败中求胜的最后一招。

历史证明，李景达不负盛名。他渡过长江以后，一边命令陆孟俊强攻扬州，击败韩令坤，震动后周；一边悄悄地脱离了主战场，绕过了后周所有的人马，直扑两国交战的焦点所在——寿州。

如果能突然出现在寿州城下，直接打击后周的神经中枢柴荣，那是多么符合理想！但是他怎么也没想到，就像天意一样，他选择了六合这个地点做他的迂回道路，赵匡胤也偏偏选择了这里来完成柴荣交给他的使命。

极端幸运的赵匡胤比李景达先期到达了六合，但是他也极其不幸地发现，李景达带来的竟然有两万人，而且都是南唐军中千里挑一的精锐。

怎么办？如果要退，相信没有人会就此责怪他，包括柴荣。因为人马对比悬殊，已经是十比一，并且最重要的是赵匡胤毫无准备，他只是带人迅速赶来执行战场纪律的，为了速度，也根本就没有必要，军需战备、刀枪箭镞他都没有带足，这与之前他主动进攻时完全两样。

然而后退的话，李景达就会改变整个江北的战局。要知道，现在还没有人知道有李景达这支军队的存在！怎么办？面对生死考验，赵匡胤下达了一连串让人瞠目结舌的命令。

首先结寨，集结所有兵力，不分偏寨，不要呼应，不让敌人知道我们的兵力虚实。

在营寨前竖立起我赵匡胤的旗，让南唐人知道挡住他们的是谁。

而后赵匡胤开始了真正的冒险，他重新亮甲红缨跃马出寨，在南唐军队前耀武扬威，旁若无人。但是老天在上，这一次他没有主动地冲到李景达面前大呼小叫，问一下南唐人到底谁有种没种。他所做的这一切，都是为了制造烟雾，把李景达能拖多久就拖多久。

李景达真的上当了，赵匡胤干的所有的事都让他摸不清虚实，但是赵匡胤是谁，都干了些什么，所有南唐人都知道了。

于是，他变得小心翼翼。他一直观察着、思考着，派人四处打探，小心防备着。时间在一分一秒地过去，他真是很有耐心，居然观察了——四天！

四天之后，李景达终于决定不再等了。四天啊，真的没有白费，他想清楚了一个终极问题，那就是他是来杀人打仗的，不管对方是柴荣还是赵匡胤，都是他的敌人，都在他的打击之列！

进攻开始，由南唐元帅亲自率领的千里挑一的精兵们向赵匡胤的营寨发起了冲锋。客观地讲，那天他们真的没有犯什么错误，他们列好队伍，举着刀枪，听命令，听指挥，稳扎稳打，一切都进行得非常正规和顺利。只是没有想到，突然间后周人像是集体被马蜂蜇了一样，从营寨里跳了出来，向他们疯狂冲击。

李景达慌了，他没有想到试探的结果是试探出了一群疯子，他搞不懂，怎么会有人从战斗开始就不留余地，全力冲击，这样会很快后力不济的，会很容易全线崩溃的……这是兵家大忌呀！更让他搞不懂的是，他的了不起的、本来准备去杀后周皇帝柴荣的勇士们，居然被这些犯了大忌、不懂战术的疯子打得落花流水！

他当然不知道，这是赵匡胤倾尽全力的一击，如果不胜，后果就不堪设想！因为没有援军，没有后备，只有这些人马，必须一鼓而胜，绝没有第二次机会！在这次战斗中，赵匡胤用剑劈向了自己的士兵，他没有杀他们，只是把稍有后退的士兵的皮笠劈出剑痕，事后有剑痕的立斩不饶。

战场之上的赵匡胤与战场之下的赵匡胤判若两人。

李景达兵败如山倒，被卷在乱兵中仓皇撤退，好不容易逃到了江边，他的精兵们又为了争渡船，开始自相残杀，两万精兵，有五千人被当场阵斩，剩下逃过长江的，不过三千余众。

事后李景达和赵匡胤隔着长江，几乎都在后怕。

赵匡胤知道自己又赢了，他又赌赢了一场生死之战。他不需要有人说他用兵如神。真的，我不知道这样做的后果是怎样，但是我必须要这样做，尽力而为。

战局就这样不停地变幻着，后周与南唐的军队，在长江以北、淮河以南的广大地域上犬牙交错，往来攻战。时间进入了四五月间，天气变暖，淮河与长江的水位骤涨，南唐巨大的战舰开始纵横水面，无论想到哪里，都可以朝发夕至，并且无所阻挡。

因为后周连一条船都没有，所有士兵都是旱鸭子，连过淮河这样宽阔的河面都不敢坐船，得搭出浮桥来才行。

在主战场寿州城下，后周的麻烦就更大了。

史书记载，后周兵营之中积水数尺，攻城军械多遭漂散腐毁，同时道路泥泞，军需粮草都运不上来了。最重要的是，柴荣御驾亲征已经快半年了，作为一国之君，他除了战争还有别的事要做。

当年的五月，柴荣宣布留下李重进总管江北战区一切事务，他带领大部分军队北归。禁军殿前都虞候、领严州刺史赵匡胤跟随皇帝回国。

后周第一次的南唐之征就这样结束了。

柴荣回到了开封，一刻都没有歇息，有太多的事情在等着他做。首先是必须解决吃饭的问题，前线的军人和国内的人民都在等着他想出办法来，从久已荒废的土地上给他们找出吃的。柴荣下令，在郭威当年优化农村生产力的基础上，加大优惠和管理的力度。

当时在战乱中产生了大量的无主荒地。柴荣规定，无论是谁，都可以在无主的荒地上耕种，田主三年内归来，土地归还一半；五年内回来，归还三分之一；五年以后回来，这片土地就已经更改主人了。可是如果田主是被契丹掳去的，就可以另当别论，五年内归来，归还三分之二；十年内回来归还一半；十五年之后才回来，就非常抱歉，你可以去开垦别的土地了。而且以上农户都可以享有免除一年内所有租税的优惠。

只此一项，救活生民无数，可称功德无量。

而后，柴荣开始了城建工作。现在有一个问题，请问在大家的心目中，开封，即以后的东京汴梁，是个什么世界？凤阁龙楼连霄汉，玉树琼枝作烟萝……对不起，跑到李煜家去了。可都差不多吧，开封比金陵只高不低。

那都是后来，至少要到真宗与仁宗时才能达到那样的高度。在后周时，开封城顶多只能算是一个非常一般的县市级地区，它在唐以前从没有当过任何朝代的首都，在五代十一国里当选的都不能算数，朱温那样的草头天子们胡乱有个窝就不错了，他们只在乎城墙够不够高，护城河够不够宽，其余的才不管呢。

柴荣管，他把街道扩宽，加筑外城，发动了十万民工前后一共干了三年，终于让开封城初具规模，变得宽阔宏伟，给后来的赵匡胤盖好了新家。

此外，柴荣日理万机、戎马倥偬之际，还关心着文化事业。他请王朴主持修订了历法，制成《显德钦天历》，并且立即使用，取代了之前各国混乱不堪的历法。

命群臣编订《大周刑统》，让人民有法可依，也让混账的贪官污吏们有点工作原则。

极为难能可贵的是，柴荣还修编补齐了五代十一国期间散乱无章的历史，除了他的父亲郭威之外，他还把后梁末帝朱友贞和后唐闵帝李从厚、末帝李从珂这样的边缘人物都进行了修编，基本做到了一视同仁，不偏不倚。

他下诏搜寻散落在民间的各种珍贵典籍，建立了国家史馆，组织当时的文士校勘唐朝陆德明所著的《经典释文》三十卷……这样的事还有很多很多，柴荣，就像是知道自己短暂的生命不容许他虚掷光阴一样，每时每刻都在做事。史有记载，在他短短几年的执政期黄河也照样泛滥了，柴荣除了派人去抢修之外，还亲自去实地勘察，一连数日生活在洪水边缘。还有一次，关于河道的清淤疏通，他亲到实地还不够，回来后竟然提出了自己的意见，把水位及淤泥的数量都一一举出。

需要特别指出的是，以上所述都只能算是柴荣的副业，在这期间，他还着重做了一件对他和南唐来说具有决定意义的事，这件事之所以重要，是因为彻底改变了后周与南唐之间军事对比的平衡。

停不下来的柴荣事事亲力亲为，他的确是精明强干，可也就此埋下了他英年早逝的祸根。

还是在这一年七月二十六日，回到了开封的赵匡胤终于得到了他父亲的消息，他的父亲死了，再也没能活着回到自己的家里。世事就是这样变幻无常，才过了两个月，赵匡胤还没从悲痛中恢复，就被柴荣因功提升为匡国军节度使（治所在同州，今陕西大荔），拜殿前都指挥使。

赵家世代为官，终于有人节镇一方，开府建衙了。可是这竟然是在赵匡胤身受丧父之痛时来临，让他悲喜交集，难言苦乐。这似乎也成了他一生命运中难以抹去的复杂色彩——他从来都不曾真正彻底地得到些什么，上天似乎有意折磨他，让他永远都不曾真正地开怀大笑。

第九章　陨落的太阳

时间很快就到了下一年，公元957年，江北前线的局势一塌糊涂，李重进已经把事儿给弄坏了。

无情的现实，证明了当年郭威的高明。他清晰地判断出李重进不是帝国合适的接班人，而把位子传给了本是外姓的柴荣。因为李重进的个性太鲜明了，他在战场上勇不可当，但是战场之外，他就太低能了。

柴荣带走了大部分的军队，他为了收缩战线，把韩令坤已经夺回的扬州、泰州、滁州都主动放弃了，把几乎全部主力都集结在寿州城下。这都没错，而且这一招极其狠辣。

把主力顶在南唐人的咽喉上，有种的就冲出来拼命，不然就大举派来援军到城下来决一胜负，除此之外别无他途。也就是说，这相当于逼迫南唐人来一次大兵团决战，可是谁敢？于是局面就变成了南唐人貌似收回了不少城镇，可是战争的主动权仍然牢牢地握在后周人的手里。

李重进只知兵、不惜民的劣根就此完全暴露了，他从来就没把淮河以南、长江以北这片“战区”当作自己的国土，他纵兵抢粮，随意杀人，保持了五代十一国时军队的“优良”传统，于是老百姓也就不跟他客气了，遍地烽火，后周军处处挨打。

而且李景达又来了，这次他带来了五万人，目标直指后周人的要害——浮桥。他派出了大将林仁肇，乘战舰去下蔡（今安徽凤台）烧毁后周人的浮桥。他看得很准，只要把这条通道切断，李重进就会被截断在江北，到那时就不信以南唐倾国之兵还对付不了他！

何况他还事先打听到，守下蔡浮桥的是后周出了名的老实人张永德。据可靠情报，此人既不凶狠也不狡诈，平时品质优良得连军队纪律都没违反过。可是他们事前无论如何都想不到，在张永德的面前才死得最难看。

林仁肇乘战舰顺流而下，直奔浮桥的河心一段，战舰未到，先放出了百十来条小船。大火熊熊，一百来只大火球分散开向浮桥的各个位置连续不停地冲了过来，张永德和所有的后周大兵站在桥上手足无措，不管有多大的决心和勇气，只能眼睁睁地看着火船撞了过来，一点办法都没有！

因为偌大的后周军队，连一条小船都没有……

但是不要怕，一个人能身居高位，总是有一点与众不同的地方的。张永德虽然没有李重进或者赵匡胤那么能打，可是他一生足够幸运。就见在这千钧一发之际，突然间风向变了，而且是一百八十度的急速大转弯，火船直接掉头，哪儿来的哪儿去，向林仁肇的江南水师烧了过去！

这场战斗的经过就是张永德一直站在浮桥上，连根手指头都没动，眼睁睁地看着南唐人自己在忙活。看着他们放火，再看着火球掉头，然后林仁肇玩了命地开船往回跑，可还是没能快过机动灵活的小船，烧着了，这下可真的烧着了。

后周大兵们一致摇头，说这事儿给闹的，都不好意思了，怎么南唐人的命都这么苦呢！

李重进就没有张永德那么好命了，他顶在了南唐人的要害部位寿州，让南唐人如鲠在喉，的确是非常英明神武，可惜，这也相当于把他自己扔在随时都会喷发的火山口上，无论南唐什么时候进攻，他都首当其冲。

李景达就奔着他来了。五万大军坐镇濠州，与寿州遥相呼应，再召集朱元等大将向寿州靠拢。朱元，这是南唐真正的猛将，在柴荣回国、李重进收缩战线的情况下，一鼓作气夺回了舒州（今安徽潜山）、和州（今安徽和县）、蕲州（今湖北蕲春），一连串的胜利之后，他来到了寿州外围，准备合围李重进，彻底搞定后周人。

李重进感觉态势不妙了，与其说他在率兵围困寿州城，倒不如说寿州在他怀里随时都会反攻爆炸，他的外围又被更多的南唐人所包围，这样里应外合，稍有不慎他就会被彻底吃掉。

越是这样，就越是显露了李重进的强人本色。他把刘仁赡继续死死地摁在寿州城里，别说是人，连只耗子都别想逃出他的军营；至于外围，不管来的是谁，带来多少兵将，都别想越雷池一步。当年寿州城外紫金山（今安徽寿县东北，淮河南岸）上南唐人扎下了十八座连环营寨，重重叠叠，呈掎角之势，在山上用烽火与寿州城里朝夕相应，可就是咫尺天涯，说什么都没法再近一步。

到最后，寿州城里都快人吃人了，南唐的援军无奈之下想出了一个不是办法的办法。他们想到了长城——我们从紫金山开始，修一条长城到寿州城下总行吧？利用长城攻守兼备的功能，边修边打，相信总可以应付一下李重进，把粮送进城里了吧！

南唐人开始夜以继日地赶工修长城。为了城里的弟兄，为了南唐的胜利，弟兄们，加油干吧！李重进也像是发了善心一样，一概不闻不问，直到长城好不容易修完了十多里，眼看着快到寿州城下，就要大功告成了，天杀的李重进才突然变脸，一阵猛攻，不仅把长城给破坏了，还杀了南唐五千多人。

这时候，仿佛要再折磨一下南唐人似的，又一个让他们伤心的消息传来了。那个传说中品质非常优良、从不骗人的张永德也变坏了。他经历了上次浮桥之战的侥天之幸后，深感日子再不能这样过了。痛定思痛，他首先做了件本分点的事，他用千余尺长的铁链封锁了浮桥上下游几十米之内的水面，然后为了保险，再在铁链上系上巨大的木头来增加浮力，使铁链绝不下沉，以彻底拦截南唐的战舰。这之后，在一个漆黑的夜晚，他悄悄地派人溜进了夜色中的淮河。

后周还是有几个会游泳的，大家乘着夜色，慢慢地游到了停泊在下蔡附近的南唐战舰底下。这时候用来封锁淮河水道的铁链还剩下一些，张永德很慷慨，把它们都送给了南唐人……第二天天还没亮，张永德突然发起了攻击，这时候南唐人才发现自己的战舰不知在什么时候，已经被人用铁链牢牢地拴在了一起，都开不动了。

江南名将林仁肇死都不相信，自己赖以成名的水军，居然会这么窝囊，全军覆没。还好，他本人又一次逃脱，活了下来，直到五六年之后，赵匡胤才给他编织了最后的命运。

所有这些加在一起，都不足以动摇南唐人在江北巨大的优势，无论是李重进还是张永德，都仅仅是保持着不败而已，尤其是屹立在他们面前的寿州城，不管怎样攻击、围困，就是无法拿下。而且在公元 957 年正月间，还从城里传出了一个惊人的消息——刘仁赡把自己的儿子杀了。因为他的儿子想从饥饿的寿州城里逃跑。不管谁来劝阻，就连李璟派来做监军的周廷构亲自说情，都没能保住这个孩子的性命。

刘仁赡把自己的儿子处以腰斩极刑。此后寿州城里哭声一片，军民同心，再也不提逃命投降的话。

城外的李重进绝望了，他望着近在咫尺的寿州城，百思不得其解。他真的想面对面地问问刘仁赡，南唐到底给了你什么好处，让你竟然这样忠于职守，冥顽不灵？

愤怨之余，久经沙场的李重进知道，以他个人之力，看来是真的拿不下寿州城了。

公元 957 年二月十七日，后周世宗柴荣出汴京城，第二次亲征南唐江北之地。殿前都指挥使赵匡胤虽然在为父服丧时期，但战事紧急，被柴荣夺情起复，一起出征。这一次，柴荣选择的突破口是张永德刚刚拿下的下蔡渡口，一切顺利，他在三月初渡过淮河，重新抵达寿州城下。

这时，战火才刚刚燃起，还没有真正兵戎相见。可无论是后周，还是南唐，敌我双方都已经一致确认，胜利已经被柴荣牢牢地抓在了手里，无论如何都不会动摇。

因为在柴荣出发之前，先锋大将右骁卫将军王环已经让南唐军队彻底胆寒。他们魂飞魄散地发现，后周人这次居然不是骑着马来的，而是乘着巨大的战舰，从颍水一路扬帆破浪，冲破他们的各个水寨，进入了淮河，他们的水上优势已经一去不复返，后周仅仅在大半年的时间内，就拥有了强大的水军！

这就是柴荣在上次回国后真正做的那件正事，历史证明了，他之所以主动离开战场，并不是因为他厌倦了，或者是他胆怯劳累了，而是他要迅速弥补自身的缺陷，等他再一次出现，他就会拥有压倒性的优势！

当年三月三日清晨，柴荣亲自披坚执锐出现在了战场上。紫金山，这是第一个攻击目标，要把寿州重新完全孤立，就必须先攻下它。赵匡胤作为全军攻击的箭头，率先登山强攻。这时候皇帝亲临，全军注目，所有人都目睹了赵匡胤到底拥有怎样的战斗力。

仅仅一个上午，赵匡胤就将南唐的前锋寨和山北营寨全部击破，斩敌三千，把紫金山通向寿州城的“长城”彻底毁坏。这一战的结果是惊人的，当天晚上，南唐军营里就发生了哗变，朱元，这位南唐方面首屈一指的猛将不战而降，带着自己的部下一万多人投降了后周。

第二天柴荣发动总攻。南唐军彻底崩溃了，他们习惯性地从山上往河边跑，坐上了船才觉得心安，可是这正中了柴荣下怀。

我们也有船！后周新建成的水军扬帆就追，柴荣本人则策马疾驰。史书记载：“帝自率亲骑沿淮北岸追贼。及晡，驰二百余里。”晡，申时也，下午三点到五点，也就是说，柴荣亲自策马追敌，奔驰了一整天，追击了一百多公里！

皇帝当先，人人奋勇，只此一天，在淮河南、北两岸及水路上，南唐军战死、淹死和投降的将近四万人！

只区区两天的时间，南唐人准备了近一年的寿州援军就彻底覆灭了。

刘仁赡绝望了，他在城头上目睹了本国军队的土崩瓦解。他明白，自己苦心经营、死守待援的寿州再也守不住了。伤痛绝望，让一直强自支撑的刘仁赡突然崩溃，他中风了，一下子晕倒，就此人事不知。他的同僚们再没有他的勇气和坚贞，他被卑劣地出卖了。在他昏迷不醒时，监军周廷构、营田副使孙羽等人以他的名义联合起草了降书，开城投降。

可怜昏迷不醒的刘仁赡被人带到了柴荣的面前，柴荣立即对他大加抚慰，并当众封他为检校太尉兼中书令、天平军节度使。如此高官厚禄，对他人真是可望而不可即了，但是对刘仁赡而言，这是尊敬，还是对他的污辱？史书记载，刘仁赡自从昏迷，就再也没能醒来，他没有接受柴荣的“好意”，就此死去了。

随着寿州城的陷落，南唐在江北的门户被彻底打开了，中原的版图已经被重新规划。

谁也没有料到，柴荣突然间退兵了。面对南唐大开的门户，他千辛万苦用无数条人命换来的机遇被他说扔就扔了。

二月十七日出兵，四月中旬柴荣就回到了开封。

这一切让人费解，让后周所有人扼腕！但是柴荣却心知肚明，他必须得回来了，不然他的后院就会突然着火。因为李璟，因为渤海海峡，因为契丹。

李璟显示出了柴荣所不及的高级政治手腕，面对强大的后周，他的目光从陆地延伸到了海洋，找到了上天给他还有后来的赵佶配备的那个极其隐蔽的外交联系通道——山东半岛和辽东半岛之间的渤海海峡。

南唐人用他们先进的航海技术，轻而易举地突破了后周人的封锁，与契丹，更与北汉达成了共识——柴荣鹰视狼顾，我们大家必须得联合起来才能生存！

契丹人同意了。

柴荣只好忍痛放弃刚刚到手的希望，马上后撤返回自家后院去砌墙。这时候，南唐开始举国庆幸了，终于逃过这一劫了……看来后周也不是不可抵御的，而他们的国王还是很有办法的！

他们不知道的是，李璟此时非常痛苦，极度懊悔，他忘了父亲李昪临死前对他说的话，这些年来他的所作所为全都错了！

李昪，南唐开国烈祖皇帝。说起他，话可就长了。首先，如果此人不死，柴荣能不能或者敢不敢向南发展都不好说。史有定论，李昪在五代十一国里的皇帝排行榜里远远地排在郭威、刘知远、李存勗或者大终结者朱温先生的前面，可以数二，也可以数一。

当然，之所以要数二，是因为后来有了柴荣。但是李昪比柴荣还要高明或者更加艰难的地方，就是他几乎是真正的白手起家，不像柴荣那样，虽然没有人缘，却可以接过养父郭威的班。

李昪本是个无依无靠、在战争中失去父母的孤儿，只能进庙当小和尚勉强维持生命，这和后来的朱元璋挺像的，不过朱元璋出家时已经十八岁了，李昪惨遭离乱时才六岁而已！那时南唐的地盘还叫“吴”，国王是大名鼎鼎的南吴武帝杨行密。

杨行密攻下了濠州，掳走了一个意外获得的战利品，就是这个小名叫彭奴的小和尚。彭奴长得非常漂亮，一双可爱的大眼睛忽闪忽闪地看着手握屠刀的杨行密，让他再也下不去手。于是，杨行密收了彭奴作养子。

杨行密的儿子们似乎有什么预感一样，看见彭奴就讨厌。历史证明，这些孩子真的应该当时就杀了彭奴，那样他们就不会有后来的落寞结果了。注意，是落寞，而不是悲惨。为了亲子，杨行密把彭奴交给了手下大将徐温，这孩子又做了徐温的养子，从此改名换姓，叫作徐知诰。

简短地说，徐知诰长大成人，先是帮助自己的养父徐温夺得南吴的军政大权，在徐温死后，把徐温的子孙也排挤到了一边，自己身登大宝。从此，改元换号，恢复了“李”这个荣耀了二三百年的光辉姓氏，而且不管死人愿不愿意，他声称自己是天可汗李世民的儿子吴王李恪的十世孙，重新定国号为“唐”，给自己改名叫李昪。

历史上为了与当时并存的李存勖所建立的“唐”区分开，将其称为“南唐”。

需要特别强调的是，李昪虽然在权力之路上一直走着，手上却没有沾上几滴人血。他对自己的养父深深地感恩，对养父的子孙们尽量优待，就算是南吴的末代王孙，也大都没有过分悲惨的下场。当然，南吴最后一位皇帝杨溥及其家属，还是不得不杀，实在是没有办法。

李昪极其理智。他在世时已经是南方最强国家的君主，手下人都劝他抓住机会，尽快把周边的所有小国都灭掉，统一了南方之后，就开始北伐，进而统一全国。可是李昪却只是微微一笑，终他一生，都在休养生息，静等机会。

他临终时告诫儿子李璟的话是——一定要牢记，用兵中原，南方诸小国必然不敢轻举妄动；可是用兵周边的小国，中原王朝必然发兵南下。因此，千万不要把南方的小国当作心腹大患，要尽量保持睦邻的关系，这样以后和中原争胜时，后方也会稳定。

至于北方的中原王朝，不管谁兴谁败，都是南唐的死敌。历来以南伐北困难重重，千万不可轻举妄动，北方越来越乱，机会总会来的，只是到那时，一定要做好准备，没有负担才行。为此，他给李璟留下了巨大的军需储备，光是他的德昌宫就有七百万余缗的库存，这是超级巨大的数字，赵匡胤积攒一生都没达到。

他自己衣衫俭朴，穿的是蒲履鞋，用的是一个铁脸盆，夏天在内宫只穿麻布衣，至死宫殿都没有扩建，最多只是增加了一些盆景。

他的儿子李璟却基因突变，一点都不像他。从李璟开始，南唐就文华风流了起来，兴之所至，无所不为，到李煜时达到了巅峰。具体奢侈糜烂到了什么程度我们到时细说，此时我只想先撂下几句话：

李煜之亡国，应该应分，合情合理，半点同情都不配获得。谁规定的会作几首顺口溜就可以永远高高在上、吃喝享乐了？！

而且还杀戮功臣，信用奸佞！

回到李璟，这位二世祖从即位开始，就雄心勃勃，向四邻用兵，把老爹的话抛到了九霄云外。他攻灭了闽、楚两小国，国家从二十八州增加到了三十五州，一时之间军威强盛，众国侧目。可是从此也背上了包袱，这些抢来的地方随时都会反叛，他必须连续不断地派兵镇压，于是就恶性循环，没完没了了。等到李昪生前怎么也等不到的千载良机出现时，南唐已经腾不出手脚向北发展了。

那就是当耶律德光率领契丹人攻陷开封，灭亡后晋，转眼就死在了北归的路上杀胡林时。还记得刘知远是怎么当上皇帝的吧？简直就没有阻挡，像遛个弯一样到了开封就捡到了皇帝宝座。

如果那个时候南唐能干手净脚没有累赘，从淮河江北之地直扑过来，天下会是谁的？

还有在刘承祐时期，北边也乱得可以，可李璟却有心无力了。何况他诗人的兴致发作，根本就不愿再理会这些讨厌的“凡人俗事”。他很忙，非常忙，他用心大搞艺术创作，鼓励全国都吟诗作曲！

他自己则轻衣盈步，月夜凭栏，叹道：“一钩初月临妆镜，蝉鬓凤钗慵不整……柳堤芳草径，梦断辘轳金井。昨夜更阑酒醒，春愁过却病。”

病你个头！为什么还不去死？！

李璟是那种一鼓作气、再而衰、三而竭的男人，他早期的奋发就像是年轻人特有的意气之争，人在年少一定要出点风头。等他真正遇到了敌人，久战不胜时，就会变得掩耳盗铃，得过且过。

无论如何，只要能活下去就可以了。

才过了半年，柴荣就卷土重来。契丹人，还有北汉人，都何足道哉！柴荣在北疆稍稍留心之后，就立即风平浪静了。

这一点都没有夸张，辽国也是当世强国，可是要看皇权具体掌握在谁的手里。这时的辽国国王耶律述律是个非常绝妙的人，通过这次短暂的接触，柴荣已经非常想和他进一步沟通了。但是当务之急，仍然是把南唐在江北的势力彻底连根拔起。

当年十月十六日，柴荣再度亲征，一路势如破竹，无所阻挡。

首克濠州，这一战让南唐人把后周人当成了魔鬼，因为后周人突破他们设在淮河里的巨木水障时，竟然没用战舰，而是直接骑着骆驼冲过了河面。沙漠里的动物竟然能当船使，现代人看见也头昏，何况南唐人。李重进、赵匡胤、王审琦等大将争先破敌，所有南唐的水寨、旱寨、战舰以及濠州城无一幸免。当战斗结束时，才是十月十八日。

十月十九日，南唐人继续挣扎，实话实说，他们已经非常努力了，派出了数百艘战舰从涣水（今浍河）的东面来援救濠州。可惜没等他们到，柴荣就已经亲自率军迎了上去，在洞口（今安徽凤阳东）将他们彻底击败。斩首五千，俘三千，夺战舰三百余艘。

柴荣不顾劳累，马上率军向东，扫荡剩余的南唐溃兵，一直追到了南唐人的下一个军事重镇——泗州。

南唐水军的劫难到了，他们剩余的数百艘战舰从清口（即泗水入淮河之处，今江苏靖江西南）匆忙撤退，但是很不幸被后周发现了。柴荣立即出动，派水军在淮河疾追，他自己和赵匡胤分率骑兵夹淮河两岸追击，一直追到了楚州西北。就是这里了，史书记载，南唐节度使陈承昭被赵匡胤俘虏，南唐水军全军覆没，数百艘战舰，只逃出去四五艘。

从此，长江以北的水系里再也不曾见到过南唐的水军。

轮到楚州了。这时柴荣已经劳累到了极点，而且他突然遇到了意料之外的顽强抵抗，楚州守将张彦卿誓死不降，他像刘仁赡一样把要投降的儿子亲手杀死，然后发誓与城共存亡。他说到做到了，城破之后，他和手下一千多名将士与后周人巷战，无一人投降，全部战死。而后周这边也因此死伤惨重。

柴荣狂怒！

自从出兵以来，一刻都没有停歇，始终亲力亲为全速运转的柴荣再也无法控制自己，亢奋暴躁之中暴露了性格之中最大的缺陷。

他下令，把楚州屠城，一个不留！

这是这位“五代第一明君”的唯一一次暴行。我不知道他事后是否后悔，只能从这次的突然失常中，判断出他性格里的缺陷——冲动。

冲动，他的力量来源之一，这让他做任何事都果敢勇猛，锋锐难当，但也失之急于求成。就这件事而论，我想他之前肯定没有屠城的打算，而且他从来没有做过这样的事，可是他一怒之下还是做了。就像他与刘崇在高平之战中，他虽然御驾亲征，也肯定没有自己来打头阵做先锋的打算，可他一怒之下还是做了。

冲动，是非凡的动力，结合他非凡的才能，让他如虎添翼，势不可当，但这也是把地道的“双刃剑”，很快就伤人也伤己了。

强极则辱，情深不寿。柴荣的短命，并不是上天对他不公，而是他自己没有掌握好生命的节奏。

血洗楚州之后，不管史书如何记载评价，在当时的确没有人再敢反抗柴荣了，至少在淮河以南、长江以北是这样。后周军所到之处，如滚汤泼雪，海州（今江苏连云港西南）、天长（今属安徽）、静海军（今江苏南通）等地望风而降，再往南，柴荣的目标已经锁定了长江以南的南唐都城金陵。

公元958年的春节柴荣是在战场上过的，春节刚过，正月末，柴荣就命令征调当地民夫浚通鹳水（今江苏淮安西老鹳河），二月初引战舰数百艘自楚州逼近扬州，进一步扫平江北。他完全是多此一举，扬州城已经人去城空，城里除了老百姓，没有半个南唐军人了。

三月初，后周的水军终于冲出了淮河，浩浩荡荡冲进了烟波浩渺的长江——终于冲出了江北，终于看到了长江……柴荣伫立船头，率千军万马，举长帆强橹，中流击水，壮怀激烈！

人生至此，复有何憾！

是月中旬，后周世宗皇帝柴荣亲至江口，大破南唐屯泊在瓜步及东沛洲（即东洲，今江苏启东吕泗镇一带）的水军，殿前都指挥使赵匡胤勇冠三军，居然率军直扑长江南岸，以自己所部之力就突破了长江天险，杀散南唐驻岸守军，登岸后把南唐人的营寨付之一炬，之后从容收兵回归北岸。

李璟彻底绝望了，所有的牌全都输光了，连最后一条心理上的安全防线——长江，都被后周人儿戏一样地突破了，这仗还能再打吗？

李璟派使者给柴荣带去了如下的条件：

向后周进献尚在南唐控制之下的庐（今安徽合肥——该死吧，这样的重镇在手，居然就此拱手送人）、舒、蕲、黄（今湖北黄冈）四州，以长江为界，岁贡称臣；

献犒师银十万两、绢十万匹、钱十万贯、茶五十万斤、米麦一百万石；

去帝号，改称江南国主；

去南唐年号，从此改用后周纪年。

以上种种，只要柴荣点头罢兵，马上生效。

柴荣沉默。人马骁勇，水军强盛，长江已经不是险阻，还有什么理由不一鼓作气地冲过去呢？更何况，在立国之初，王朴就已经替后周定下了基本的国策——先南后北，统一南方之后，才能进一步向西南或北扩展。

那么还在犹豫什么呢？柴荣已经让全天下人都清清楚楚地看见了他的本来面目，有进无退，不达目的绝不罢休！难道他会突然转性吗？

柴荣真的就此止步了。他答应了李璟的求和条件，就此北归。第三次亲征南唐之役就此结束。他的目光已经从水汽氤氲、树木葱茏的江南收了回来，转向北，面向了千里长风、雄关漫道的大漠草原。

契丹，你还是要在我的背后捣鬼……蕞尔小国，化外野人，乘我一时靡乱，竟敢如此猖狂！你以为中原从此就无人敢向你们挑战了吗？！

我会让你们，会让世上所有人都记得，我柴荣都做了些什么……

柴荣回到了开封，他所要的消息也都到了——关于辽国，关于辽国皇帝耶律述律。

开战之前必须知己知彼。

耶律述律，汉名耶律璟，他的父亲就是大名鼎鼎的耶律德光，而且他是长子。但是在他和他父亲之间，还有另一位辽国皇帝，辽世宗耶律兀欲，汉名耶律阮。耶律兀欲的父亲是耶律德光的大哥，让国皇帝耶律倍。

说到这个“让”字，可就真的是污辱耶律德光了。耶律德光小名尧骨，他从来都不用别人让他什么，从大哥的储位到汉人的燕云十六州，没有什么东西是他不敢抢的。史有定论，他的功绩超越了他父亲耶律阿保机，成为辽国历史上首屈一指的强势皇帝。

就是这样一位极力为本民族争取生存空间外加各种朝贡的好皇帝，一旦暴毙，马上就被族人遗忘，立了他的仇人，即他的兄长耶律倍的儿子当皇帝。

耶律述律的日子可想而知。

这给辽国的内乱埋下了导火索。只过了五年，耶律兀欲突然被人刺杀，虽然没有证据表明是耶律述律派人下的手，但他却成了最大的受益者，辽国皇权再度回到了耶律德光一支的手里。

耶律述律开始报复，这人根本不懂得整个辽国都是他的，哪一样他都应该珍惜。他把耶律兀欲的所有大臣都清除干净了，然后开始了充满新奇刺激的夜生活。从此万事轻风过，壶中日月长，只知道打猎、喝酒、睡觉，被人称为三绝“睡王”。

虎父生犬子，估计就算已经死了十多年的耶律德光都不会想到自己的儿子竟然是这块料。辽国在这种宝贝的治理下，给半个世纪以来备受欺凌的汉民族带来了千载难逢的好机会。

千载一时，性如烈火的柴荣绝不容许机会在他的手里白白溜走。他命令全国再次紧急动员，全力以赴准备下一次战争。但是命运从这个时候开始，突然收起了对柴荣的笑脸。在他准备向最大的敌人契丹挑战时，他最得力的助手——王朴突然去世了。

王朴是活生生累死的，他在史书中名声不显，那是因为他做的是萧何的事。坐镇后方，镇抚百姓，使粮道源源不绝，让柴荣能在前方安心地打仗。他死在去巡察河道防务的途中，更不用说他平时是怎样劳累了。当时，他路过大臣李谷的家，便进去与李谷交谈。两人正在正常交谈，突然间王朴昏倒在地，从此再没醒来，时年五十四岁。

王朴死了，一个志同道合、性情相近的帮手就此离开了柴荣。这对柴荣的打击巨大，在王朴的葬礼上，柴荣不顾帝王之尊，亲来吊唁。史书记载，他伏在王朴的棺椁上失声痛哭，谁都无法劝解。

当时有一个小孩子也站在灵前，他叫王侁，是王朴的小儿子。爱屋及乌，柴荣以及后来的赵匡胤都对王侁宠信有加，可是谁也不会料到，就是这个孩子铸成了北宋初年最大的一次忠良之殇。

那位受害者姓杨。

不管怎样，柴荣都要沿着他的命运之路走下去，战争的机器再次轰隆隆地开动了，所有的一切都已经准备好了。这一次，向北！不胜不归！只要能够夺回燕云十六州，汉人就会恢复长城这条维系着全民族生命的防线，从此再也不必担忧北方蛮族的欺凌！

而那时，以他击败契丹、夺回失地的军威，无论是南唐，还是后蜀，就会不战而降了……多么美妙，我要使汉统中兴！

疲劳已极，已经是强弩之末的柴荣被这个宏伟的目标深深地打动了，这就是我要做的事，这才是我要做的事……我一定要做成这件事！

出发！

后周显德六年（公元959年）三月二十八日，世宗皇帝柴荣下诏亲征契丹，重披铠甲戎装，从京城开封出发，收复燕云失地。

命义武节度使孙行友先期出兵至定州（今属河北），加强西山路的戒备，以阻止北汉对契丹的援助；命侍卫亲军都虞候韩通率领水陆军为先锋出发。

后周所有将官，包括淮南李重进所部，都快速向沧州集结。

南方没有威胁了，京师不必戒备，这已经是后周所有的家底，柴荣起倾国之兵与辽国决战！

千载一时，不容错过！

柴荣率军疾进，于四月十六日抵达沧州，兵行迅速，他没有休息，当天就率兵骑数万直趋契丹边境。为了隐蔽，他走的全是山野荒路，数万大军掠境而过，当地的居民竟然都没有发觉。第二天，柴荣就出现在了乾宁军（即辽国的宁州，今河北青县）城下。

辽宁州刺史王洪进大惊失色，不敢抵抗，马上就开城投降了。

宁州城外，后周的水军已经到达。柴荣命韩通为陆路都部署、赵匡胤为水路都部署，水陆并进，毫不停留地向契丹内部继续挺进。

后周战舰如云，旌旗蔽空，首尾相连，绵亘数十里。柴荣率当时中原最强的军队顺流而行，直逼辽国南院重镇幽州。两天之后，越过独流口（今天津西南独流镇），再溯流而西，直抵幽州前哨益津关（今河北霸州）。

益津关与瓦桥关（今河北雄县旧南关）、淤口关（今河北霸州东信安镇）合称三关，是幽州方面正南防线上的三座重要关隘。

不下三关，难抵幽州。

从来都是契丹骑兵从三关出发南下侵掠汉地，没有过汉人军队主动出击，攻到三关之下。一点防备都没有的契丹守军一哄而散，世宗皇帝到达关前，益津关守将终延辉出关投降。

益津关向西，水道变得狭窄了，柴荣弃舟登岸重上战马，迅速向下一个关口瓦桥关挺进。当天日落时只得停驻稍歇，柴荣露宿在旷野荒地，与众将士同宿同起。

次日清晨，太阳又一次升起了，柴荣振奋精神，命赵匡胤向瓦桥关挑战。赵匡胤率部直抵关前，刀兵未动，瓦桥关守将姚内斌出降。进驻瓦桥关，柴荣稍微歇息了一下，这时辽国莫州刺史刘杨信和辽淤口关守将不敢抵抗，直接遣使归降。

五月一日，后周强大的后援部队到达，战场上锋锐难当、所向披靡的李重进终于从淮南赶到了。柴荣终于有了强大的实力可以和契丹人正面对战，而这也可以看出柴荣对自己的苛刻，他又一次充当了全军的先锋，就像高平之战那样，不等主力集齐，就已经先期出发了。

李重进等后援部队的威慑力极其强大，辽国瀛州刺史高彦晖不堪重压，主动投降了。至此，三关以南所有失地都被后周迅速收复。

此时，距后周世宗皇帝柴荣下诏亲征只有区区四十二天，从京师出发开赴战场，实际只有三十二天。短短的一个多月里，契丹边关守将望风归顺，无人敢撄其锋，一举收复三关三州十七县，共复民一万八千余户，为大唐中期以后汉人前所未有之胜利！

五月二日，柴荣在瓦桥关行宫大宴众将——将士们，前面就是幽州，即古之燕地，为燕云十六州之首……让我们前进，激战契丹，光复燕赵，中兴汉地！

出乎柴荣的意料，几乎所有的将士都沉默了下来，包括以悍勇无敌著称的李重进。他们向柴荣报告了最新的情报——辽国王耶律述律已经率领契丹精锐骑兵来到了幽州附近，他不再喝酒了，此时就屯兵在燕山之北。契丹的前锋部队马上就要到瓦桥关了。

耶律述律。

柴荣默默地念着这个异族酋长的名字。是的，幽州，辽国绝不会轻易放弃，而耶律璟更不是李璟……但这又有什么关系，这次进攻并不是偷袭，本来就是要与契丹分出个输赢胜负！

随军的大臣和众将们却不这么想，这些人的心理完全符合唐末以来汉民族的心态——“陛下离京才四十二天，兵不血刃，北举燕南之地，此不世之功也。今虏骑皆聚幽州，未宜深入。若贸然进军，一旦有失，则前功尽弃矣。”

柴荣听得忍无可忍，愤然而起——“乘胜长驱，正如破竹之势，怎可中辍？！”

就在当天，柴荣即令先锋都指挥使李重进率军先发，就在瓦桥关以北，与契丹先锋相遇，一场激战，斩其数百游骑，进而攻占距离幽州仅一百二十公里的固安（今属河北）。到第二天，柴荣亲自来到了最前线，他到固安的安阳水（即今永定河）视察军情，命令立即架桥，以备全军迅速通过。不等耶律述律前来，他就要主动去向契丹兵团挑战。

请记住这一天，公元959年五月三日，柴荣从前线返回瓦桥关，准备第二天的征战。这一天是柴荣命运的分水岭。就像古希腊国王亚历山大东征波斯得胜，会宴将士；也像是神话故事中无敌的勇士阿喀琉斯最后一次冲击特洛伊城门，他们都到了命数终止的那一天。

传说柴荣当天心神激越，纵马驰上一片高坡，他要“驻马高阜，以观六师”。是的，他看到了他雄壮的军队在他面前源源不断地开赴战场，也看到了当地的父老牵牛举酒来欢迎他。他顺口问道：“此地何名？”

“回陛下，古老相传，谓之病龙台。”

柴荣愕然，既而黯然下坡，当天夜里就突然发病，卧床不起。

当然，这是传说，出自《五代史补》。但细查史书，此时柴荣即位已经五年了，五年之中他五次亲征，鞍马劳顿，事必躬亲，有迹象表明，就在此次出征以前，他就已经有病。因为有大臣上书劝他——“待圣体稍安之后再行北伐，亦不为晚”。

柴荣毫不理会，终于在和契丹国王决战的前夕，突然倒下了。即使这样，他仍然不肯罢休。史有记载，五月四日，有义武节度使孙行友攻破易州（今属河北），擒获契丹刺史李在钦，献于柴荣帐下，柴荣为表示绝无退军之意，令人押赴军前斩首。

五月五日，柴荣下诏以瓦桥关为雄州，以益津关为霸州，征调数千民夫来修筑霸州的城墙。既已得之，绝不放弃。

五月六日，柴荣命大将李重进统兵出土门（今河北获鹿西南）攻击北汉，进一步削平契丹的援军，一切仍然为与契丹兵团决战做准备。

但是到了七日，柴荣终于支持不住了，他的身体背叛了他，让他知道他终究还是一个凡人……群臣苦苦劝说，他无可奈何只能回京养病。临行前，他命令韩令坤为霸州都部署、陈思让为雄州都部署，各率本部驻守二州。

一定要守住！等我回来……我还要回来，这是我们进攻契丹、收复燕云的基地……

五月八日，柴荣从雄州起程南归，于三十日回到了都城开封。自离京北征到此时返回，总计才六十天，但柴荣的身体健康已经有了天壤之别，多年的积劳，平时的大喜大怒，让他的身体彻底崩溃，再也无法康复。到了六月二日，命运再次给了柴荣剧烈的打击，他的女儿突然死了，柴荣悲恸难当，他不懂，上苍为什么要这样对待他！

接二连三的打击让他了无生趣，柴荣真的再也支撑不下去了，在公元959年六月十九日晚死了，带着无尽的遗憾，带着未完成的理想，在年仅三十九岁的时候，就离开了人间。

第十章　机关算尽伤聪明

谁是那个木匠?

柴荣死了，留下了庞大的帝国、孤儿寡母，以及无数个亟须解决的问题。其中最重要的一个，就是由谁来取代他。

七岁的皇太子柴宗训吗?

可怜的孩子，其实以我们中国传统的计岁方式，这位已经被确认为后周帝国合法继承人的孩子的真实年龄（953年生）只有五六岁，可后周的那些骄兵悍将连当初已经三十四岁的柴荣都不服，更何况他……

柴荣活得劳累，怕死后也无法安宁，他得拖着垂死的、精疲力竭的病体，给他年幼的儿子做出种种安排。

概括起来，有以下几个重点：

册立皇后。

他的皇后是大将符彦卿的女儿，死于显德三年（956年），比他还要先走一步。他非常怀念，一直没有再立皇后。但是现在不行了，孩子太小，没有母亲怎么行?他思来想去，册立了皇后的妹妹，也就是符彦卿的另一个女儿为后周皇后。

想来她会对自己亲姐姐的儿子们疼爱一些吧……同时也会得到符彦卿的全力保护吧!

确立幼子的皇嗣地位。

在得病之前，柴荣为示公允，从不提给自己儿子加封的事。现在一口气封柴宗训为梁王，领左卫上将军，并立其为国储；封柴宗让为燕公，领左骁卫上将军。哪怕自己死了，帝国也至少有两个继承人。

柴荣要托孤了。

文臣方面，他选择了三位宰相——范质、王溥、魏仁浦。他们都是深受柴荣恩宠的大臣，尤其是魏仁浦，此人没有科班资历，不是进士出身，是柴荣一手提拔起来的嫡系。

在武将方面，柴荣就让人看不懂了。

无功无过，他罢免了后周军衔第一的张永德的官职，免去其殿前都点检之职，外放让他去做澶州节度使。这等于是把张永德彻底排斥出了权力内核。

太反常了，要知道，这时皇帝病危，正是张永德这样常年统兵、深具威望的皇亲国戚出力的时候，柴荣为什么要自断臂膀？而且翻阅新旧《五代史》，完全找不到张永德在这段时间内做过什么错事的记载。那么到底是为了什么？

很简单，稍微懂点宋史的人都知道，那是一块长约三尺、藏在一个皮囊中的木条在作怪。它出现在柴荣北征幽燕的途中，“世宗在道，阅四方文书，得韦囊，中有木三尺余，题云‘点检做天子’”。

木条很平常，皮囊更常见，重要的是木条上的这一行字——“点检做天子”。非常不巧，后周殿前都指挥使司大内都点检正是张永德。而且更不巧的是，这发生在柴荣一生事业的顶峰，也同时面临着最大挑战的时候。

柴荣为了保持全军的士气，当时把这块木条随便扔在了一边，不予理会。但是他深深地记在了心里，他一直在暗中追查，这件事到底是谁做的。

猜猜看，那个做木条的木匠到底是谁？

谁是鹬？谁是蚌？

站在不远处得意微笑的人应该是李重进。怎么分析，他的嫌疑都最大。

按照犯罪动机的基本分析原理——谁犯罪、谁受益来看，张永德的倒台，无论是从心理上，还是职位上，都会让李重进大为受益。这不仅仅涉及了两人私下里的恩怨，更牵扯到了殿前都指挥使司与侍卫马步军指挥使司的权力争夺。

这实在没有办法，这是后周太祖郭威一手造成的。

在郭威之前，世上根本没有殿前司，只有侍卫亲军司，五代时完全由它来掌握全国的禁军。郭威当初之所以能黄旗加身、澶州称帝，完全是因为侍卫亲军司的支持。可是郭威事后越想越后怕，才凭空创造出了一个殿前都指挥使司，把禁军军权一分为二，各自互不统领，相互牵制，直接向皇帝负责。

由谁来具体领导这两司呢？

再没有比张永德和李重进更合适的人选了。请看，这两个人一个是郭威的女婿，一个是郭威的外甥，两人能力相当，岁数接近，就连资历都差不多，不是他们又是谁？何况非常奇妙的是，出了名的老实人张永德还有一个特殊的小毛病，注定了会让这两个不该有仇的人迅速交恶，达到郭威的目的。

张永德有好几张脸，他对上司非常恭敬顺从，堪称忠心不贰；他对下属也仁慈宽厚，非常有德有量。可是对与他平级，资历、威望、权力都相差无几的人，他就变得心胸狭隘、毫厘必争了。

李重进简直是天然的冤家。于是，张永德利用所有可能的机会，一直在柴荣的耳朵边打小报告，就算在淮南江北之地与南唐倾国交兵的时候，他都没让李重进好受过。

最严重的一次，在公元956年十一月，他居然派使者携带“密表”进京上奏柴荣，说李重进有“歹心”。这让柴荣怎么办？得让马儿跑，又不能让马儿互相咬。难呀！柴荣最后的反应是既不相信，也不追究，更不做调解。

他以一种强者的姿态让两方面都明白，老实点干活儿，别闹事。但就算是想闹事，本皇帝也不在乎，只要你们敢！

可战场上的气氛还是变了，战士们各自拥护主将，变得人人敌对。这时候李重进表现得很男人，他把部下们都留在军营里，自己单枪匹马来见张永德，在张永德的地盘里两人喝了一顿酒，才算勉强度过了危机。

但不管怎么说，李重进都不会善良到健忘的程度，有仇不报，会影响心理健康的！

机会来的时候，李重进就干了个狠的。“点检做天子”，除了张永德外没有第二个人，而且最奇妙的是，柴荣绝不会因此而询问张永德，张永德就算知道了有这回事，也不敢主动去解释……就等着柴荣什么时候气不顺，来一次全面大总结吧。

这个机会被张永德自己给争取来了。

澶州。

柴荣一反常态，把自己单独关在行宫，默默想自己的心事。时间一长，外面的大臣们都慌了，他们不知道病中的皇帝是死是活！

这时候，只有张永德能进柴荣的行宫里问安，大臣们就托他给皇帝带个话——天下还没有完全平定，四面八方全是敌人，这里离开封太远了，如果出了事，天下就不一定是谁的了！

张永德想了想，觉得这些大臣说得对，想得很周到。于是他就进去把这些话都对柴荣说了。

柴荣静静地听完，才问——谁让你说这些话的？

老实人张永德直接承认了是所有大臣共同的想法。

柴荣接下来的样子让张永德摸不着头脑，就见柴荣对他打量了很久，尤其对他那张本已看得太熟的脸产生了浓厚的兴趣，看了又看，最后才叹了口气——我就知道是有人教你这样说的，可惜啊，我看你面相穷薄，不足以当此富贵！

说完柴荣就立即起床返回了京师。

从此，柴荣对张永德彻底绝望了。他再不担心什么“点检做天子”的木条，这样毫无心机、头脑简单，直接被别人当枪使，问皇帝生死大事的人不足为惧。不仅如此，也不能把自己的身后大事交给此人，此人不堪重托。

可是舍弃张永德，又能托付给谁呢？

李重进吗？

柴荣苦笑了，如果说张永德还有些许慈悲之心，能不杀他的小儿子的话，那么李重进的强悍嗜血就让他寝食难安了。根本就不能让李重进留在京师，还谈什么交付托孤大事!

张、李不成，那么下面还能是谁呢?

后来全世界的人都知道了，张、李之下，那个幸运儿是赵匡胤。但是对当年三十三岁的后周殿前都指挥使赵匡胤本人来说，这个消息带给他的喜悦却远远没有震惊多。

喜，喜从天降。

从都指挥使一跃升为都点检，看着好像只升了一级，但是咫尺天涯，从全国军队的二把手升到一把手，那是不知多少人一生都迈不过去的门槛，而他居然在这么年轻的时候就轻而易举地迈了过去，怎能不让人高兴?

惊，触目惊心。

要知道此次出征幽州，在后周一方无论是谁都没有什么了不得的大功劳。根本没打什么仗，三关三州一万八千户都是以皇帝之威、千军之力压制降服的，功劳属于全体官兵，怎么算也算不到赵匡胤的头上。

可现在最大的彩蛋就凭空砸到了赵匡胤的头上，这对一般人来说，可以摆酒庆祝了，而对赵匡胤这样的聪明人来讲，则应该把这个头衔当作块大砖头，没道理凭空而落，脑袋会被砸破的。

唉，富贵险中求，拿着刀上战场砍人是风险，回到京城升官发财一样也这么胆战心惊……多么明显，这是个政治需要下的官职变动，里面大有玄机。

后世学者在这团迷雾一样的玄机里，本着谁犯罪、谁受益的原则，也得出了张永德被三尺木条终生砸倒的幕后指使人是赵匡胤的内幕分析报道。持这一观点的主要是张其凡先生的《赵普评传·陈桥兵变的指挥者》和台湾学者蒋复璁先生的《宋代一个国策的检讨》等文章。按他们的说法，赵匡胤才是那个神秘的木匠，原因有四:

一、赵匡胤此前是张永德的手下，虽然实力已经不容小觑，可是要挤掉张永德，取其位而代其职，却遥遥无期，并且基本绝望。因为他硬件就不行，他不是皇亲国戚，禁军是国家安危命脉，他一个年纪轻轻的外人，凭什么一步登天？凭他的军功和英勇？见鬼去吧，这种事，你越强悍才越不敢用你。不然何不选李重进？所以，赵匡胤只有要点阴谋诡计，才能走出张永德的阴影，彻底独立。

二、在公元959年，枢密使王朴死，皇帝柴荣重病，让赵匡胤野心极度膨胀，让他有了非分之想，而张永德正是他的第一块绊脚石，必须得尽快踢开，于是他就做了一回木匠。

三、用这种含混不清也解释不清的办法来搞倒搞臭张永德，同时也给自己日后登基做理论铺垫，一箭双雕，不亦乐乎。

四、柴荣北征期间，赵匡胤一直率军拱卫左右，大有做手脚的机会。因此，蒋复璁明确指出——三尺木之来，实属可怪，代者为太祖（赵匡胤），不是有很大的嫌疑吗？

我想，以上这四点疑问，会引起极大共鸣吧，因为无论如何，赵匡胤真的成了最后的受益者。但是很可惜，综上所论，破绽多多，请看逐条反驳：

一、就算搞掉了张永德，受益人也不见得就一定是赵匡胤。军中比他资格老、功劳大的人大有人在。用这种损阴德的下三烂招数给别人作嫁衣裳，想必赵匡胤没有多大的兴趣。

二、根据《旧五代史·周世宗本纪》以及《宋史·太祖本纪》中记载，这块写着“点检做天子”的木条出现在“世宗不豫”之前。那时候赵匡胤是玩了命都要好好表现，去吸引柴荣的眼球，只求当个后周的好员工的。而且以柴荣之强，三十三岁才开始了富贵之路的赵匡胤就算野心膨胀，也不会用这等险招阴谋造反，我不知道赵匡胤是什么动物变的。

想想吧，在此之前，赵匡胤冲锋陷阵，每每在必输必死的情况下反败为胜，这是把自己当下任天子必须珍惜身体的表现？而且为了给柴荣打好工，他还把自己得病的老爹关在城外喝一夜冷风……再这么说他，就真是太不厚道了。

三、柴荣北征，赵匡胤是不离左右，可是他身为武将，要在四方进奏给皇帝的文书中做手脚，就那么容易？那可不是一封薄薄的用纸写出来的信，而是一块三尺多长的木板子！史书记载，柴荣非常精明，什么事都亲力亲为，赵匡胤敢动这样的手脚，他可真是活腻了！

所以，在柴荣死前，赵匡胤绝无篡逆之心，这是肯定的。人的心都是到哪山才能唱哪歌，唱错了只有死路一条。当然，也有那些不知死活的鬼，不管局势如何都要去犯罪，但是以理智、宽厚著称的赵匡胤如果也这样的话，那可就真的让人无话可说了。

临死之前提拔了赵匡胤，这是柴荣大有深意的一招，是他维持朝廷权力平衡的绝妙创意。只是他犯了聪明人都容易犯的错——想把机关算尽。

这是所有聪明人都会犯的错，是全人类都会犯的错。

为了生存，谁不算计？但是谁又能真正把机关都算尽呢?

柴荣乃至后来的赵匡胤，都在这上面复制着悲剧。没办法，算人者人恒算之，有来必有往，天道总是好还的。

第十一章　北宋诞生记

不管天上掉下来的是砖头还是馅饼，最后赵匡胤还是走马上任了——殿前都点检耶！当他坐上了这后周第一军人的宝座之后，才发现，做柴荣的敌人是多么不舒服。

他发现自己被已经死了的柴荣给耍了，他是第一军人没错，可是没有任何命令是他能独自颁发且立即生效的。京城之中高官多如牛毛，他头上先压了三位大宰相——范质、王溥、魏仁浦。后两者也就算了，那位姓范的哥哥可实在是让人一点办法都没有。

范质有才且执拗，非常专横，敢于做任何决定——柴荣临死时，召见范质等人进宫受遗诏，柴荣曾说："翰林学士王著，系朕藩邸故人，朕若不起，当召他入相，幸勿忘怀！"

范质转身出宫，立即对身边同行的大臣说："王著日在醉乡，乃一酒徒，岂可入相？此必主上乱命，不便遵行，愿彼此勿泄此言。"

不管范质是不是为了朝廷着想，至少把王著的宰相给抹了。连还没咽气的柴荣都敢欺瞒，小小的一个刚刚上任，没有根底资历的赵匡胤又算得了什么！

不仅如此，就算在军队里，赵匡胤都发现自己名不副实。

真正的军权已经到了殿前司的死对头——侍卫马步军指挥使司的手里，具体来说，就是侍卫司副都指挥使韩通的手里。韩通深受柴荣的信任，每当柴荣出征，他都会配合王朴留守京城。此人鲁莽、暴躁，人送外号"韩瞪眼"，忠心耿耿，绝不会变节投敌。

以上，柴荣得到了他想要的结果。

朝中大事，由范质等三位资深宰相做主；军队之中把张永德和李重进都调出京师，出守边疆；禁军由韩通掌握，为了牵制韩通，又任命了赵匡胤做侍卫司的死对头，殿前司的首领。

内外平衡，没人能作得了怪。

针对赵匡胤，虽然他冒升极快，但是资历太浅，年纪太轻，就算想做点什么，也没有号召力，他的威胁可以暂时忽略不计。等到他也资深时，七岁的小皇帝想必已经长大了。

军政体系中每一个环节都完成了互相牵制，使它们既能运转，又不会勾结成一团。

看明白了这些，赵匡胤变得非常郁闷。他觉得自己还是太年轻啊，君心不可测度，柴荣真是给他上了一堂生动的现实版的政治理论实践课。但是他也没有绝望，三十四岁的柴荣能一战击败死敌刘崇坐稳了江山，他赵匡胤今年也三十三岁了，他也有自己的办法。

出乎所有人的意料，后周世宗柴荣当年六月去世，赵匡胤七月就离开了京城开封，到外地工作生活去了。他的理由非常正当，让人无可挑剔——去归德府，那是他的属地，那儿有许多许多堆积如山的日常工作需要他去处理。

对他这个请求，无论是范质还是韩通，都没有丝毫的异议。

这很好，京城之中有你不多，缺你不少，最好你能在归德府（今河南商丘）那儿多待些日子，回来得越晚越好。当然，你可以尽量把你的人都带走，比如说你的幕僚，什么赵普、楚昭辅、王仁赡之流，通通带走，别留在京师里给我们添乱。

最关键的一条，得把你的家人都留下来。

这样才合乎规矩。

面对种种苛求，赵匡胤一一照办，只求能到工作单位正常上班。他扔下了全家老小，在当年的七月到归德府报到。在历史记载中，完全找不到他从七月至当年岁末，在官场之中有过怎样的特殊举动。但是后周的官场却已经在这小半年的时间里有了天翻地覆的变化。

一切都进行得波澜不惊，悄无声息。

变化主要在军界。

首先，在殿前司系统里，一直空缺着的殿前副都点检一职，由慕容延钊出任。这位慕容仁兄是赵匡胤的发小，关系近到了不必再收纳到“义社十兄弟”里去的程度，早就是兄弟了，再提都会伤感情。殿前都虞候则由王审琦担任，此人正是赵匡胤的“十兄弟”之一，而在慕容延钊和王审琦之间的是石守信，由他来做殿前都指挥使，也就是赵匡胤之前的官职。

在侍卫司那边，真不知道出了什么事，赵匡胤原来的政敌，侍卫步军都指挥使、曹州节度使、检校太保袁彦被赶出了禁军，先升官为检校太傅，然后直接离京，去陕州做节度使；他的位置由原虎捷左厢都指挥使、常州防御使、检校司空张令铎来顶替，具体为遂州节度使，充侍卫步军都指挥使、检校太保。

再以侍卫马军都指挥使、陈州节度使、检校太傅韩令坤为侍卫马步都虞候，加检校太尉；以虎捷左厢都指挥使、岳州防御使、检校司徒高怀德为夔州节度使，充侍卫马军都指挥使、检校太保。

是不是觉得名头太长、太烦，根本记不住？对不起，大家只能忍了，而且越往后当官的头衔就会越多，名目就会越杂，这是宋朝的特色，更是赵匡胤的最爱，里面有绝大的国策。

赵匡胤的敌人被驱逐出境了，他的兄弟朋友们都被安插进了各个重要部门，尤其是在他的敌对势力侍卫司一边。

具体介绍：韩令坤早就是赵匡胤的朋友。张令铎是出了名的“仁厚”之人，绝不轻易与人作对，并且在一年之后，他就和高怀德都成了赵匡胤的家人——高怀德娶了赵匡胤的妹妹，张令铎的女儿嫁给了赵匡胤的弟弟赵光美。

但是，还剩下两位侍卫司的顶级高官是赵匡胤搞不定的，那就是侍卫司马步军都指挥使李重进，可惜他身在扬州；还有副都指挥使韩通，他威名赫赫，留守开封，震慑全局，是全军乃至全国人民的保护者。他是如此伟大，乃至必须一个人面对整群饿狼。

而绝妙的是，此人对此毫无知觉，反而认为开封城从政治上层建筑到平民百姓的日常生活都平稳有序，绝无异常。他非常满意，对坊间隐隐流传的各种流言以及他儿子韩微给他的警告毫不在意。

韩微，此人年幼时生病，落下了终身残疾，成了驼背，人称“橐驼儿”。他心明眼亮，一眼就看穿了赵匡胤必将成为后周和韩家最大的凶兆，一直在劝父亲早动手，主动除掉赵匡胤。

一切都证明了韩通的工作是卓有成效的，就这样下去，要一直平稳地保持着这样的局面。

时间过得飞快，转眼间公元959年的年关到了。

那个七岁的孩子过年如过关。

公元960年正月初一，一个叫柴宗训的小孩子被早早地叫醒了，他被大人们摆布着穿上了烦琐沉重的衣服，戴上了更加沉重的压得脖子都生疼的帽子。这时他知道了，他又得要去那个又宽又高的大屋子里，去见那些长着白胡子或者黑胡子的人，听他们讲一些他根本听不懂的话，看着宰相们的表情，缓缓地点头。

这样的事他现在已经有点习惯了，他不知道这有什么好玩的，可是他得做。不然，他死去的父皇就会难过……就在前些日子，去年十一月初，他才把他的父皇安葬在庆陵。

朝会大典，这个姓柴的小孩子高高在上，也孤零零地坐在了皇帝的宝座上。他听着下面有人在向他叩拜称贺，说是建议在新的一年里，仍然沿用先帝的年号，为显德七年，希望先帝威灵保佑大周国泰民安。这些他都无动于衷，也真的听不懂。之后的事就非常有趣了，那么多的“胡子”一个接一个地向他走来，挨个向他叩头，此起彼伏，真的好有趣。

就在这个孩子刚刚露出了些许笑容的时候，传来了一个消息，把他的欢乐从此永远地埋葬了——北方边疆的镇州、定州火速发来了警报，契丹人联合北汉人突然来袭，要朝廷马上派兵救援。

大殿乱成了一团，所有的大臣都现出了原形，他们围住了三位德高望重、能力超凡的大宰相，七嘴八舌地讨论要怎么办。

孤零零地坐在高处的小孩子柴宗训茫然地看着下边突然慌乱的人群，不知道出了什么事情，更不知道这些人正在纷乱争论的其实就是他的命运。

争论的结果出来了，来者不善，要派出最强的人马迎敌。由禁军统帅、殿前都点检赵匡胤率大军北伐，即刻起程！

这个意见被全票通过，包括最上层的领导——三位宰相，以及韩通。这个决定非常合适，京城里是离不开韩通的，赵匡胤年富力强，正应该多做贡献，更何况他本就一直在外，他带兵出征，一点都不会造成京师官场的不适应。

而且是多么巧合呀，这个不好的消息传来时，赵匡胤本人也正好在京城，可以马上就带兵出发，一点都不耽误军情。

第二天，军情紧急，后周禁军殿前都点检赵匡胤升帅帐调兵遣将，分派如下：

令禁军殿前副都点检慕容延钊领前军为先锋，先期北上；调侍卫马军都指挥使高怀德、侍卫步军都指挥使张令铎及侍卫步军虎捷左厢、右厢都指挥使张光翰、赵彦徽率部随自己出征。

留下殿前都指挥使石守信、殿前都虞候王审琦率兵在京协助韩通把守京城。

看到这样的一份军力分配名单，如果还有人说赵匡胤没有包藏祸心的话，他一定是拿了赵匡胤的钱了。

把韩通名下一大半的侍卫司兵力带走出征，留下的却都是殿前司的亲信主力，但是从表面上看，一切却仍然无可挑剔——殿前司和侍卫司都是部分出兵、部分守城，仍然是分工明确，互相牵制。

这非常符合已经去世的先帝柴荣的遗风，也足以让现在的朝廷大佬们放心。

好了，那就马上出兵吧……马上把事儿都办了吧！可是且慢，军情再紧急，也没有点兵当日马上出征的道理，男人出征和女人出嫁一样，得选日子，还得挑时辰，哪有那么唐突儿戏的事……于是，这还得等，至少一天。

在这要命的一天里，发生了许许多多的事，每一件事都足以让这段历史上的第二天、第三天按照既定顺序发生的事情流产。这一天里的经历远远比一天之后发生的事让赵匡胤更心惊肉跳。

开封城里突然流言四起，大街小巷人心惶惶，有些大户人家和官宦子弟都在搬家出城逃难了。还是因为那块神秘的木条上的五个字——点检做天子。

开封城里的居民是见多识广的，也是记忆力健全的。“主少国疑”，而且“外敌突现”，再加上马上就大军集结，再加上“点检做天子”，这意味着什么？

意味着时光倒流整十年，公元950年十一月二十二日的开封，郭威也是带着本国的军队，冲进了开封，那一天无数人家破人亡，血淋淋的教训还历历在目，谁敢掉以轻心？！

而且多么不巧啊，“点检”，当然是“都点检”，他此时正在开封城里，已经在集结军队了！

流言，有时就是谶言，会让你凭空得到人心，那些人进而敢跟着你做任何事。可有时流言也会变成杀人刀，把你完美的“阴谋”变成了路人皆知的“阳谋”，让你什么把戏都玩不出来，只能等着被提前清醒过来的算计者预先报复。

赵匡胤害怕了，他在外边的所有场合都待不住，只好躲回家里。他不由自主地嘀咕——外边都在传我要造反了，满城轰动，我该怎么办啊？

经典的一幕出现了，没等他母亲，未来的杜太后发话，他的妹妹就冲出了厨房，“面如铁色，引擀面杖逐太祖，击之（上帝，她真把她哥给抡了）”，并喝骂——“大丈夫临大事，可否当自决，来家内恐怖妇女何为焉！”

将门虎女，我们除了对她未来的丈夫高怀德先生表示担忧并报以同情之外，就只能对她鼓掌欢呼了。真是对症下药，她老哥还就吃这一套。这种强硬摧残式的刺激，远比小心呵护式的鼓励管用，赵匡胤当时默然而出，深深为自己的胆怯行为脸红，转而他就做出了一件极为勇敢并且关键的事来。

这件事彻底让他的第二天、第三天顺利到来，中国的历史得以顺利传承。

赵匡胤决定主动去韩通的家里求见。

他明白，作为开封城的军事兼警察总监，韩通对市面上的任何风吹草动都会了如指掌。那个见了鬼的传言一定已经传进了韩通的耳朵里，而且通过韩通，很快就会再传到三位当朝大宰相外加太后和小皇帝的耳朵里。要是他再不采取些有效的行动，别说是领兵出征了，就算他想平安地返回到归德府那个小地方，都是痴心妄想。

《闻见近录》中记载，赵匡胤当天来到了韩通家，韩通真让他进去了。可以想象，他的身份让他可以带进去几个跟班的，但除非他的班底都是萧峰那一级别的，要不然，只要韩通不高兴，他活着出来的概率就等于零。

事实上，他真的遇到了危险。韩微，这个虽然驼背但是心明眼亮的年轻人再一次建议自己的父亲就此干掉赵匡胤，一了百了，干净利落！

可是固执的韩通再一次让机会从自己的指缝里溜走。几乎历代所有的史学家都认为韩通这时做错了，当断不断，反受其乱，而且把柴荣交托给他的江山断送了出去。可是再往深里想一层呢，为什么韩通还有三位宰相以及皇太后等人都没有对赵匡胤下手，并且仍旧让他按时带兵出征？

问题在于，杀人容易，善后极难。

想想十多年前的后汉末帝刘承祐吧，他不就是因为莽撞出手，无罪处死朝中大臣，逼着外面的郭威造反的吗？这时候赵匡胤毫无反迹，只是因为一些流言就处死统兵大将，开封城外其他的将军会怎么想？

还有，真的要杀赵匡胤也不是那么容易的。就在眼前的这三位大宰相之中，排名第二的王溥，据苏辙的《龙川别志》记载，就已经向赵匡胤“阴效诚款”，韩通除非是不计后果，说干就干，不然是拿不到批条的。

救人的总比杀人的难，顾全大局的总比造反的费劲。那一天赵匡胤还是活着走出了韩府的大门。我想那一刻，在开封城的每一个角落里，都有人松了一口气。如果刚才真的在韩府里传出了厮杀呼救的声音，那么此时的开封城里一定会提前开练，血流成河。

就算管不了领袖的死活，同党们也要为自己着想，难道要静等着韩通拿着名单来挨个抓人吗？

很快，天黑了下来，一天将要结束，所有预谋参演的人员也都在向赵匡胤的身边集结。在这些人中，我们会看到一个个后来声名显赫、不可一世，这时却还默默无闻的人。他们面色平静，可心情激动，因为他们正在干的，是当时世界上风险最大、回报也最多的买卖。赢了，得到江山；输了，就会被全族抄斩。

你很难说这是买一赔十，还是买十赔一。

人数还会不断地增加，总会有一些默默旁观、心灵手快的人要做些投机的买卖的。从此刻开始，很多意料之中以及意料之外的事都会到来。

但是导演只有一个。这个人隐身在幕后，在当时拍片的现场，你会看到他忙前忙后、无处不在，但是事情过后，在观众们的眼睛里，在五彩斑斓、变幻莫测的银幕上，你是看不到他一点点身影的。

因为流传下来的给我们看的历史，已经是一部剪辑完毕，变得天衣无缝，能以假乱真的成品电影了。

据说这个人叫赵普。而另外还有一个非常神秘的，当时只有二十一岁的少年，他突然出现在这段历史的夹缝里。从此之后，他就以他独特的方式，牢牢地站在了这个舞台的中心，直到最终成了千万人瞩目的焦点。

他的名字叫赵匡义。

导演的功力。

做一个合格的导演，最起码的条件是什么？

不好说，但最基本的一点，就是要首先明白你的演员是哪个类型的，需要怎样去包装，才能达到万众瞩目、人神合一的效果。那么，赵匡胤是哪个类型的呢？需要怎样去包装他？

难道你要召开一个万众大会，然后在会上公开宣扬赵匡胤有多么优秀，为了光辉的明天和每个人的切身利益，我们只能跟着他走？

或者为了增强说服力，还要把赵匡胤和他每一个竞争对手都来个全面比较，逐条分析，和观众们来个空前火爆的 PK 大讨论，把所有人都 K 得哑口无言，心服口服，这时他们就能抛开一切顾虑，置身家性命于不顾，跟着赵匡胤一起造反了？

玩笑似乎开得太大了。但历史证明，这出大戏的开场，竟然比这还要幼稚。

第二天的太阳升起来了，公元 960 年正月初三，大军集结完毕，由爱景门出京城开封，北上迎击契丹、北汉的联军。这时候，开封城里非常安静，人们想象中的动乱并没有发生。人心，随着军队的离开，渐渐地平静下来。

军队里却发生了异常现象。有个人突然不走了，他停了下来，仰着头望着天，准确地说是瞪大了眼睛看着太阳，且长时间地保持着这个动作不变。

这人犯什么病了？更加奇怪的是，军队里那么多的兵头将尾，却一个个谁也不管，而且还特虔诚、特期盼地望着他，都在等着他进一步说明他都看到了什么。因为这个人实在不寻常，他乃是后周军中著名的半仙，会看风水、学过占星，能掐会算，他就是殿前司军校苗训苗大神仙。

只见苗大神仙聚精会神、没完没了地看，谁也不敢打扰他，最后来了一位同样了不起的高人，才敢向他发问——兄台，你看到了什么？

苗大神仙一看，原来是文武双全、智勇兼备、忠心耿耿、老少无欺的殿前司都点检赵匡胤的幕僚楚昭辅。很好，这是个可以聊一下的好朋友。于是他开金口、启玉牙说出了传颂千古的一段瞎话——难道您看不见吗？请仔细看，天上此时有两个太阳，一上一下，黑光纵横，摩擦震荡，没完没了……请问您看见了吗？

啊！我看见了！楚昭辅瞬间爆发出了激情四溢的欢呼——真的像您所说的那样，是两个太阳啊！大家都来看，快来看啊！不仅如此，楚昭辅的视力范围在瞬间就超越了苗大神仙，他进一步看到了原本处在下方的太阳已经把上面的太阳赶跑，“一日克一日”，这个千古难得一见的神奇景观正在进行中，大家都快来看！

大兵们相信了苗大神仙和楚先生的话。

这真的像是一场闹剧，每当我看到这里，都极度地蔑视古人的智力——包括军队里杀人不眨眼的大兵们，更包括当年的总导演赵普先生，这简直是说给幼儿园的孩子听也不见得过关的童话！

可问题是，为什么那么多的成年人都相信了？

你不能简单粗暴地归纳为一千多年前的人都极度迷信，仔细推算，赵大导演这样安排也实在是迫不得已啊。

赵匡胤不是李世民，李世民开头就是给自己的家族企业打工，到后来虽然小有波折，可是登基时也名正言顺；赵匡胤也不是郭威，郭威那时时间紧迫，生死悬于一线，不容他有什么天人合一的理论安排；赵匡胤也不是柴荣，柴荣只要够强，能把到手的宝座坐稳即可，不存在理论人文上的缺陷，而且以柴荣和王朴的硬度，人家也不屑于搞这些乱七八糟的假招式。

对于赵匡胤，这些封建迷信的东西就有了大用场，因为他有些像刘邦。刘邦一来是要造反，他得给自己更得给别人一个强有力的、比当权者的刀枪更神圣的精神动力；二来他还有比他强悍得多的竞争对手项羽，如果没有天命所归、神龙之子这样的先天优势，谁敢陪着他跟项羽玩命？

赵匡胤也正是这样，年纪轻、根基浅、本身只是柴荣临终前布下的一颗制约韩通的棋子，除了眼前必须要成功地篡位之险外，还必须在事后把全国各地的大小高官都摆平，于是，这种“天命所归”“克日之日”的谶语就绝不可少！

时间飞快，当天的天空中不管是有一个太阳，还是两个太阳，或者是混账到无数个太阳，它们到点都会正常下班的。

天黑了，军队要驻扎休息了。前哨回报，前方就是今晚的宿地——距京城开封四十里远的陈桥驿。

吃过晚饭，大戏上演。这时候赵匡胤已经什么人都不见，独自喝酒直到喝醉，直接上床睡觉了，场务和配角正式开工。

第一个办事的人叫李处耘，此人是赵匡胤幕内都押衙。他晚上在军营里转了一圈，随便和人聊了聊天，就有一大群的禁军高官突然行动，他们闯进了……对不起，是赵匡胤的第一幕僚赵普的房间。

这些人口风一致，态度强硬——诸军无主，愿策太尉做天子！

这才是群情汹汹，好事临门，还等什么？半年多的准备，每时每刻的提心吊胆，不就是为了这一刻吗？！那就……再等等，这样就答应了，赵普不过就是个小毛贼。他突然板起了脸，义正词严地说——太尉赤胆忠心，必定不会宽恕你们如此言行！

一盆冷水劈头淋了下来，所有的人都愣了，是这样吗？听清楚了没？不是赵匡胤答不答应我们的问题，而是他根本就不会宽恕我们！

没搞头了，所有的人面面相觑之后，都灰溜溜地哪儿来的回哪儿去，静等着被修理。

这时赵普的房间里还剩下三个人，赵普、李处耘，还有赵匡义。这三个人坐得很稳，一点都没有着急上火或者什么后悔可惜似的样子。一丝诡异的笑容在他们的脸上隐隐浮现。人的心，是非常奇妙的，他们要的，你如果给得太快，那么他们就不会珍惜。

果然，才过了不一会儿，那些人突然去而复返，这回这些人目露凶光，刀剑出鞘，直逼向赵普三人，说出来的话完全都是赤裸裸的——按军规，军中有聚谋者按灭族论。现今太尉如不从，我等难道要坐等明日受刑不成？！

赵普笑了，他等的就是这句话。他相信赵匡胤的这些部下应该知道些往事，以及眼前的这笔买卖曾经的行情。在五代十一国短短的五十三年时间里，我能查到的至少发生过四次这样的事。第一个当然是郭威，这是成功的例子。当兵的事后既有官做，又能随便抢劫发笔横财。可是不要就此以为谁都会喜欢当皇帝，尤其是被民意强迫着当皇帝。

剩下的那三次就都是血淋淋的教训。

一个是石敬瑭，这是谁就不用我解释了吧？有一天打猎时手下有人喊他万岁，老石的回应是当场砍了三十多个大兵。这事就过去了。

第二个是后晋的杨光远，这是个厚道人，只是骂了那些兵一句：

“皇帝是你们贩卖的东西吗？！他妈的给我滚！”也就算完事。

第三个就黑了点，是瓦桥关的守将，叫符彦饶，当时满口答应，可在第二天的皇帝开业大典上，这人埋伏了一千多把刀，把那些想强迫他的大兵全都砍了。

这都是沉痛的工作经验，活生生的例子就在前头摆着，谁还有回头的路能走？这些大兵真的急了，赵普，我们都已经非常有诚意地把刀拔出来了，难道还非得让我们把它架在你的脖子上，你才能答应吗？！

天杀的赵普还有别的话——策立，大事也，汝等怎可如此放肆狂妄？现如今外寇压境，不如退敌之后再图策立……

大兵们叫了起来——主上幼弱，我辈出死力破敌，谁则知之！不如先立点检为天子，然后北征！

好了，这次火候真的到了，再装下去就要适得其反了。这时候，一位真正的重量级人物说出了第一句话。

年轻的赵匡义，他说——兴王异姓，虽云天命，实系人心。汝等各能严饬军士，勿令剽掠，都城人心安，则四方自定，汝等亦可共保富贵矣。

请注意这些话，多么大仁大义、完美无瑕。这本应出于当天的主角、未来的帝国主宰之口，但是，历史记载，这些话是由他的弟弟说出来的。然后，才开始了具体的造反工作流程第一步——派衙队军使郭延赟连夜回开封，密告殿前都指挥使石守信、殿前都虞候王审琦，一切顺利，明天按计划回城。

史称，赵匡胤就是这样被安排了命运，被自己的亲信和弟弟强迫着，走上了兵变得国，而国祚绵长的帝王之路。

第二天清晨，也就是公元960年正月初四的清晨，宿酒未醒的赵匡胤被军营中突然爆发出的惊天动地的鼓噪之声惊醒。史称他不知所措，还没来得及弄清楚发生了什么事，一大群人就破门而入，乱哄哄地拥到了他的床前。

曾经狼狈流浪过的赵匡胤，是否会在这一瞬间恍惚迷茫，觉得是否又回到了那段不堪回首的日子?

这些人嘴里念念有词，总之就是那句从昨天晚上就不停练习的“诸军无主，愿策太尉为天子”，然后根本就不跟赵匡胤废话，直接把他扯到外间屋的办公桌（公案）前，一件新衣服已经准备好了——标准的皇帝职业套装。

时光倒流，就像回到了十年之前，公元950年十二月二十日那天一样，赵匡胤化身为郭威，被人强迫着换了衣衫——比郭威职业一些的是，终究是第二次操作了，黄旗变成了黄袍，赵匡胤有了裁剪合体的新衣。

只不过这后来被发现是大导演赵普先生犯了第一个业余水平的小错误。

黄色，是所有封建时代的皇家专用颜色，想当年郭威的军队里之所以能有黄旗，也是因为他当时在名义上是代天子出征。赵大导演为了追求视觉效果的完美，以及一会儿赵匡胤在全军面前的闪亮登场，一定要他穿上正规的黄袍，这就造成了第一个硬伤，让几十年之后不世出的大文豪苏东坡都没法补救。

再下面的事就要以机械流水作业的速度进行了，要抓紧时间返回开封，把京城搞定了才算功德圆满。大家簇拥着赵匡胤一哄而出，外面早就排好了队的大兵们纵情鼓掌欢呼。在热烈而和谐的气氛中，赵匡胤上马，历史证明这时他还有理智，知道哪边是北，而他要去的方向是南。

就在这个时候，最为经典也最富争议的一幕出现了。

这时候居然有人敢突然挤出人墙，拦在了赵匡胤的马前，而且就此把整个要急速行军的大队人马都拦住了。

赵匡义，这个后来神圣无比可此时还乳臭未干的小伙子，声音响亮，神色庄严，让所有人都听见了他对他大哥说的话——请以剽劫为戒！

赵匡胤这才恍然大悟，差点把最重要的事给忘了。他停驻三军，向周围的大兵们发问——汝等贪富贵，立我为天子，我有号令，汝等能禀乎？

所有的大兵有马的下马，没马的下跪，回答得痛快，只有两个字——“唯命”。

赵匡胤下令——太后、主上，吾北面事之；朝廷大臣，皆我之比肩也。汝等不得惊犯宫阙、侵凌朝贵及犯府库。用命有厚赉，违则孥戮。

众军：诺！

过场算走完，大军回程。

以上都是根据《宋史》和《续资治通鉴长编》等收录汇集而成的。而《宋史》和《续资治通鉴长编》又都源于赵匡义的儿子宋真宗赵恒时修撰的太祖朝《国史》，《国史》则出于《太祖实录》，《太祖实录》嘛，就不那么好说了……宋代多次重修，有《旧录》，有《新录》。赵匡义登基之后就改了两次，到了真宗赵恒时再次重修，就在这一次，时隔几十年，赵匡胤时代的老人都死的死、老的老，再没有人证、物证了，才把当年的事情补充完善到了现在我们所看到的样子。

尤其是赵匡义拦在他哥哥马前，说出了最关键的那句话——似乎没有了这句话，赵匡胤就会纵兵大掠，重现当年郭威入城时的满城血腥一样。

时间飞快，要了命的太阳在无情地往天空正中央行进，赵匡胤必须提速了。这时，他已经进入了角色，经过严密分析，他决定派出两个人，去做一公一私两件事。

首先派出童叟无欺、视力超群、人见人爱的殿前司幕僚楚昭辅先生，让他赶在大部队的前面，悄悄地进入开封城，向赵匡胤的母亲及家人报个平安，也顺便告诉他们皇帝轮流做，今年到他家，姓赵的已经中了超级大奖了！

这个活儿好干，说实在的真是个美差。想想吧，那年头连中个状元都会有些职业报喜的登门要喜钱呢，何况是突然间中了个皇帝！而且楚先生做这件事一点风险都不会有，他大可以神不知鬼不觉地潜回京城，根本不必在大街上敲锣打鼓地向所有人宣布。

下一个命令就要命了。

赵匡胤决定要派一个人先回京城，直接去见三位当朝大宰相以及城防司令韩通，甚至直接向太后和小皇帝摊牌——告诉这些人新的皇帝已经产生了，你们的身份现在也都要变一变！

这种事以前有人干过，比如李世民在上早朝的时候干掉了大哥、三弟，自己不好去见父皇李渊，派了杀人助手尉迟恭去。那说到底是家务事，而且李世民也没说要把老爹怎样。

可是现在这个人，却得自己一个人赶在造反的大队人马前面，单枪匹马地进京，向以前的君主说，你现在马上从金銮殿上给我滚下来，那已经不是你该坐的地方了……你信不信皇帝就算砍不了后面的新任皇帝的脑袋，也会先砍了你？

而且说实话，现在赵匡胤的手下，还没听说过谁有尉迟敬德那样的单兵作战能力和胆量。

太难了……这时候，赵匡胤把目光转向了一个非常年轻的低级官员，在此之前，此人默默无闻，从未在任何事上出头露脸。他叫潘美，时任客省使，也就是负责全国信使、宴赐、四方进奉这方面迎来送往的小差使的官。

历史证明，潘美后来得大名，绝非幸致。此人胆识超卓，今天这件事之后，他又孤身一人，深入敌境，做出了更加骇人听闻的壮举！这时潘美欣然领命，他纵马狂奔，直奔四十里开外的都城开封。

一路疾行，潘美进入开封的时候，后周君臣还没有下早朝。潘美昂然上殿，向这些高高在上的人宣布赵匡胤已经兵变称帝，此时正在回程的途中！

所有的人都惊呆了，奇变突生，猝不及防。当时在曾经是柴荣设座议事的大殿之上，一片死寂，历史记载，最大的一个举动就是首席宰相范质突然伸手抓住了身边的另一位宰相王溥的一只手而已。

他愤然大叫——仓促遣将，吾辈之罪也！

这句话一点回应都没有得到，王溥咬紧牙关一声不出，事后才知道他是在忍痛——范质养尊处优，指甲留得比妙龄女孩儿还长，偏巧王溥也是这样的货色，他的手那是相当酥嫩。史称——爪入溥手几出血，溥噤不能对。

这就是骤然临变，生死关头时的后周群臣众生相。可是别忘了，后周至少还有一位真正对柴氏忠心的人——韩通。韩通一直目不转睛地看着三位大宰相，看他们有什么举措。等他看清楚后，他绝望了。但是他绝不允许自己也像他们一样，他一定要做点什么！

韩通扔下了文武百官以及年幼无知的小皇帝，急匆匆地奔下了金殿，去集合还能听他调度的军队。不管实力对比怎样悬殊，他都要为后周、为柴荣尽到他曾经答应过的责任。

韩通跃马出宫，先回自己的侍卫司，他要召集兵将。但是韩通绝望地发现，这时他还能号召的军队已经所剩无几，绝对不够他分兵据守偌大的开封都城，至于领兵出城平定叛乱，更加是想都不要想。

人心已经在片刻之间，就在赵匡胤和小孩子柴宗训之间做出了选择。

“点检做天子”的谶言终于还是应验了，只不过晚了两天而已！当时的人对改朝换代是多么熟悉啊，谁都知道该怎么办，尤其是素以“拥戴”见功的军队。韩通还能有办法力挽狂澜？

但是现实要求他，必须得在极短的时间内想出应变对敌的办法。

韩通不愧是老将，他迅速地做出了一个决定，把目标缩小，具体到造反者赵匡胤本人的身上——去捉拿他的家人，来以此作为阻止兵变的筹码！

这已经是当时韩通所能想到的唯一可行的办法了。

他分兵两路，一路由他本人率领，杀向赵匡胤在左掖门附近的殿前司官署，希望能在那儿抓到赵家老小；另一路奔向开封城内的定力寺，有人报告，赵匡胤的家人在这一天去了那里上香。

左掖门，殿前司，那天迎接韩通的是一阵空前密集的乱箭。

就在这时，开封城北陈桥门外，率领大军兵临城下的赵匡胤也同样在郁闷着。眼前就是开封城的大门了，可他就是进不去！

城上守城的官兵无论如何都不给他开门，不管他是以新任皇帝的名义，还是以前后周殿前都点检的身份，都一样不好使，不开就是不开。而且这些守门的大兵还明目张胆地叫出了自己的姓氏——一个姓陆，一个姓乔。行不更名，坐不改姓，爱咋咋地了。

出行不利，赵匡胤强压着心头怒火，更强压着一直隐藏着的极度不安，他扭头去看身边的总导演赵普。这时他的疑问完全用眼神就能表现清楚——这是怎么回事？难道石守信和王审琦没有接到通知？还是城里边天翻地覆了，他们都被韩通给干掉了？现在要怎么办？强攻吗，还是要继续封官许诺？哪怕给个王爷，也得先进城再说！

赵普不动声色，数万大军就堵在他身后，僵持在城下，他的主人更加焦躁不安，可他就是不急。历史证明，他是真的一点都不急，因为他给出的解决方案更像是一道搞笑的脑筋急转弯，那实在是必须得有一颗时刻活泼灵动的脑袋才能想得出来——正对着陈桥驿方向的陈桥门不通，那么我们为什么一定要从这个门进去？开封难道只有这么一座门吗？

我们换一个就是了。

当天赵匡胤的造反大军在开封城外小转了一圈，到了旁边的封丘门，才进去了。

进城之后，大队人马立即分散，按照主次之分以及危险系数的不同，各自奔向自己分片包干的责任地点。这时候，历史把一个本来很平凡的任务交给了一个名不见经传的人身上。他叫王彦升，是当时禁军殿前司系统里的一员战将。他接到的具体任务是先回赵匡胤的老巢殿前司官署，给新任皇帝清清路障。

任务简单，但是要看由谁来办。

这一天里的王彦升不知是亢奋过度，还是有什么别的内幕隐情，他把这样一个再平常不过的小任务办得震惊当时、流传千古，让人实在是没法不佩服。

殿前司的人回殿前司官署，那是熟门熟路，王彦升带着大兵一路狂奔，很快就到了，他正撞上败退下来的韩通。

石守信本人亲自守在殿前司官署里，不停地放箭，就让韩通绝望地撤退了。

当天王彦升看到韩通之后，突然变得无法克制，他带人就冲了过去，杀散了韩通的部下，杀得韩通上马逃跑，一路追杀，直接杀进韩家大门，把韩通及他的妻子、长子、次子、三子全部杀害，乱兵之中仅有韩通的幼子韩守琼以及四个女儿活了下来。

如此赶尽杀绝，毫不留情，我不知道王彦升过去和韩通有什么私人恩怨，还是他接受了什么特殊的指令，比如满城权贵，一律保全，但除了韩通。至于理由，是多么简单，因为只有韩通才有能力在这时或者将来造反。

面对残暴的灭门杀戮，赵匡胤在陈桥驿郑重立誓的允诺言犹在耳——“不杀后周大臣，不惊犯宫阙府库”。可韩通就被杀死在自己的家里。而且更加令人寒心的是，由宋人编撰的史书中，记载的却是兵变当日，韩通从皇宫中“惶遽而归”，直接回家，在半道上遇到了王彦升，从而被杀。

也就是说，从来都没有韩通为后周的尽忠行为，开封城里更加没有过任何的敌对抵抗——一切都是和平进行的，都是绝对符合仁义道德的，赵匡胤的行为是所有人一致拥护赞赏的。

一千多年以后，一个叫海明威的美国老头儿说，你尽可以杀死一个人，可是你就是没法击败他。可是在当天的开封，赵匡胤和他的谋臣以及勇士们说，我们尽可以杀死每一个人，而且会让他死得默默无闻、平淡无味。

那天的开封城终于逐渐安静了下来，赵匡胤在诸将簇拥中缓缓地登上了明德门。登高望远，只见街市繁华，屋宇林立。

多么熟悉……这就是我从小长大的地方！真的属于我了吗？

在这一瞬间，三十四岁的赵匡胤会在恍惚间觉得时光以及时空不真实。在他年轻时，具体地说，在他二十岁时，也曾亲眼看见过有一个人登上了开封的城头，那人当时微笑着向惊慌奔逃的开封百姓们说：“我也是人，你们不要害怕，我来当你们的皇帝，让你们休养生息。”

那是曾经的契丹皇帝耶律德光。

赵匡胤在一瞬间和耶律德光心意相通——多好的一片江山，怎能不让人心动……怎能让它荒废残败！

他下决心，要让这片江山在他的治理之下更加繁华昌盛。

下一步，先回殿前司官署。

这出乎绝大多数人的意料，皇宫近在咫尺，统治万民的至尊宝座触手可及，大局初定，不怕夜长梦多吗？

赵匡胤对所有热切期盼的眼神通通视而不见，在他冷漠的表情下，心更加沉静。在他看来，这些人迫不及待的样子真是可笑，人世间有很多需要积极进取的东西，却要用另一种看似羞怯的状态才能完美地获得。尤其在当时的中国。

当天赵匡胤回到了自己工作生活的老地方，殿前司官署。他当众脱下了进城时还穿着的黄袍。时间还来得及，他坐下来歇了歇。

因为一会儿之后，他需要体力，更需要情绪。

三位大宰相范质、王溥、魏仁浦以及一些重臣来了。这就是赵普的计划，要赵匡胤等朝臣来觐见。

赵匡胤突然间痛哭流涕，泣不成声，说出了他满腹的不得已，以及……惭愧——吾受世宗厚恩，为六军所迫，一旦至此，惭负天地，将若之何？

没等范质等大佬说话，散指挥都虞候罗彦环挺身而出，按剑厉声喊出了这几天以来听得叫人腻烦了的行动口号——我辈无主，今日须得天子！

刀将出鞘，剑甲林立，周围都是杀气腾腾的叛兵，这时候，所有的人都原形毕露了，包括对富贵权力红了眼的大兵们，也包括常年一脸道学、满腔正气的高官宰相们。

第一个屈服的是王溥，他率先走下台阶，向赵匡胤跪拜，施以臣子大礼。然后谁也没有料到，第二个就是以骄傲、执拗著称的范质。

大局已定。

终于轮到去做最重要的事了。去皇宫，去做真正的皇帝！

他们扑了个空，前皇帝和太后此时已经不在皇宫里了。在赵匡胤率兵入城时，小符皇后亲手脱下了皇帝和自己身上的黄袍，穿着白衣，走进了后周世宗皇帝柴荣记名的功德禅院天清寺。

这是典型的政治避难，也是明确地传达着他们对造反一事的态度——我们输了，只求不要杀我们。

有没有人笑话她过于胆怯，辜负了柴荣呢？需要补充一下的是，这位小符皇后可不是轻易低头的人。

她在嫁给柴荣前，曾经先嫁于后汉重臣李守贞（那位喜欢拆墙的人）的儿子李崇训。李守贞被郭威攻灭时，李家全族走死逃亡，无一幸免。小符皇后独自当门而坐，对乱军呵斥——我符魏王（符彦卿）女也，魏王与枢密太尉（郭威）兄弟之不若，汝等慎勿无礼！

史称乱兵耸然引退，无人敢犯。

这样的主见和胆量，就是柴荣临终时选中她的原因。可是这时她一点办法都没有了，后周国中她唯一能指望上的就是她的父亲符彦卿。符彦卿之强，曾经让契丹皇帝耶律德光都仓皇逃跑，威名震慑塞外，连耶律德光的老妈都问符彦卿是不是死了，才允许儿子再次入侵。可别说远水解不了近渴，就算是符彦卿在，也只能保持中立。

原因很简单，符家三个女儿，两个嫁给了柴荣，还有一个，是赵匡义的媳妇。

再也没有什么能阻止当天的赵匡胤了，他来到了后周皇宫里的崇元殿，这里“非常荣幸”地成了他取代后周建立新朝的登基典礼举行地。

可是让他非常没面子的是，把所有正规和非正规的法子都用上了，还是挨到了申时，下午三五点钟，文武百官才陆陆续续地出现在他的视线里。

正月天短，天都黑了。

哪有在天黑时办事的，在古代只有二嫁、三嫁、四五嫁的女人才在这种时候出嫁呢……等所有的人都到齐了，事件的性质也确定了——不是篡位，是禅让，最道德、最理智、最无私且绝不流血的权力交接性质。

可是这样一个人类罕见、普天同庆的大喜事却突然被卡住了，与会者发现事到临头居然缺了一件最重要的东西——禅让诏书！

中国人办事就讲究个名正言顺，且留字为据。连卖一头驴还得有字据呢，更何况是把偌大的后周白送出去！当场的人都傻眼了，包括无所不知、早有准备的大导演赵普。

赵普欲哭无泪，我也是第一次帮人造反，没有经验啊！

就在这时，一位真正的有心人慢悠悠地站了出来，翰林学士承旨陶谷。此人从容地从袖子里抽出了一张黄纸，史称“出周恭帝禅位制书于袖中”。也就是说，八岁的小皇帝柴宗训早就秘密地把禅位诏书写好了，并单独交给了他，让他在这个时候拿给赵匡胤看。

万事俱备，东风亦起。制造皇帝的合法程序正式启动——宣徽使昝居润，引匡胤就龙墀北面拜受。宰相掖升崇元殿，服兖冕，即皇帝位。群臣拜贺。奉周帝为郑王，符太后为周太后，迁居西宫。诏定有天下之号曰宋，因所领节度州名也。

就这样，中国的历史上出现了宋朝。准确地说，是北宋。

第十二章　请注意，现在我是皇帝

当天夜里，赵匡胤就入住了原后周的皇宫内院。对他来说，这是一个绝对神秘且陌生的地方，无法猜度这一夜他睡得怎么样。不过，他肯定会遇到刚刚入葬两个月的柴荣的鬼魂。

深宫空旷，寒云漠漠，赵匡胤与柴荣的鬼魂冷冷相对。双方都没有什么愧疚，或者什么愤怒。谁欠谁的吗？谁背叛了谁吗？都谈不上。

在没有外人，也没有所谓道德的约束时，人们才可以真切地面对自己的内心——谁规定的这座锦绣江山一定就是谁家谁姓的？

同样，柴荣也不会对赵匡胤的手下留情而致谢，赵匡胤也曾杀人无数，他不杀柴荣的后人，并不是良心发现，而是为了他自己的统治……所以一切尽在不言中吧。

赵匡胤是皇帝了，可是谁承认呢？

不说此时都城之内有多少人是忠心拥戴，国内宛如诸侯的藩镇们又有几个肯真心低头？国境之外还有那么多虎视眈眈的敌寇。赵匡胤第一次深切地感觉到，卧榻之外，皆他人家也。

于是，就从这一夜开始，赵匡胤心灵深处那团混沌不清的物质开始了衍生变化，他再不是以前那个人了。勇武、豪爽、披坚执锐、以征战为乐的时代一去不复返，他现在考虑的只有一个终极问题，那就是怎样才能巩固他的皇权，进而去兼并天下。

其余的，都无关紧要。

第二天，公元960年正月初五，赵匡胤正式登基坐殿，开工理事。首先大开库房，搬出来无数的金银财宝，这是事先答应给禁军将士们的赏赐，必须立即兑现，不然小心大兵们自己出去抢；之后又给所有参与演出的人员加官晋爵，让他们劳有所乐，且增强继续为他劳动的信心及乐趣。

其中最为突出的几个安排如下：

石守信接替韩通的班，任侍卫司马步军副都指挥使；韩通升官，虽然死了，也追赠其为中书令，以礼厚葬；侍卫司的原最高领导李重进，水涨船高被升为中书令，变得和韩通平级，继续留守驻地扬州，不必来朝，他的侍卫司工作嘛，就由韩令坤接替；赵匡胤本人的原职位殿前都点检比较特殊，要由真正的亲信且有巨大号召力的人来做才行，想来想去，只有一个人合适，那就是原来的副都点检慕容延钊。

说起慕容延钊，真是让赵匡胤又爱又怕，他是赵匡胤的发小，从小“素以兄事”的亲密战友，但是其能力和威望也时刻让赵匡胤小心提防。

不说别的，三天前大军从都城开拔奔赴前线，据说是赵匡胤统兵八万为中军，慕容延钊为先锋带的兵是五万，几乎和赵匡胤兵力相当。这里面就有玄机，因为事后证明，并没有契丹兵联合北汉入侵，那么慕容延钊为什么没有出现在陈桥驿兵变现场？而且一直进兵，等到赵匡胤在今天第一次以皇帝身份登基坐殿升他的官时，他都已经带兵到了河北真定！

赵普被提升为右谏议大夫、枢密直学士，从赵匡胤幕府的私人身份变成了国家正式的官员。赵光义（因避其兄宋太祖名讳改名赵光义）更加一步登天，从内殿祇候、供奉官都知直接提升为禁军殿前司都虞候。

这里需要指出，内殿祇候、供奉官都知只是皇帝身边一个稍有等级的侍候人的身份，谈不到品级，更说不到身份。完全就是柴荣看在赵匡胤的面子上给他的一个小“恩荫”，这个身份也没有随军出征的义务及资格。有资料显示（北宋王禹偁的《建隆遗事》、赵普的《飞龙记》），赵光义根本就不在陈桥现场，当赵匡胤率三军进入都城开封时，他才率人“奔马出迎”。

于是他在陈桥驿万众面前，拦住他哥哥的马头，说那句“请以剽劫为戒”的真实度就可想而知。但是他作为赵家除了赵匡胤本人之外唯一的一位成年男性（赵光美此时才十岁），他的升官已经是极有必要且理所当然的了。

除此之外，赵匡胤还宣布后周原有的朝臣都原职留任，并派出使者向国内所有外镇通告，不仅仅要说明自己已经当上了皇帝，更要让天下人都知道，除了皇帝换了之外，其实什么都和往常一样，大家不必惊慌。

有些人是安慰不了的。

李筠、李重进。

李筠，并州（今山西太原）人，幼年从军，以勇力著称，史称能开百斤硬弓。在后唐时期已经名扬军界，到了郭威的手下，被任命为昭义军节度使，驻守潞州（今山西长治），几乎以其一部之力来抵挡整个北汉。

李重进，后周最强的将军，驻军扬州，威慑南唐。

这两个人一南一北，是标准的藩镇。

李筠在柴荣时期擅自征用国家赋税，召集天下亡命之徒，增强自己的实力。柴荣派来的监军实在忍不住说了他几句，他的反应是立即暴跳如雷，把该监军关进了大牢。

在招待赵匡胤使者时，他挂起了郭威的画像，当场痛哭。

同时他接到了北汉皇帝刘钧的一封密信（蜡书）。刘钧对他说，世界上没有永远的敌人，也没有永远的朋友，李筠，我们合作吧。

这很古怪，李重进的反应更加古怪。

李重进主动向赵匡胤请示，自己是否可以按照惯例以节度使身份到开封觐见新任皇帝，当面谢恩？

赵匡胤受宠若惊。

可紧跟着就轮到了刀光剑影。

李重进嘴里叫着哥哥，从腰里摸出了家伙。他直接派人去和李筠结盟。在李重进的心里，上战场是杀人，造反不外乎也是杀人，有什么大不了的！至于皇位，多年以来，他不可能不想，柴荣就算了，可是赵匡胤算是什么东西？一个稍有战功、刚刚露头、乳臭未干的暴发户！趁着朝中无人，从孤儿寡母手里抢东西的无耻小人！

想着这些，李重进无论如何都没法说服自己为赵匡胤工作。

除了赵匡胤家的打工仔，或者孔圣人再世的门徒之外，谁也没法说李重进错了。大丈夫顶天立地，说反就反，管别人什么事！

建隆元年（公元960年）四月，原后周昭义节度使李筠正式造反。这时距离赵匡胤创建宋朝才刚刚过去一百多天。

李筠手里最大的筹码不是所谓的天时或者人和，那都太假，他占了绝对的地利。

潞州，古称上党，高居太行山之脊，所谓“居天下之肩脊，当河朔之咽喉”，是绝对的兵家必争之地。而他的手下更加不乏深谋远虑之辈，谋士闾丘仲卿说得很清楚——开封兵甲精锐，难与争锋，不如下太行山，直抵怀（今河南沁阳）、孟（今河南孟州），堵塞虎牢关（今河南荥阳西北）之路，据守洛阳，东向而争夺天下。

李筠首战夺取了泽州城。

泽州，在潞州之西，面向太行山，这时李筠的局势好得无与伦比——只要冲上太行，赵匡胤就再也没有办法阻止他。李筠以太行之险，一冲而下，直接就可占据黄河上游，进而控制沿岸的永丰、回洛、河阳等几乎所有的重要粮仓，断绝宋朝都城开封的漕运之路。

国家无粮，是最致命的、无可救药的硬伤，别说赵匡胤刚刚得国，人心不稳，就算是他已经根深蒂固都没法维持统治！

消息传来，赵匡胤慌了，没有别的办法，只有以力求胜，必须取胜！命令——驻兵河北的侍卫马步军副都指挥使石守信与殿前副都点检高怀德火速率军进讨。一定要快，“勿纵李筠下太行山，急进师扼其关隘，破之必矣”！

这时又传来了一个更坏的消息，北汉皇帝刘钧已经亲自率军出太原，来援助李筠了。

赵匡胤抖擞精神，重操旧业，把多半年没动的刀枪盔甲再往身上套，一切都应该非常熟悉。李筠却还在太行山脚下忙着跟刘钧皮笑肉不笑地互相狗扯羊皮。

几年不见，北汉已经彻底贫困，堂堂的皇帝只带来了几千人马，人瘦马疲，军容不整，别说军队了，连他的銮驾都寒酸简陋得要命。

刘钧还大摆架子，要李筠以臣子之礼觐见！

两人无论如何也谈不拢。

首先是契丹，刘钧自然而然地就想起了外国干爹，想给李筠也介绍一下。李筠一口拒绝，不许契丹人沾边，这是原则！

其次，刘钧给李筠配备了监军。宣徽使卢赞即日起无微不至地关怀照顾李筠的军事生活。

谈判结束，李筠从北汉那里得到的全部好处就是几千名卖相不佳的士兵，一个西平王头衔，外加一个叫卢赞的军事特派员。

真是够衰的！

赵匡胤在公元960年五月二十一日率禁军从开封出发，二十四日到达荥阳，急速渡过黄河，直扑巍峨险峻的太行山。

出开封前，赵匡胤已经做了最坏的打算，他悄悄地把弟弟赵光义叫过来，小声吩咐："是行也，朕胜，自不待言，如不利，则使赵普分兵守河阳，别作一家计较。"

赵匡胤率领大军，不顾一切冲上了太行山！

史称"山路险峻多石，帝先于马上负数石，将士因争负之，即日平为大道"，全军迅速翻越巍巍太行，出乎潞州军意料，突然出现在泽州城下。

赵匡胤带着全国大半军队在泽州城外日夜围攻，操练了近半个月，可还是攻不进去。这时候新的问题就出现了，时间，要命的时间开始对赵匡胤不利。全国各地的大小节度使，尤其是南边扬州的李重进，都在盯着泽州城，都在蠢蠢欲动，而赵匡胤的筹码都押在了李筠这里，其他的地方都是空的！

也就是说，现在已经不是能不能抓住李筠的问题，而是李筠能不能拖着赵匡胤一起下地狱的问题。

局势要求赵匡胤就算是拿牙去咬，也得马上把泽州城的城墙啃破。于是皇帝下旨重赏三军，不惜一切代价攻进泽州城！

这时候赵匡胤的老班底站了出来，殿前司控鹤左厢都指挥使马全义（当年赵匡胤受柴荣的命令召集天下壮士扩建禁军，殿前司诸班中有散员、散指挥使、内殿直、散都头、铁骑、控鹤之名号，马全义是控鹤班中的一员战将）率几十个敢死兵冒着箭雨仰攻泽州城头。史称"箭如雨下，飞矢贯臂，而全义拔镞进战"，终于攻上了泽州城头。

泽州城终于被攻破了……人人长出了一口气，可是谁也没有料到，就在城将破未破，场面最乱、最危险的时候，皇帝本人竟然一跃而起，跟着敢死队第一时间冲了进去。

没有人能够体会到当时赵匡胤的心情，亲历沙场十余年，从来没有这样惊心动魄过！往日为别人卖命，就算战死了，也知道自己的妻儿家小有人照料，可是这时贵为天子，失败了就求为匹夫而不可得……那时人为刀俎，我为鱼肉，怎一个屈辱了得？

这也正是李筠的想法，城破之后，迎接赵匡胤的是一团熊熊大火，李筠像当年的李守贞那样，投身火海，绝不偷生。

火海映红了胜利者的笑脸，这是赵匡胤登基之后的第一个胜利，同时，远在扬州的李重进的命运也随着这团大火被确定了。

回到开封，赵匡胤做的第一件事是宽恕。比如先朝的大臣李谷，他在这段时间收了李筠的五十万贯钱，证据确凿，都成内应了。

赵匡胤一笑了之，不予理会。赵匡胤虽然还很年轻，但是对人情世故却了解得很透彻。

什么是忠呢？这要是在几十年以后，当姓程的或者姓朱的圣人们纷纷出世的时候，那说道可就大了去了。简单地说，就是举世无好人，只有程或朱。

但是在赵匡胤的心里却不是那样，人，起码要懂事。想想看，权门如市，你有权了大家都来，没权了大家自然都散，这天经地义。同样的道理，你把皇帝当好了，都巴不得来巴结你呢，怎么还会背叛？所以，强求每一个人从心里往外地臣服你，是件非常无聊的事。

这就像夫妻之间，全身心地水乳交融当然再好不过，但其实大多数只要能做到互相忠诚就谢天谢地了。一个成功的皇帝，能让不管是否真心服从的臣子都努力办事，这样其实就够了。仁义道德，君臣父子，有时就是一层你知我知的窗户纸，至于那层纸的后面是什么，更是大家都知。

但是，无论对谁宽大，都不包括李重进。赵匡胤坐在都城开封的皇宫里，目光穿越过无数的山河，阴冷地盯着李重进所在的扬州。桀骜不驯的李重进，军功显赫的李重进……可惜啊，就算再加上个忠诚可信的李重进，都不会再让赵匡胤动心。

公元960年十月二十一日，赵匡胤亲征李重进。

扬州城里，迎接赵匡胤的是另一场熊熊大火，刚烈的李重进同样选择了葬身火海，连给敌人示众炫耀的尸体都不留下。历史证明，英雄真的只可远观，没法近瞧。你能想象他挥刀杀敌英勇潇洒，可是你身临其境的话，不是被吓着，就是被溅了一身的血……

最后的胜利者，又一次属于既是英雄又是个没法猜测的复合体的赵匡胤。

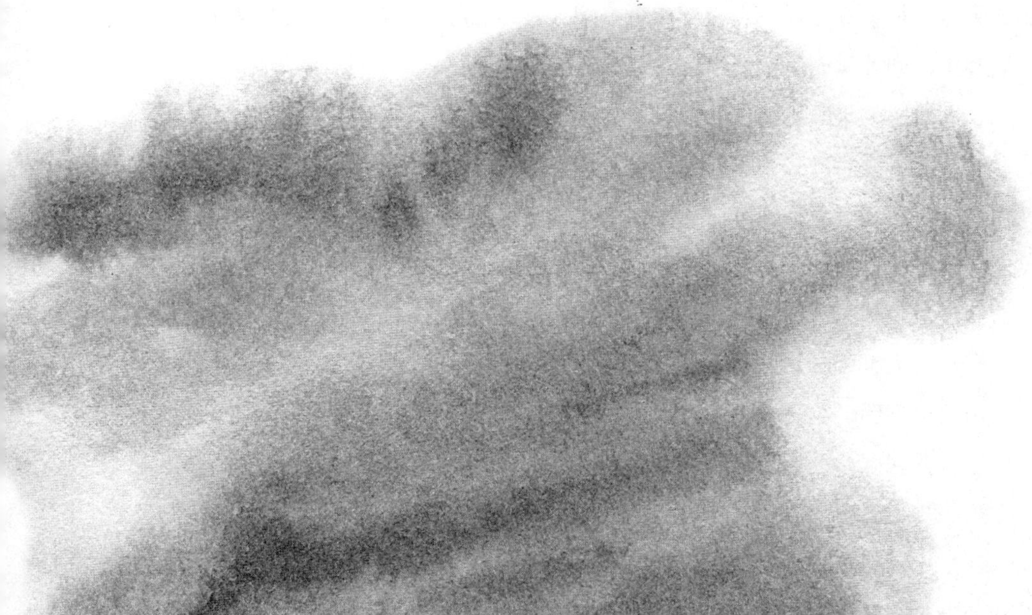

第十三章　我的江山我装修

话说地球人都知道，精力过剩的男人绝对没法安生过日子，尤其是好几万精力过剩的男人扎堆聚在一起。在被李重进一把火烧得焦黑一片的扬州城里就是这样，赵匡胤和宋朝的大兵们怎么想怎么没劲，就这么回去？

长江对岸就是既肥又软的南唐了。

长江，有多少曾经不可一世的英雄豪杰带着千军万马来到这里，只要迈过这里，就可以统一江山，万古流芳。可是最后都灰头土脸，有的输光了家当就此完蛋，像苻坚、刘备；有的就此划江而治，终生难进一步，比如曹操……那么赵匡胤呢？

人没法预知自己的将来，这时三十四岁的赵匡胤要是自信自己一定比前面提到的那三位古人都强的话，那么他也就离失败不远了。自信和狂妄就差那么一星半点。

但历史证明，赵匡胤生性谨慎，甚至过于谨慎。

他收兵回国，开始梳理内部。

第一件事，再次确立赵普的身份地位。

在平定李筠之后，赵匡胤因功提升赵普为兵部侍郎，充任枢密副使，作为枢密院的二把手，名正言顺地接管全国的军务大事。从这个时候起，赵普就开始在北宋初期的十年里独揽大权。

这里要提一下枢密院。这个词最早出现在唐朝的唐代宗时期，标准名称叫“内”枢密院，很遗憾，这个在后来威名赫赫、统率全国军队的部门，最初的领导人是太监，而且只是负责朝廷的机密文书。到了五代的时候，国家动乱，百业凋零，连太监都成了稀有动物，于是才用了文人谋士来当枢密使，进而参与军国大事。

至于赵普，他在枢密院一干就是两年，这让后来的元朝人都非常佩服，编宋史的脱脱先生在《赵普传》中，大为称赞赵普作为赵匡胤的首席心腹，兵变成功之后赵匡胤不急于酬其功，他也不急于揽权，君臣相安无事，同心同德，非常罕见。

但是，这都是见皮不见骨的表象说法。元朝的仁兄们对汉族的历史研究得不到位。因为在五代以及北宋初年，政府的权力中枢就在枢密院，而不是宰相那里。

道理极简单——枢密院握着全国的刀把子，这是当年最重要的国计民生保证。宰相，不过是摆设。至于后来宰相的位置又稍高于枢密使，那是因为一来赵匡胤所立的祖宗家法，不许武人当政；二来赵普后来被提升为宰相。他以他的影响力和长期造成的权力重心的惯性，把实权都硬生生地转移到了宰相一边。

关于赵普，是个让人头疼的话题，翻遍宋史，他的资料少得可怜，就连被人们广为传诵的赵普因为某人当用，而赵匡胤就是不用，那么赵普就一次上奏、两次上奏、三次上奏，把赵匡胤惹火，将他的奏章撕得粉碎，他都一一捡起来粘好再送去，直到赵匡胤答应为止，这样的事情，都查不出他具体是为哪个人做的。

历史上就称为“某人”。

《赵普传》中所记载的事，要么极大，像赵匡胤雪夜问国策；要么就极小，用赵普当年的某一份奏章来充数，极少有他某年做过某事的具体记载。这种反常让我想起来一个人，当年纳粹德国的二号人物马丁·鲍曼。

鲍曼是纳粹第三帝国里最神秘也是最狡诈的人，人称“元首的影子”。当时全世界都知道纳粹的外交官是里宾特洛普，空军司令是戈林，宣传部长是戈培尔，甚至陆军方面有隆美尔、凯特尔等，可是谁也不知道这位马丁·鲍曼做过些什么，但是他却无处不在。

或许就是因为参与的隐秘事太多了，马丁·鲍曼才不愿留下哪怕一张照片。赵普想必也是如此，有太多的事没法摆到桌面上来。从留下的那些蛛丝马迹里，我们可以隐约地看见赵普的真实面目。

赵普面色阴沉，目光炯炯地站在阳光和阴影的交界处，冷冷地看着每一个人，包括赵匡胤兄弟二人。一方面他以天下事为己任，史称刚毅果断、未有其比；另一方面他生性深沉，需要狠毒的时候他杀人都不见血，等到需要无耻的时候，他比谁都无耻。

但是这些都不会影响他在历史上的意义。

他就是一位权臣，一位能臣，一位不屑于琢磨文字、仅仅通半部《论语》的半吊子书生。可是他有真才实学，从这时开始，宋朝开始了它的内部权力设置，这些具体翔实且别出心裁的巧妙构思，保证了北宋在此后一百多年间，没有武将作乱，没有藩王造反，更没有内廷太监作怪，就连后族方面也没有所谓的女祸发生。

历史把这些功劳记在了宋太祖赵匡胤的头上。这似乎无可厚非，但是，就像建一座摩天高楼一样，人们记住了投资商和奠基者的名字，但是那一砖一瓦是什么人砌起来的呢？大厦的蓝图是什么人设计的呢？

人们似乎更应该记住他们，他们才是那座高楼真正的建设者。

公元960年十二月，赵匡胤从扬州凯旋，回到了都城开封。每个人都为他高兴，但是他本人却一反常态，整天变得无精打采。有人问他怎么了，赵匡胤摇头叹气，显得非常苦恼——你们觉得当皇上挺好玩是不是？唉……比我当节度使的时候差得太远了。

有点吓人，这让别人怎么安慰他呢？难道满足他的愿望，大伙儿齐心合力造他的反，把他再打回节度使原形？开玩笑！于是赵匡胤就只能继续郁闷，直到他的心情变得非常恶劣。

他只能自己找乐，在后花园里拿弹弓打鸟玩，心情刚好了些，就有个官紧急求见。赵匡胤以为出了大事，立即接见。这位官员说来说去却都是些平常小事。赵匡胤火了，问他到底搞什么搞。这位官员一句话就顶了回来——臣以为再怎么着，也比打鸟玩急点儿。

下面发生的一幕，应该是历史上第一次有关赵匡胤习惯随时提着一把斧子的记载。就见赵匡胤武人习性再次爆发，二话没说，举起斧子干掉了对方两颗大门牙。

这个官真是有种，没哭没骂，慢慢弯下了腰，把自己的牙一颗一颗都捡了起来，小心翼翼地收在了怀里。

赵匡胤大怒——你把牙藏起来，要到哪儿去告我啊？！

该官淡定——我是告不了你，可是自然有人记在史书里！

历史再一次证明，有了利的人就会要名，尤其是像赵匡胤这样得了天下最大之利的人，他无论如何都不想因为这种小事被后人天天念叨。于是只好笑嘻嘻地掏钱包，拿出大笔钞票跟人家私了。

这些都被站在远处冷眼旁观的赵普看得清清楚楚，等到没人的时候，他慢慢走近了赵匡胤，问：您到底怎么了？

赵匡胤这才说出了心里话——我在想一件事，你说为什么自唐朝灭亡到现在，五十多年过去了，当过皇帝的有五家十三个人了，这还不算那些称国主之类的二皇帝。这都是怎么回事？这么乱下去，什么时候才是个头？

他说着，深深地凝望赵普，下面的话还用再说吗？我，我赵匡胤是第九家了，要怎么办才能不让第十家出现？这难道还不是个值得闹一次心的事吗？！

却不料赵普马上就向他深深地祝福——陛下，您能想到这些，真是天地神人之福，真是社稷百姓幸甚啊！这个问题一点都不难办，只要您能定下一个合适的制度……

就从这一刻起，三百余年赵宋的治国精神定下了。百余年的安定富足从此开始，而之后千余年来的痛苦衰落、几度沦丧、几次濒临亡国灭种的病根也从这一刻深深地种下了。

那天赵普说——唐朝的崩溃，以及五代十一国的纷乱，都只有一个症结，那就是方镇权重、君弱臣强。要想根治，只有削夺兵权、制约钱谷、收其精兵，从根本上打消所有人的妄想，之后天下才能自然安定。具体的办法就是所谓“强干弱枝”……

一语道破天机，史称赵匡胤恍然大悟，没等赵普说完就打断了他——爱卿闭嘴，朕都明白了。

几十天之后，他就开始了实践。但是非常遗憾，他明白的是眼前这五十余年里问题的症结所在，以这个病症，那么用赵普的药方的确可以药到病除，而且治得干净利落，不留病根，但是再往远处看呢？

无论是往身后的远处看，还是往遥远的未来看，这样的解决方式对吗？

让我们回忆唐，或者再往前推想一下隋，又或者再远一些，越过五胡乱中华，直接到三国之后的晋。它们的动乱之源是什么？病根是什么？他们都是怎么总结前人的得失，进而处置本朝国策的？

晋之衰亡，在八王之乱，之所以会乱到让胡人无所忌惮地侵入汉家江山，完全就是司马家的藩王都有极强的兵力，可以无视皇帝大杀四方；那么藩镇之害就已经天下皆知了吧？可是隋、唐两代，明君能臣数不胜数，他们为什么就没有吸取两晋的教训，严格限制藩镇——不管是亲王发展成的藩王，还是后来做大的节度使？

有客观的原因，因为他们无法知道后来的节度使们会嚣张到那步田地，而且节度使们做大也不是一朝一夕形成的。所谓的积重难返，到了火候谁也扳不回来，但更重要的还是隋唐天子的主观意识，因为他们的自信与强悍。

天可汗李世民登基之后还和士兵们一起较量箭法，有臣子劝他，唐朝的士兵籍贯杂乱，异族人太多，小心有人暗箭弑君。李世民哈哈大笑——朕视天下万民皆如赤子，无所分别，何来提防？

赵匡胤自然不是平常人，可是他和李世民没法比，他在先天上就输了。他的国家不是在战场上一刀一枪杀出来的，这让他从一开始就提防着反叛和各种不稳定的因素。所以他保留了后周的全体官员，来保证官场的稳定，但是又不能给他们实权，小心他们会造反。那么活儿要交给谁去办呢？只能交给赵普、李处耘，甚至亲弟弟赵光义这些亲信去办，然而对他们也要限制，即不给他们高官位置，哪怕只是暂时的。

这就是未来的赵宋天下，官、职、差各立名目，层层设防的雏形。说来冗官、冗兵等都是不得已的，谁愿意那样呢？

但是千年之后，我们活在衣食无忧、连被人打个耳光都可以随时报警的今天，说实话也没什么权利笑话赵匡胤的胆量魄力。再深一步想，难道赵匡胤和赵普就想不到强干弱枝的弊病所在吗？

也许他们早就想到了，选择削夺兵权、制约钱谷、收其精兵，就会从根本上把国家活力和民族的精气神都压制住，最后每况愈下、精尽而亡。可是选择强悍呢？放心大胆地任用臣子藩王，把国家做强做大，那么后果就是复制了晋、唐王朝，到最后一样死得非常难看……人类发展到了宋朝，就算再歌功颂德的人都会承认国家天下迟早必亡的吧？怎样都是个死，那么为什么不选择家里平安、没有内乱的死法呢？

就像俗语所说的——好死不如赖活着。哈哈，不管怎样，我活了三百一十九年，晋、隋、唐、元、明、清，你们谁活得过我啊？屈指算来，只有汉朝，两汉加在一起才比我长了几十年……那么，你们为什么还要对我横挑鼻子竖挑眼？

说干就干，当年三月，除宋太祖赵匡胤本人之外，宋朝最强的军事人物慕容延钊与韩令坤一道进京述职。这两人来时满心欢喜，鲜花、美酒、奖金、升职……这些都是他们应得的，但是一切别急，赵匡胤有惊喜给他们。

令——罢免慕容延钊禁军殿前都点检一职，出任山南东道节度使；罢免韩令坤禁军侍卫司马步军都指挥使，出任成德节度使。

一盆冷水劈头浇了下来，慕容延钊和韩令坤傻了，我们做错了什么吗？真的做错了什么吗？前思后想，两人相对苦笑了。高啊，到头来还是赵匡胤高明，这样的命令在两人进京之后才当面颁布。多么坦诚，有话当面说个明白，非常方便你们就近提出抗议，可以由皇帝亲自为你们解答……

等狗自己进了门里，似乎抓起来就更加容易些，是吧？

等他们再次出京，去新地点当新官时，才知道韩令坤的侍卫司马步军都指挥使一职，由更贴近皇帝的石守信来接任，而国家第一军衔殿前都点检已经收入了宋朝的历史博物馆里，由老东家赵匡胤再次独家珍藏，谁也不给了。

还能再说什么呢？庆幸吧，还活着。至于石守信，只有羡慕……谁让人家从一开始就是部下，而不像我们以前曾和皇帝平起平坐过呢？

历史证明，石守信的快乐是多么短暂，侍卫司马步军都指挥使，这个之前由强悍无敌的李重进所把持的职位，他只担任了一百多天，就是这可怜的一百多天，还是在赵匡胤的人生突然遭遇重大不幸的情况下度过的。

赵匡胤的妈妈杜太后突然生病了，赵匡胤动用一切物资人力，也仅仅拖到了当年的六月。不到一百天，赵匡胤的人生就跌入了谷底。

赵匡胤是公认的孝子（该死，这一点真是该死），生母的去世让他极度悲伤。事实上这位贵妇人的死，绝不仅仅是赵匡胤一人的不幸，随着这位在《宋史》中只有五百四十五个字记载的老太太的去世，北宋初年一件重大的却从来没有正解的疑案——金匮之盟发生了。

古今第一老太太。

俗话说："龙生龙，凤生凤，老鼠生来会打洞。"可惜的是，这种事没法反过来说——生出第一条龙的妈一定也是龙吗？不过这也得两说，比如朱元璋他妈就有些遗憾，而赵匡胤的妈就真的非同凡响。

这位嫁给职业军人赵弘殷先生的杜氏夫人，真的是女中豪杰。比如说当赵匡胤陈桥兵变造反当上皇帝时，消息传进开封，赵匡胤的老婆吓坏了，杜老夫人却泰然自若："吾儿生平奇异，今日果然，何忧也？"

等到赵匡胤正式登基坐殿，成为名副其实的皇上，众臣依礼向太后道贺时，她老人家却又"愀然不乐"。赵匡胤亲自询问，新任太后才说："天子置身兆庶之上，若治得其道，则此位可尊；苟或失驭，求为匹夫而不可得！"

危之不促忧，得之不妄喜。这样的人临死的时候，除非是得了脑溢血之类的急症，不然她是不会就此轻易撒手，什么都不管不问的。果然，据宋朝的官方历史记载，杜太后临死的时候突然问了赵匡胤一句话——儿子，你说说你是怎么当上皇帝的？

当时赵匡胤都哭傻了，啥也答不上来。可杜太后就是不闭眼，一定要他回答。

赵匡胤只好说，这是祖宗积德，以及您的福分。

杜太后摇头，儿子说得很有礼貌，可是她快死了，不想再听喜歌，她必须得把不放心的话都交代清楚才成。她说，不对，你能当上皇帝，唯一的原因就是周世宗的儿子太小，要是后周有成年的皇上，这个天下怎么能轮得到你？所以你死之后，要立你的弟弟当皇上，这样才能把这片江山坐稳。

史称赵匡胤马上就答应了，然而他老妈临死都毫不放松。她趁热打铁，马上说，去把赵普叫来，当着我的面，立即把这份誓书写出来。立字画押，不得反悔！

赵普被火速召来，他写好誓书，并在纸尾处签上“臣普记”三字，然后装在皇宫专用的盒子——“金匮”里，由谨慎可靠的宫里人收好保管。

以上就是北宋之初，疑案“金匮之盟”的官方记载。

根据以上记载，我们可以知道，当时知道这件事的，活下来的大概只有三个人——赵匡胤本人、赵普以及那位专门掌管金匮的谨密宫人（保守估计，只有一个宫人）。

那么问题出来了，疑案之二——烛光斧影之后，赵光义挤掉已经成年的两个侄子，自己接哥哥的班当皇帝。可是一直名不正言不顺，直到四五年之后，由赵普偶然说起，赵光义才知道，并从后宫搜出了当年的“金匮”，从而了解到自己原来当皇帝很合法啊！

要说赵普还真是能忍，吊了赵光义这么长时间的胃口，才把这么重要的东西拿出来。可是当时的赵普已经早就不是宰相了，罢相的原因就是跟还是晋王加开封府尹的赵光义作对。到了新皇登基，他更是备受压迫，连一直仰其鼻息的朝臣们都敢反攻倒算了。形势如此恶劣，他还会握着这样重要的资本不用，一直等到四五年之后才对新皇帝买好，来改善关系？

真是活见鬼，而且那位一直保管着这份官方第一密件档案的宫人，不管他是太监还是什么，为什么也四五年不见上报？就算不想邀功，难道就不怕赵光义杀他的头？

破绽多多，但这就是宋史的本色。而且，这还仅仅是“金匮”之说的其中一解。

关于“金匮”的真假之谜，甚至到底有没有“金匮”的存在，都因为公元961年六月宋太祖赵匡胤的生母杜太后的去世而无从考证了。流传到今天，它的起源出处还有另外一个版本，取材于宋初名臣王禹偁所著的《建隆遗事》，但是不必细究，随便读一下都觉得那简直就是在恶搞。

这本宋人笔记里记载，皇位更迭这样的大事，竟然是在一次举族欢庆的家宴上公开决定的。而且提出这个决定的，竟然是赵匡胤本人。

他向他妈妈敬酒，当众宣布，他死之后，就会传位于晋王光义，光义死后，就传位于三弟光美。他妈妈大喜，这完全成就了一个女人的最高愿望——他老妈杜太后不仅是一代开国之君的母亲，还空前绝后地成为三位天子的母亲！

太后大喜之下，要求赵光美死后复归皇权于匡胤之长子德昭……真是一家和睦，雍容揖让，古今之典范大成！

往下的我就不愿再说了，完全是在浪费笔墨纸张。

我们把目光向南转吧，一直越过长江，再越过南唐的都城金陵，溯江直上，来到古代的洪州，也就是今天的南昌。在那里，也是在公元961年六月，发生了一件真正对当时的中国影响巨大且史实准确的大事。

李璟死了。而且非常遗憾，这时他已经叫李景了。与他最初的本名李景通只有一字之差。因为他已经不再是皇帝，而是“南唐国主”。

李景，当他死的时候，或许会无比清晰地回忆起他生命最初时的印迹。他生于安乐，父亲为他准备好了一切，却无奈地死于忧患，他应该会想起，父亲临死时仍然对他不放心。那时李昪挣扎着说出了人生的最后一个要求——儿子，把你的手指放进我的嘴里。

李景不明所以，但还是遵命执行。只见李昪狠狠地咬了下去，把儿子的手指咬得鲜血淋漓。这时，才说出了心里最不放心的事——儿子，疼吗？你要牢记善交邻国，保住社稷，不要像隋炀帝杨广那样自恃强大随便出兵，最后自取灭亡。要记住我的话，你才是孝子……才不会疼啊！

可是李景都忘了，在治国用兵这些国家根本大政上没有一件是按照他父皇最后的嘱托而做的。到他死的时候，他的国家已经少了一半的国土，而且四邻交恶，民生凋敝，能暂时保住江山的，只有一条上天赐予他的长江。

但就是这条长江，还差点让他落入北岸的宋军手里。那是在当年的三月，李景觉得金陵与长江北岸的敌营离得太近，执意要迁都到洪都（今南昌）。在迁都的过程中，他的龙舟在长江中突遇大风，被吹向北岸，差一点就让宋朝的水军不劳而获。

历尽周折到了洪都，李景却病倒了，真是生有地死有处，他千里迢迢、担惊受怕地来到了洪都，竟然就是为了死在这里。他死的时候万念俱灰，给留在金陵的太子李从嘉的遗命是再也不要为我奢靡浪费了，别修什么陵寝，只要有一个几尺高的坟头就好，我只求在地底下能够重获安宁。

这是平民一样的临终要求，可惜他二十五岁的儿子李从嘉无论如何都不能满足父亲这样的要求。李从嘉一边大修陵墓，一边上表请求北方的赵匡胤给自己的父亲以皇帝的礼仪安葬。

也许是同样刚刚死了亲人的缘故，赵匡胤答应了。李景的尸体被隆重地迎回了南唐的京城金陵，追复帝号，定谥号为“明道崇德文宣孝皇帝”，下葬顺陵。

当年的七月二十九日，他的儿子，准确地说是六儿子李从嘉，在金陵袭位为第三代南唐国主，从此改名为李煜。

杯酒释兵权？

公元961年的七月，注定了是一个动荡的年月，在长江之南，第一大国南唐换了新的国主，在江北的中原第一强国北宋，也同样发生了一次震惊全国的政令改动。

没有任何的预兆，宋朝关乎国家安危的根本支柱——都城禁军里的高级主官们突然间被大面积地罢免。包括石守信、高怀德、王审琦、张令铎、赵彦徽等人，一个个威名赫赫、忠心耿耿，从来都没有听说过他们有什么反叛的迹象，一夕之间，全都丢官弃职。

当时没有人会知道自己已经成功地摆脱了血腥杀戮的五代十一国，就算赵匡胤本人都没有资格说这样的话，因为南唐、后蜀、北汉、吴越等国家毕竟都还与宋朝并存，虽有强弱之分，可是谁敢说出最后的胜负？而在五代时期，国王与自己的统兵大将之间几乎从来没有过真正的诚信关系。像现在这样，突然之间禁军首领几乎全部罢免，在人们的记忆里，一定是发生了什么天翻地覆的血腥政变。

在史书文献的记载里，事情进行得波澜不惊，一切都像是微风细雨一样。和平、轻松，赢的人如释重负，而所谓失去了什么的人，也同样额手相庆。

似乎是双赢。

这件事是这样记载的——当年七月的某一天晚上，赵匡胤下了晚朝，把石守信等亲信都留下，邀他们到内宫喝酒。喝到兴头上时，赵匡胤突然非常不快乐，说——要不是你们，我做不了皇帝。可是我现在难受，没一个晚上能睡好觉。

石守信等人问怎么回事。

赵匡胤的回答直指要害——“居此位者，谁不欲为之！”

以后的事就谁都知道了。石守信等人伏地请罪，发誓绝无二心，赵匡胤宽大为怀，给他们指出条活路，即“释去兵权，出守大藩”，并赐予大批金钱田产、歌儿舞女，使彼等“日饮酒相欢，以终其天年”……到第二天，石守信等人就都因病退休了。

赵匡胤遵守诺言给他们一一安排了新的工作——石守信为天平节度使，高怀德为归德节度使，王审琦为忠正节度使，张令铎为镇宁节度使，除石守信本人还保留了侍卫司马步军都指挥使这个虚衔外，其余所有人的禁军官职一起罢免，尤其是继慕容延钊的殿前都点检这个极为敏感的职位之后，殿前副都点检一职也被永久取消。

而且在各种史书中，如《宋史纪事本末》及《续资治通鉴长编》，都在石守信所兼的职位之后附加了一句——“其实兵权不在也”。

谁也没逃了。

以上就是被世人大肆称道的宋太祖仁政之一——“杯酒释兵权”。千年之间，无论怎样细查、怎样怀疑，至今也没有谁能发现并证明这件事是假的。于是就没法不称道赵匡胤是真的仁义了，比之刘邦、朱元璋那样大杀开国功臣，他真是好太多了。

但是细想一下，我没法不摆出这样的疑问：

一、石守信等人是开国之功臣吗？

二、赵匡胤是不能杀，或是不敢杀，还是没有必要杀？

首先说一，刘邦、朱元璋大杀功臣，都是到了天下一统之后才开始的。那么赵匡胤呢？这个时候他仅仅是把原后周的天下稳定下来而已，根本谈不上什么开国。而石守信等人最大的功劳，也只是在陈桥兵变时或里或外地推举赵匡胤政变成功而已。说到开国功臣，他们还谈不上，最多只能算是立国功臣。

再说二，赵匡胤为什么要杀他们？他们真的是威胁到了他的帝位以及生命了吗？根本谈不上，他们的威胁都是潜在的，最多只是怕他们步赵匡胤的后尘，也被部下逼着当皇帝而已。这有多大的可能性呢？犯得着刀头见血，让极力维护的和平形象受损吗？

所以，对所谓的“杯酒释兵权”完全可以看得淡一些，它的确可以算是赵匡胤的仁政之一，也给赵宋的官家们做了个好榜样，但是与刘邦、朱元璋等人大杀功臣的行为完全不可比，因为终赵匡胤一生，以及赵光义的一生，甚至赵宋所有官家的一生，都没有达到刘邦、朱元璋的境地，他们没有必要，也没有机会来大杀开国功臣。

除了以后的宋高宗赵构，此人才真正杀了他的开国功臣，杀得千年以来无数国人扼腕痛恨！

第十四章　我有一个梦想

时间过得飞快，几乎就是转眼之间，公元961年就过去了，紧跟着下一年，公元962年也平淡无奇地过去了。在中国的历史上，从公元961年七月开始，直至公元962年的年底，这一年半的时间里基本上没有发生任何刀兵争战。尤其是赵匡胤乖得出奇，他几乎是整年整月地窝在自己的家里，任由宝贵的黄金岁月匆匆而过，放任自己发霉腐烂。

好像他已经满足了，只是想在乱世中做一个平稳度日的守城之主。

但是奇怪的是，他身边的人却都累得要死。那么，他都做了些什么事呢？

首先，还是军队。继“杯酒释兵权”之后，赵匡胤仍然对他的军队不满意。要知道，军队始终都是一把刀，不仅要对它放心，还要让它有用。

在放心的一面，赵匡胤的智慧让人没法不佩服。历史证明，“杯酒释兵权”仅仅是他改良军队的前奏，后面的事才是他治军之道的精华。

通过改换领导，殿前正、副都点检都已经不复存在了。而到了公元962年的九月，石守信的侍卫司马步军都指挥使一职也被罢免，且从此撤销，并且从此把马军与步军分开，使它们各自为政。从这时起，“两司”变成了“三衙”，其长官就是后来宋朝军中统称的“三帅”——殿前都指挥使、侍卫马军都指挥使、侍卫步军都指挥使。

南、北两朝变成了三国鼎立，看你们还怎么联合起来作怪。

赵匡胤在“三帅”之下又设置了“四卫”，即属殿前司的铁骑军、控鹤军，属侍卫马军司的龙捷军，属侍卫步军司的虎捷军。这“四卫”下面再各设四厢都指挥使，进一步剥离四卫的兵权。

兵权如此细分，赵匡胤认为还是有危险。他进一步规定这些将军加在一起，也仅仅是拥有了“握兵”之权，即平时由你们负责训练、职守、迁补赏罚，真正的“调兵”之权他们一点边都别想沾。要“调兵”，只能去找枢密院。而枢密院名义上是全国最高的军事统治机构，但它也仅仅是皇帝的一个喉舌而已，它只能接受皇帝的命令，然后由它发布由哪位将军具体“统兵”。

由此，军中三权分立，无论谁也没法直接掌握一兵一卒。按说这样赵匡胤就应该放心了吧？不，还不行。赵匡胤结合自身的发展轨迹，又找到了新的隐患破绽，那就是将军们身边的亲兵。

赵匡胤下令，无论是什么级别、什么高度的将帅，都绝对不允许拥有心腹亲兵，严禁军人培养自己的私人力量，违令者斩！

这一条是重中之重，赵匡胤咬得极紧，不管合不合情理，对谁都一视同仁。就连他的义社兄弟、开国元勋、被赐予殿前都指挥使、贵为“三帅”之一的韩重赟，被人告发拥有亲兵（仅仅是怀疑有），都差点被赵匡胤砍了脑袋。

赵匡胤爱惜并重视士兵，把他们当作特殊工种的劳动人士，军饷赏赐绝对优厚——“金币绢钱，无所爱惜”。但是，一定要守规矩，针对五代十一国期间骄兵逐主帅、悍将废帝王的血淋淋的教训，赵匡胤命令全军严格遵守“阶级之法”。

从此以后，官大一级真的能压死人了。上级军官真正有了生杀大权，使“士卒知将校、将校知统帅、统帅知朝廷”，彻底断绝以下犯上、作乱骄横的不法之心。为了执行这些前所未有的命令，赵匡胤不惜大开杀戒，翻开宋史，因此一次杀二十九人、杀四十人、杀一百二十人屡有记载。

没办法，五代时军悍如鸷，不杀不足以立威，甚至不多杀都不足以立威。

在开封城里，赵匡胤还有各种各样让军人暗自叫骂的阴损招数。比如说为了锻炼军人的体格，以及让他们保持勤劳，防止懒惰，每到发粮饷的时候，赵匡胤就命令城东的兵去城西取粮，城西的兵到城东去取粮，他本人就站在城中的制高点，看着满城的大兵各自背着至少两石（二百斤）的粮食从巨大的开封城这边走到那边、那边走到这边。

绝对不许雇车或者找人帮忙。

这样的事太多了，在这一年半的时间里，赵匡胤全心全意地梳理打造着自己的帝国内部，要尽快彻底地把他从后周偷来的江山改造成功，变成他自己的私有财产。而且随着时间的推移、问题的发现，他的命令还会不断地增加，直到后来达到“兵不知将，将不知兵”的完美境界，才算是大功告成。

时间飞快，转眼到了公元962年的年底。又快过年了，开封城里的大小官员被赵匡胤折磨了一整年，都在盼着放假、休息、分年终奖金……千百年来的中国人都这样，只要刀子还没架到脖子上，到了年底就都会尽情找乐。可是这绝对不包括当时的赵匡胤。

赵匡胤还是阴沉着脸，整天见不着个笑容，还行踪诡秘，尤其是天时不正、雨雪纷飞的时候，一旦到了这种案发率非常高的天气，他就越发神出鬼没。据传说，就在一个正下着大雪的晚上，他突然出现在了赵普的家里。

雪地里的赵匡胤显得异常，因为他笑了，他“呼赵普妻为嫂，为之炙肉暖酒”。在远离了皇宫群臣的环境下，他才向自己的首席谋士说出了心里话——

吾夜不能眠，一榻之外皆他人家也，故特来见卿。

两个人谈了很久，关于新兴的帝国是否要发展，要向哪里发展，就在这一夜里定下了基本方针。说到底，当时的赵普直接把一张尽人皆知的奏章——就是王朴当年的那篇《平边策》扔给赵匡胤不就得了。

无非都是先南后北，先易后难，何必赵普多费口舌，而我再多费笔墨？但是，有一点无论如何要注意到，那就是对于北汉的处理。

柴荣除了第一次因为报复而出征北汉之外，对那个弹丸小地从来不屑一顾，他的目标直接定到了战略意义比天都大的燕云十六州。而纵观日后的赵氏兄弟，无论是知兵的赵匡胤，还是素不知兵的赵光义，都把北汉放在了首位。

不下北汉，不顾燕云。

这里面的区别我们以后细谈。只是历史在这个大雪纷飞的夜晚之后，就向赵匡胤露出了前所未有的笑脸。他要的机会，最适合他的机会，竟然不请自来。

话说当时是五代十国，细算其中是十一国，再细分，里面还有很多不称国又独行其是的“国中之国”。荆南、湖南，就是两个非常典型的代表。

湖南，最早是一个叫马殷的许州鄢陵人建立起来的。最初只有潭、邵（湖南邵阳）两州，不断苦心经营才逐渐发展到后来的七州。这么点小地盘，按说不会太招人眼，可是很不幸，他遇到了早年雄心壮志、不甘寂寞的李璟。

凭着老爹李昪留下的家底，李璟很快就拿下了湖南，随后就被拖进了淤泥里。反复拉锯，再加上柴荣对李璟的折磨，马氏的部将刘言乘机收复了湖南，之后又被部下干掉，最后的受益人叫周行逢。就在962年的年底，周行逢也死了，他死后湖南的局面就像柴荣死后的后周一样。

十一岁的小孩子周保权要比七岁的柴宗训大上一些，然而没用，他父亲给他留下了一个差不多可以平起平坐的老战友——张文表。周行逢刚死，张文表毫不犹豫，马上起兵反叛。

周保权慌了，严格地说是周保权身边的大臣们慌了，他们一边派出湖南大将杨师璠出兵平叛，一边向赵匡胤求救。

周家一直向北方称臣，无论是柴荣还是赵匡胤，都承认他们的臣属地位。

消息传来，开封城上下军民人等都不由得深深呼吸，接着两眼烁烁放光，据说这是人类见钱眼开时的共同生理特征。他们都相信，此时皇宫里的皇帝一定也和他们的反应一样，还等什么？马上出兵!

让他们咬牙切齿的是，皇帝居然对此毫无反应。

赵匡胤脸色平静，他对周保权派来向他喊救命的人说，你们先别急，都下去歇一会儿，过两天等信儿。来自湖南心急如焚的使者被不咸不淡地打发了下去。

之后，赵匡胤也开始了深深的呼吸。机会真的来了，他比谁都要清楚，少不更事的小孩子周保权和湖南那个没经过大场面的小朝廷已经引火烧身。别人是前门驱虎、后门进狼，可这些乱了方寸的人却是因为张文表这只狼，来引他这只空前巨大的饿虎。

湖南已经出现了权力真空，如果他不马上出手，湖南周边的荆南、后蜀、南唐可都在虎视眈眈！

湖南是块肥肉，谁吃了都会更壮……但是，面临机遇才能称出一个人真正的斤量。赵匡胤不急不躁，直到等来了另外一个极其重要的信息，他才做出了最合理的判断。

去荆南（也称南平）吊唁的使者卢怀忠回来了。

荆南，这是另一个名为藩臣、实同割据的小朝廷，它最初的统治者叫高季兴，是五代开始时大终结者朱温手下的大将，官拜荆南节度使。当时的荆南小得可怜，只有江陵一座孤城，久经战乱，破败不堪。高季兴几乎是胼手胝足一点一滴地把家业做起来的。

传到宋朝建立，荆南的主人叫高保勖。高保勖毫不例外地向柴荣、赵匡胤称臣纳贡，以求平安。历史记载，他和他的前任哥哥高保融都到了“一岁之间三入贡”的孝顺程度。但是非常不巧，在周行逢还没死的时候，他就先死了，荆南就交给了他的长子高继冲。

赵匡胤是仁德之君，对臣下的死非常难过，他专门派出了吊唁的使者。使者回来，给他带来了一些跟婚丧嫁娶一点关系都没有的信息——陛下，荆南甲兵虽整，而控弦不过三万。年谷虽登，但民困于暴政……取之易耳。

赵匡胤哈哈大笑，心情大畅。一幅地图已经在他的脑海里清晰无比地展现出来——从北方的宋朝出发，要到达周保权的湖南，中间必须得经过高继冲的荆南……而荆南，又深深地迈过了长江。也就是说，有朝一日，从荆南出发去南唐，别说是坐船，就算是光着脚走路，脚上也只会有土，绝不会变成泥……哈哈哈，还有比这更妙的事吗？！

赵匡胤再不迟疑，出兵！按照原先的军事布防分区，荆、湖一带正是宋朝第二号军事强人慕容延钊的主战区。

慕容延钊出战，枢密院副使李处耘监军，再任命太常卿边光就职襄州，命户部滕白为南面军前水陆转运使，全力以赴供应慕容延钊的军需物资。

这是宋朝自开国以来，第一次走出国门，征讨天下，赵匡胤已经派出了他最强的，甚至比他本人还要强的军事班底，再会集了十州之兵，务求一举克敌，示威四方！

但是，谁也没有料到，在这次以众凌寡、泰山压顶似的攻伐中，真正令人胆寒的，却不是久经沙场、威名远扬的慕容延钊，竟然是那个出身幕僚、貌似柔弱文人的李处耘。历史证明，他毫不逊色于当时甚至历史上最残忍狠毒的人类公敌。

北宋乾德元年（公元 963 年）正月，帮助湖南武安节度使周保权讨伐叛逆张文表的宋朝大军起程出发，兵锋直指荆南高继冲。

假途灭虢。

荆南覆灭，宋军直奔湖南，打头阵的是监军李处耘。李处耘，潞州上党人，父亲叫李肇，是后唐时的检校司徒。后唐征讨定州时，突然遇到契丹人，李肇率兵绝不后退，力战而死。从根儿上讲，李家有孤胆独斗的勇气。到了后晋的末期，李处耘跟着哥哥来到了开封，他的运气可真好，正好遇到了耶律德光进攻石重贵。

后晋的叛将张彦泽率先冲进了都城。当时李处耘二十岁都不到，满城乱兵，杀人放火，他“独当里门，射杀十数人，众无敢当者”，一直挺到了天黑。到了第二天，乱兵又来了，李处耘“迨晓复斗，又杀数人，斗未解”。直到有他家的亲戚率兵来援助，才算结束。

当年三月初，宋军陆路出澧州（今湖南澧县），攻击湖南朗州。

李处耘一战大胜，杀了很多人，抓住了很多人。他在俘虏里挑出了几十个肥胖的，架起了锅，点起了火。他把敌人扔进去煮熟了，还当着其他俘虏的面，要自己的士兵吃了下去。

回忆人类有史以来的全部历史，大批虐杀俘虏，几万、几十万地杀也屡见不鲜，可就算是纳粹德国的集中营也仅仅是用毒气集体杀人，死后才收集人的头发、金牙等值钱东西；在最初的野蛮时代，铁木真的敌人札木合也仅仅是把敌人扔进锅里煮熟，可也没吃下去……李处耘当时并没有疯，他事后更加没有后悔，他的目的达到了，湖南人真的怕他了。三月十日，他攻进了湖南的都城朗州，杀了主战的张从富，抓住了十一岁的小孩子周保权。

可是他的胜利，并没有带来他期盼的荣耀。人，可以杀人，但是，要有起码的底线！

战报很快就传到了赵匡胤的手里。百日内，收荆南、破湖南，生俘高继冲和周保权，堪称战果辉煌，共得十七州、八十三县，共二十三万七千户人口。

大功告成。

但是赵匡胤却没法高兴。

胜利，有时真的并不是一切。赵匡胤始终都有一个疑问，这个疑问随着他的成长，随着他遇到柴荣去征战天下而逐渐地清晰。那就是，刀剑到底能给他带来什么？

这是个终极问题，里面包含着另一个极其深刻的内核，即他凭着刀剑为生，最终能走到哪一步？具体来说，他能超过柴荣吗？

以柴荣之强，有生之年无日不征、无日不战，严于律己，也苛求于人，活得痛快淋漓，最后怎样？以刀剑之利威服天下，难道刀剑还能千年不损？柴荣的教训就是他把自己都当成了一把刀，哪里有事哪里到，最后终于强不可久，一刀砍得崩了刃。

李处耘带给他的是一个标准的五代十一国时期的胜利，这不是他想要的。要怎样根除这样的事情，赵匡胤做出了新的国政决策。

收回藩镇节度使们的“支郡”管辖权（支郡，就是节度使驻地以外防区以内的其他州县）、财权以及司法权。

其中管辖权，从此以后由朝廷统一分派文官去担任各州县的知州知县。

财权，则由朝廷专门设立了一个专职机构——转运司来负责，每一个转运使来负责一路（路，简单地说，相当于现在的省，最高的行政区）的财政收入。每年税收除了少量应付日常开销的经费之外，全部上缴。

司法权更加彻底，赵匡胤下令从此以后全国各州所有的死刑案件，要全部上报朝廷，由刑部复查，州县官员再加上节度使再没有处死子民的权力。尤其是以前由节度使的校尉担任的司法提刑官职全都被清除，由科举录取的文官担任。

赵匡胤再次向全国派出了“兵样”，也就是一些高大威猛、符合标准的士兵，全国各州军队只要符合条件的大兵都要上交出来。

就这样，赵匡胤才基本上做到了兵也收了，财也收了，赏罚刑政一切都收了——大圣人朱熹语录。在做着这些事的时候，他才深切地感觉到，他的前任皇帝柴荣有多危险，那是长年累月地赶着一辆没有缰绳的马车，随时都会翻掉。

赵匡胤可不想这样，他要创造出一种能长期有效、不必对下属随时施压就能传达命令并保证执行的制度。只有这样，才能让他的国家长治久安。

第十五章　胜利者的规矩

时光倒流，又像回到了东汉末年的三国。隔着长江，那边是东吴；隔着剑门蜀道，里边就是蜀汉；而广大的关东大地就是赵匡胤现在的地盘，他变成了曹操。

怎么办呢？

要是回到后周，事情很容易，柴荣想都不想就会提兵直奔长江，那边他熟。另外，南唐可真是有钱啊。可是现在不同了，南唐已经彻底称臣做小，尤其是新接班的李煜，对赵匡胤恭敬得不得了，已经是合格的下属了。那么当领导的也得有些正规的形象不是吗？

不到万不得已，不能不要脸。

后蜀就是另外一回事了。后蜀的皇帝孟昶不仅不服，还在主动进攻。

孟昶，初名仁赞，字保元，邢州龙岗（今河北邢台）人，还是柴荣的同乡。是五代后蜀高祖孟知祥的第三个儿子。此人得天独厚，老爹给他打下的是中国地理上最隐秘、最安全的一片江山，而且非常富饶，他可以躲在剑门蜀道的天险后面，一直稳稳当当地当化外皇帝。

他真的创造了五代时的一项纪录，他是所有短命朝廷里在位时间最长的皇帝。一共是三十一年，不过还是很遗憾，同样是蜀国的后主，他比刘禅还是少了点。

他父亲孟知祥本是后唐庄宗李存勖的妹夫，沙陀人干掉了前蜀后主王衍后，就派他做四川节度使。没想到后唐迅速崩溃，孟知祥就来了个山高皇帝远，自己称大王，守住了西川，在干掉了邻居东川的董璋之后，当上了刘备。

孟昶十六岁即位，几个月后，干掉了把持着禁军并且兼职宰相的李仁罕、张业甥舅二人，一举收回了国政大权。

开业大吉。

那时后蜀的藩镇大将李肇来见孟昶，刚开始时拄着拐杖装模作样，说老了跪不下去。孟昶干掉李仁罕的第二天，他远远看见孟昶，马上就扔掉拐杖，趴在地上连连叩头，大气都不敢喘。

之后孟昶的表现完全是一个标准的圣明天子。他衣着朴素，兴修水利，注重农桑，与民修好，什么好事都干，后蜀国势强盛。孟昶也志向高远，他在后晋刚刚被契丹灭亡的时候，趁刘知远立足未稳，将北线疆土扩张到了长安。可惜他不能亲上战场，手下人不太给力，又败回来了。但是也得到了秦、成、阶、凤四州土地。直到柴荣横空出世，这四块肥肉才被中原又叼了回去。孟昶仍然不服，他为了再次和柴荣较量，专门训练了一支精兵，命名为“破柴都”，摆明了向柴荣叫阵。

可是柴荣一直都很忙，没空搭理他。

这之后，孟昶就变了。躺在天府之国里享福太久，他开始堕落了。此人纸醉金迷，大修宫殿，非常沉迷于房中之术，这混账把全川各地美貌的川妹子没完没了地往身边搂，最后四川基本上没有未婚女孩儿了，早婚早恋成了民俗习惯。

这都没什么，按照一位国学老前辈的说法，在中国，皇帝的特权之一就是随便看中了哪位姑娘，只需要在一张黄纸上写几行字，就可以拉进宫里，合法享用。而且女方还要叩头称颂，说真是家门大幸，祖坟都冒了青烟。那么孟昶在自己的国家稍微合法一下，又有什么大不了的?

但是，什么事都有个度。你可以随便玩女人，但是不要想着随便去玩赵匡胤。孟昶本着连柴荣都可以随便搞一下的决心和魄力，那么小弟弟赵匡胤又算得了什么呢?

话说自古有蜀就有后主，有后主就有诸葛亮。孟昶的诸葛亮叫王昭远，两人从小一起长大，数十年如一日，亲密无间，好到了孟昶的国库就是王家的仓库，可以随便拿。

王昭远要做真正的诸葛亮，出川北伐，平定天下!

进兵的具体步骤是先联络好北汉，命令它南下，我们后蜀趁机出黄花谷、子午谷（西安南一百里处），中原表里受敌，那么关右之地就都是我们的了。

王大枢密使急不可耐，派出了他的枢密院大程官孙遇以及兴州军校赵彦超、杨鏓等人，带着写好的蜡丸密信去见北汉的皇帝，“令”其出兵，一起攻打宋朝。

遗憾的是，不是每个人都有他们君臣间那么伟大的幻想式的激情，尤其是赵彦超。这人在半路上拐了个弯，把孙遇、杨鏓连同蜡丸密信都交给了大宋皇帝赵匡胤——或许是他觉得千辛万苦像做贼似的偷渡整个宋朝国境，把信送给北汉皇帝，倒不如直接做贼，把后蜀皇帝和北汉皇帝一起卖给大宋皇帝来得好。

赵匡胤的烦恼不见了，他仰天大笑——吾西讨有名矣！

乾德二年（公元 964 年）十一月二日，赵匡胤以后蜀皇帝孟昶勾结北汉共谋犯宋为由，发兵近六万，分北、东两路合进收川。北路以忠武节度使王全斌为西川行营凤州路都部署，侍卫步军都指挥使崔彦进为副都部署，枢密副使王仁赡为都监，统率禁军步骑两万、诸州兵士万余，自凤州（今陕西凤县东）沿嘉陵江南下。

东路，以侍卫马军都指挥使刘光义为西川行营归州路副都部署，枢密承旨曹彬为都监，统领步骑两万，自归州溯长江西上。

两军分进合击，约期会兵合攻成都。

与此同时，赵匡胤再次显示了他的宽广无私、博爱仁慈、天下为公、我为人人的巨大胸怀，他命令从即日起，就在开封城右掖门外南临汴水的黄金地段，修建一座有五百间独立房屋的河畔豪宅，里边日常用具要一应俱全，要做到房主一到，就可以立即投入使用。

他命令王全斌和刘光义为他带个信给孟昶，这就是他为孟昶同志准备的新家，虽然仓促，但是非常有诚意。等你啊，都给你准备好了，预祝你乔迁大喜、居住愉快。

一个问题，四川怎么会被人攻陷呢？尤其是从东、从北向西攻。要知道，在民国二十六年（1937 年）的二月以前，也就是川陕公路全线通车以前，中原内陆入蜀的道路只有三条：一、金牛道，即众所周知的“剑门蜀道”；二、阴平道；三、米仓道。没一条道能让进川的人舒服，何况是顶着枪林弹雨往里攻。

米仓道，是因为它要翻越米仓山而得名，那根本不是人走的路，比阴平道更糟糕，行军打仗完全可以忽略不计；阴平小道，其实那是三国时的邓艾在自寻死路。别说是从阴平道上滚下来九死一生，就此断了回头路，没摔死的几千个满头大包的大兵连匹马都没有，还打什么仗?

剩下来的就只有金牛道了。这条路相对来说好走点，而且路程较近，但要命的是，它又叫“剑门蜀道”，记得诗仙李白曾经说过的“噫吁嚱，危乎高哉！蜀道之难，难于上青天”吧？说的就是剑门之险。

“要想得四川，必下剑门关”，还非走它不可。

古之剑门，指的是今天的广元以北五十三公里、南距剑阁县三十公里处的一座东西横亘百余公里的山脉。其间七十二峰绵延起伏，高入云霄，陡壁断处两山相峙如门，形势险要，因此得名。

这是真正的一夫当关、万夫莫开的地势。三国时姜维就是在这里以三万人马挡住了钟会的十万大军。旷日持久，相持不下，最后邓艾拼死一搏，从阴平小道绕到剑门后面偷袭，才把蜀汉给灭了。

赵匡胤只派了不到六万人，还分了两路，面对的还是当了三十一年的皇帝，在五代十一国里有着巨大号召力的孟昶。他的胜算主要在于一个人。

征蜀主帅王全斌。

王全斌，并州太原人，父亲是后唐庄宗李存勗的手下。当他十二岁的时候，他父亲办了件蠢事，没有多大的官，却私自储备了亲兵牙将，这犯了所有皇帝的大忌。李存勗命令他父亲进京回话，这时候他父亲怕了，不敢去。十二岁的王全斌说，这是皇帝在怀疑你有异心。这样吧，把我送去当人质，皇帝就会相信你。

一场灭门大祸就此消平。

再后来，李存勗把王全斌收在身边当近卫。等到李存勗众叛亲离，乱兵入城的时候，宫廷卫士不是叛变就是逃跑，只有王全斌和符彦卿一直保护着李存勗在皇宫里苦苦支撑。直到李存勗被冷箭射中，王全斌还把他扶到内殿，等到皇帝死了，他才痛哭而去。

这样的执拗、这样的忠贞，才是赵匡胤选他做平蜀主帅的最重要原因。因为纵观中国历史，四川是个非常邪性的地方，在那里割据的政权，不管是贤明的还是荒淫的，不管是有刘备的胸怀还是诸葛亮的才能，都绝不会超过两代。而外来平蜀的将军们就更加不幸，不是死在了崇山峻岭里，就是在九死一生侥幸成功后，反而被自己的皇帝砍头。

理由很简单，因为没有哪一个皇帝不害怕那些成功入川消灭了一个朝廷的将领，会留在那里自立为王。王全斌是值得信任的。

战争的机器轰隆隆开动，六万把尖刀逼向了后蜀。后蜀的反应是极度兴奋！如果非得要说有那么一星半点的遗憾的话，那就是枢密使王昭远大人的生平第一仗，并不是像诸葛亮那样北出祁山攻伐中原，而是先奉命抵抗。

王昭远被孟昶封为西南行营都统，全权负责后蜀对宋军的防御。临行前，他带着都监赵崇韬，出席了宰相李昊（一绝妙之人）为他举行的壮行酒会。席间王大都统慷慨表态——我此行何止战胜宋军，以我手下的三万雕面恶少年（后蜀和宋朝一样，士兵就是囚犯，都在脸上刻记），取中原易如反掌！

要特别说明一下的是，王昭远在说这番话的时候，他的手势以及当时手里拿的东西，都让他在历史上留下了一个恒久不灭的光辉形象。那是一把铁质的如意，尺寸不知，估计应该不小，因为王昭远行军布阵时把它当成令旗或者指挥棒来用。

想来千军万马中，无数盔甲兵执之间，王昭远羽衣纶巾、哂然谈笑，随意挥舞铁如意，敌军则狼奔豕突，溃不成军。功名等闲到手，那是怎样的风采绝伦啊。人生至此，不亦快哉！

就这样，王昭远满怀豪情壮志，带着他的三万雕面虎狼之师，离开成都，去迎战把整个蜀国都当成了无限量提款机的宋朝平蜀远征军。

伐蜀，再一次伐蜀！

三十九年前，中原大地的主人是后唐的庄宗皇帝李存勖。从李存勖最初的起步姿态和成果来看，他已经势不可当，马上就会席卷全国，统一天下。在公元925年九月末十月初，他派出了自己的宗室亲王李继岌以及大将郭崇韬去攻伐蜀国。

那是一次极度惊人、前无古人也绝对后无来者的胜利。巅峰时期的世袭雇佣军团沙陀人竟然只用了不到三十天的时间就越过了无数的蜀山天险，攻破了天府之国成都，迫使前蜀的后主王衍走出国门，白衣请降。

那么他们呢？现在的宋军会用多长时间？

公元964年十二月初，战争正式开始。王全斌率军冲出凤州，直奔兴州。十九日，兴州陷落。继而在三泉（今陕西宁强西北阳平关）击败蜀军前敌总帅韩保正，进迫蜀道绝境天险葭萌关。

葭萌关，有人误以为它是“剑门关”的误读名。其实不是，葭萌关的故城在今四川省广元市元坝区昭化镇以北五里的土基坝，关城现已荡然无存。剑门关在葭萌关故城西南约二十公里处，属广元市剑阁县。不过它们同在一座山脉之间，同样雄关险峻，飞鸟难逾。

可以毫不夸张地说，这是人类历史上最难攻破的军事险塞之一，三国时蜀汉大将军姜维，就是在这附近挡住了钟会的十万伐蜀大军。剑门、葭萌，这才是蜀人真正的心理上，同时也是实际上的防线。你完全可以相信，在此前蜀道之外的战斗中后蜀军队都没有真正地发力，因为那毕竟不是蜀人世代生息的根本之地，而且身后有如此屏障，谁还会提前拼命？

缩进天险里，后蜀人使出了最绝的一招——烧毁栈道。

栈道，那是我们的先民们在本来绝无道路的岩石崖壁之间硬生生地凿孔，再插进去木梁，梁上铺设木板，下面再用斜柱加以支撑，无中生有地制作出的一条名副其实的“天路”，是一条真正的奇迹之路。而它一旦被焚毁，就又恢复了悬崖绝壁的本来面目。

更加重要的是，伟大的后蜀第一军事强人，枢密使领西南行营都统王昭远先生，已经带领后蜀的真正主力大军抵达了利州。利州位于嘉陵江东岸，它的前面是广元，也就是葭萌一带，它的背后才是剑阁。它本身就建在崇山峻岭之间，是剑门天险之前的另一道天然鸿沟，足以让宋军望而却步。

蜀人彻底失算了，这些在平原上生龙活虎的北方平地佬进了山后变本加厉，没有栈道，他们马上就派出部将崔彦进开始抢修，而且在抢修的过程中，主帅王全斌已经亲率两万多人的主力大军，在嘉川东南的罗川小道上披荆斩棘觅路前行。几天之后，王全斌就突破了罗川防线，出现在了嘉陵江渡口的深渡一线。

这时，更加惊人的事情发生了，本是转移蜀军注意力的崔彦先一步，不仅已经修好了栈道，而且还迅速攻克了天险小漫天寨，赶到了深渡和主帅会合。

王昭远带着刚上战场的生力军扑向了连日劳累、天天上演徒手攀登的宋朝军队，结果却是三战三败，不仅丢了江边的滩头阵地，还被王全斌反攻倒算，夺下了嘉陵江后面的大漫天寨。之后王昭远就再也刹不住车了，他居然连返回利州重整阵脚都做不到，而是被王全斌直接赶上了剑阁。

这一天，是公元 964 年十二月三十日，战争正式开始近一个月了。王全斌失败了，他没能打破后唐战将郭崇韬三十天平蜀的灭国纪录。

剑门关前，王全斌下令全军休整，必须让士兵们喘一口气了。东路的刘光义、曹彬出鄂西，势如破竹，连破三会（今重庆巫山东北）、巫山（今重庆巫山东）等蜀军营寨，击破后蜀水、步军共一万余人，缴获战船二百余艘，逼近了夔州。然后他们就止住了全军，从怀里往外摸东西。

是一张地图，赵匡胤亲手交给他们，要他们一定在临近夔州的时候再打开。并且严令，上面怎么写，他们就怎么做，绝对不许自作主张！

这或许是宋朝开国之后，第一次君主在后方实行“图阵形，规庙胜，尽授纪律，遥制便宜，主帅遵行”的祖宗家法。刘光义不光幸运地成为第一个吃螃蟹的人，还非常幸福，没有亲身实践这套规矩最后也最要命的一项，即“贵臣督视”。

他身边的监军是此前名不见经传的曹彬，此人不管才能怎样，至少是个名副其实的谦谦君子，不会怎么太折磨他。

赵匡胤并没有做错，他是军事天才，后来的赵光义，以及再后来的那些长在皇宫内院，让各级母后皇娘爱不释手，让儒家道学们夸成人类典范的官家有没有资格这么做，就是另外一回事了。

回到眼前，在刘光义面临的是一条水陆两栖立体防御的马其诺防线。首先在江面上蜀军不惜工本，架了条浮桥封锁了整条长江，而且为了结实，还在浮桥上加了三重木栅栏。这还不算，最可怕的是在沿江两岸，后蜀居然“夹江列炮”——不管打出来的是石头还是炸药，都是非常不人道吧？！

更加不人道的是赵匡胤。他让后蜀人千辛万苦弄出来的防御工事像千年以后第二次世界大战时法国的马其诺防线一样，连一炮都没打出去就彻底完蛋了——根据分析，该防线的最强点在水路，不论是浮桥还是大炮，一切都是为了防止宋朝的战船。

这没有错，宋朝人真的是坐船过来的。

但是赵匡胤让自己的大兵们在离浮桥三十里外就全部弃船上岸，有马的上马，没马的迈腿，三十里的江边小道一口气就冲了过去……不知道后蜀的大炮是什么口径，是高射型的，还是平轰型的，反正什么都来不及了。

杀完人，再毁了桥，重新上船，后蜀的川东重镇夔州已经近在眼前。

守夔州的是后蜀宁江节度使高彦俦，孟昶给他配备的监军名叫武守谦。后来证明，这两个人是在这场战争中，后蜀方面唯一可以被载入史册的正面形象。刘光义不敢怠慢，他派出的是征蜀东路军的王牌——禁军侍卫马军都指挥使张廷翰。

宋军三衙主帅之一的张廷翰亲自出战，野战击败武守谦，接着猛攻夔州。后面发生的事，就要看这个世界对英雄的定义了。

一定是胜利的一方才配称为英雄吗?

历史记载，当日“廷翰等乘胜登其城，拔之。彦俦力战不胜，身被十余枪，左右皆散去”。孤城无援，部众溃散，高彦俦为自己的陛下所做的最后一件事是：“彦俦奔归府第，整衣冠，望西北再拜，登楼，纵火自焚。”

英雄，一定要是胜利者吗?

几十天之后，有个女人很鄙夷地撇着嘴，充满不屑地说——十四万人齐解甲，更无一个是男儿。

男儿在边关，死战尽勋戎，贵妇深宫乐，凭甚论英雄!

雄关如铁，绵延百里——“蜀道剑门无寸土”。剑门关的山脉是从秦岭而来，完全由巨大的砾岩组成，尤其在剑门关正面一带，岩石如镜，寸草不生。这是天险里的天险，已经是后蜀的最后一道屏障，也是上苍给历代蜀人的最后一线生机。

历史可以做证，在此之前，剑门关从未在正面失守。但不幸的是，伟大的纪录，都是留给“伟大”的人去打破的。

王全斌派出了头号亡命之徒先锋官史延德，要他悄悄翻过眼前这座见了鬼的大山，经来苏（今四川剑阁东）的小路渡江迂回到剑门关南二十里的清强店。

到了清强店之后，要尽一切力量向剑门发起攻击！无论如何一定要胜利，而我会配合你!

当史延德突然出现在清强店，扑向他的剑门关时，王昭远的反应是马上后退，连稍微的抵抗都没有，就退向了汉源坡（今四川剑阁东）。至于关乎整个后蜀命运的剑门天险，他交给了一个在历史上都查不出姓名的偏将。

偏将不仅要抵挡史延德，还要面对从正面冲上来的王全斌。历史没有记录下他有多神勇，因为史延德和王全斌在剑门之巅胜利会师了。

蜀川最强的天险，也是最后一道屏障就此被攻破。

王昭远的表演还没有结束，他带着近两万大军仍然驻守着剑阁的一部分——汉源坡，两万蜀军站在崇山峻岭之间，被宋军一战击溃。

王昭远失踪了。

宋军追击蜀军至剑州城（今四川剑阁），这是后蜀人在剑门关上的最后一个据点，刚刚溃散的蜀军都跑到了那里。剑州城成了后蜀人不堪回首的地方，一退再退，苟且偷生，所有的天险都不能利用，最后在剑州城里，一万多蜀军被集体屠杀……

王全斌继续进军，才在东川（今四川三台）一个农家院的小仓库里偶然抓到了一个哭得泣不成声、双目红肿、嘴里还念念有词的人。经确认，这就是后蜀的“诸葛孔明”王昭远，当时他面对宋军的刀枪视而不见，只顾着反复吟咏一首唐诗的最后一句——“远去英雄不自由”。

可惜了晚唐才子罗隐的佳句，他到了这时还是死不认错，因为前面一句是——“时来天地皆同力”。到这时王昭远仍然认为，他的失败是运气所致。

当年前蜀是怎样灭亡的，现在后蜀照原样再次翻版。

公元965年二月十九日的早晨，成都北郊外升仙桥畔，四十年前的一幕再次重现。孟昶身穿白衣，衔玉璧，手牵一只白羊，头上缠着草绳站在桥边。他身后是他从前的文武百官，这些人身穿孝服，赤足，伏在一口空棺材上放声痛哭。

这就是中国当时出降的国君所应必备的官方“礼仪”，以此来表示自己犯有死罪，听候发落。他的官员们是在为他服丧悲痛。

受降的一方，由宋军主帅王全斌代表赵匡胤走了过去，取下玉璧和草绳，把白羊牵走，再把那口棺材烧了，当众宣读赦免孟昶的诏书，这一过场才算走完。

后蜀从公元925年起，至此享国近四十年。宋军从公元964年十二月初出兵起，到孟昶出降，只用了六十六天，巴蜀四十六州、二百四十县、五十三万余户就此换了主人。

在我们民族几千年的历史上，不仅给失败者制定了种种可说屈辱也可说人道的规矩。同样地，胜利者也有他不可逾越的底线。

如果有谁自恃凶悍，做得实在过分，他一定没有好下场。不管是在他生前，还是死后，都一样。比如说在中国历史上真正做到战无不胜、攻无不克、百战百胜的将军是谁?

相信没有人会想到白起。只有他，才配得上这个称号。但是我们民族所世代供奉的战神，却是兵败溃逃、被敌人抓住砍了头的关羽。

这说明什么?不管别人怎么看，甚至也不管我们自己人怎么看，相比于单纯的胜利，我们民族更看重的是胜利背后升华到精神层面的东西。

可是王全斌和刘光义却不懂这些。他们只记得一个命令以及一个事实。命令——皇帝曾经说过，这次出征他只要蜀国的土地，所有的库存财宝都是我们军队的!

至于那个事实——后蜀人都是些孬种懦夫，是不堪一击的软蛋废物，可以随意摆布，想怎么样就怎么样!

他们是这么想的，也是这么做的。王全斌的北路军就不用说了，他们进入成都的当天就开始了梦幻般的新生活。当时成都的繁华美丽绝对要在久经战乱刚刚复苏的开封之上，这些长期被赵匡胤的各种新定军规虐待的大兵哪见过这些?

抢!只要是我能看得见的，只要是我的手能抓得住的，就是我的!不管那是大户人家的金银财宝，还是店铺里的绫罗绸缎，又或者是灵秀美丽与北方佳丽迥然不同的川妹子，他们见什么抢什么。至于他们的主帅王全斌，一来他在军中的口碑就是“宽容”，从来不会扫大兵们的兴;二来他本人是没有参与到外面公然的抢劫，但他直接走进了后蜀的国库。

十六万贯，这只是他私吞的铜钱的数目。

刘光义的东路军就更上一层楼，他们自从攻破夔州之后，就一路畅通无阻。万州、开州、忠州、遂州等地都是不战而降。刘光义每进一城，就把官府库存全部打开，赏给士兵，士兵们的反应是一边收钱拿东西，一边要求主帅屠城。

这是在物质享受之后，再要求精神娱乐了。宋史上记载，这是将士们想让后面的胜利更容易些，所以要加倍地立威。但是请问，都已经望风归降了，你还要怎样再进一步的投降诚意呢？宋人无耻且狡诈，在他们写就的史书中充满了欲盖弥彰的劣迹！

之所以没有发生屠城的惨剧，完全是由于东路有监军曹彬。这是个老成持重、通达世情的人，不管他的军事素养到底有多高，他至少是个明白事理的人。

东路军比北路军晚了几天进入成都。之后成都就成了赵匡胤两年不醒的噩梦。

当年三月，后蜀的亡国之君孟昶被宋军押解进京。少不入蜀，老不出川，孟昶这一年四十七岁了，考据史书，这是他有生之年第一次出川，回望蜀乡，家国渺茫，一切都离他越来越远了。

对他稍有安慰的，是远在开封的赵匡胤给他的承诺：“尔既自求于多福，当尽涤其前非。朕不食言，尔无过虑。”

似乎赵匡胤是认真的，他不仅对孟昶宽大，连对孟昶的母亲李太后都尊称为“国母”。

很多人的脑海里会闪现出四十年前的那一幕。

当时前蜀王衍举族投降，君臣一共有几千人，出江陵，经襄州，像他们一样向北去洛阳，向后唐的庄宗皇帝李存勖投降。很不巧李存勖因为部下叛乱，正要御驾亲征，怕过多的降臣再让局势动荡，于是就下令把“王衍一行”全部处死。

当时接旨的是后唐枢密使张居翰，这人实在不忍，趁着诏书上墨迹未干，李存勖匆匆离开，他马上把诏书靠在殿柱上，将“一行”改为“一家”。仅仅杀了王氏一族了事。

那么赵匡胤会履行诺言吗？当年李存勖也曾经答应王衍全家不死的！

孟昶一行抵达开封郊外时，赵匡胤派晋王赵光义在玉津园慰问。次日，赵匡胤在崇元殿备礼召见孟昶以下原后蜀君臣三十三人。礼毕，率孟昶等同登宫城门楼检阅三军，在大明殿大摆筵席为孟昶接风。

封孟昶为开府仪同三司、检校太师兼中书令、秦国公。其弟孟仁贽、其子孟玄喆及其宰相李昊等人也都各授官职。

这是打算友好共处，一起长久过日子了。可是天有不测风云，人类生活的最大乐趣就是不知道第二天会发生什么。

孟昶死了，真是没办法，一路上千里风霜、舟车劳顿他都挨过去了，可到了开封，住进了赵匡胤给他特意修建的河畔豪宅之后却突然死亡。只在新主人赵匡胤的光辉照耀下生存了短短七天。

比起血腥的死亡，人类更加津津乐道的，就只有香艳的男女关系了。孟昶的死，马上就让一个女人的曼妙形象加倍地鲜明了起来。

花蕊夫人孟费氏。

人们传说，这位比花还要娇贵，只能以花蕊命名的女士，让赵匡胤一见钟情，大约春梦一直做了六个晚上，到第七天的时候孟昶就终于死于赵匡胤久旷的男性激情了。

就连国学演义大家蔡东藩老先生的大作《宋史演义》里，都要对此大书特书，其篇幅比王全斌攻剑阁都要多。但是很遗憾，我认为，关于花蕊夫人与赵匡胤的露水姻缘纯属虚构，充满了中国民间所特有的逻辑智慧和以讹传讹、不断加工的不要脸精神。

都是假的。

以蔡东藩的书里引证，该“花蕊”姓徐，父亲叫徐匡璋。可是很遗憾，现代早有定论，姓徐的“花蕊”是前蜀国王王衍的老妈，小徐王妃。那女人才真正地了不起，美到出格就不用说了，而且能把前蜀的开国之君，真正白手起家打天下的王建玩弄于股掌之间。她的儿子王衍排行十一，前面有十个哥哥，可他老妈硬生生地把他推上了蜀王的宝座。

不过徐“花蕊”结局挺惨，杀红了眼的李存勖根本没兴趣见她，直接就把她跟一大堆花梗花肥什么一起剁成了肉酱。

孟昶的费“花蕊”除了陪着孟昶奢侈浪费之外，倒没听说过别的能耐。对了，她会作诗，野史所载，赵匡胤初见时对她大发雷霆，问她搞什么搞，为什么把堂堂的大蜀之王弄成了我的阶下囚，浪费我的粮食？

该“花蕊”嫣然一笑，出口成章——君王城上竖降旗，妾在深宫哪得知。十四万人齐解甲，更无一个是男儿！

然后赵匡胤龙颜大悦，荷尔蒙突增，顺势如此这般了……不过程序似乎太经典了点，赵匡胤以前的昏君们似乎都这样。而更多的好戏还在后头，关于费“花蕊”的故事多得没法计算版税。

一、该“花蕊”还是念旧情的，她画了孟昶的像供在自己的寝室里，被赵匡胤看见后，谎称这是位管女性生殖健康的男性神仙，在蜀国那片是很灵的，她不过是想再给赵匡胤生个儿子而已……赵匡胤跟孟昶在大明殿上一起喝过酒，画像上要真是孟昶，你猜赵匡胤会认不出来？！

二、那就更加神奇伟大了。传说到赵匡胤驾崩的那天晚上，该“花蕊”都是主要的灾难源头——大赵病得昏倒，二赵一直床前护理。二赵这时看见该“花蕊”便再也克制不住。但是很不巧，大赵突然醒了，一见大怒。而且大赵的正牌老婆，当时的皇后也闻声赶来。二赵惊慌之下连忙撒丫子往自己家跑，跑回家就得知大赵已经就此气得翘了，他就再往皇宫里跑，跑到了后就当了赵家的二世祖……有点眼熟是吧？像是杨广跟他爹杨坚的往事。呵呵，要说广大劳动人民有时候脑筋还真是秀逗，想把人搞臭都没什么新的创意。

三、那就可以给赵光义翻案了。话说既有其生，必有其死。费“花蕊”在蜀国一直唯她独尊，到了宋朝后也把大赵给麻烦了，一天天地，赵匡胤再也无心过问国事。伟大英明的二赵看不下去了。他也没有别的话，一切都化作了实际行动。在一次和他大哥的单独酒会上，他就是不喝酒。他哥怎么劝都不行，最后他说——请花蕊夫人为我摘下那朵花，摘下即饮酒。

结果在花蕊夫人摘花的时候，赵光义突然拉弓射箭，一箭就把他哥哥的欢乐女神彻底干掉。

四、还是孟昶的死。在蔡东藩及太多人的笔下，孟昶都是被赵匡胤毒死的。尤其老蔡振振有词——“大明殿之赐宴，明载史传，蛛丝马迹，确有可寻，著书人非无端诬古，揭而出之，微特足补正史之阙，益以见欲盖弥彰者之终难文过也。”真是见你的活鬼，在大明殿那样的国宴场合下毒，而且是孟昶一家才到开封，赵匡胤就能立即见色起意？大赵也未免太猴急了点吧！要说下毒，还得说二赵，比如说史传李煜生死皆在七月初七，钱俶生死皆在八月二十四，都是贵人异相啊。可那是因为二赵总是喜欢在别人生日的时候给他们意外的惊喜……

这样的事太多了，我真是懒得再往下写，再写就比我的好哥们儿蔡东藩写的篇幅更大了。花蕊事件就此打住，谁也别问我该花蕊最后的结局到底怎样，因为谁能告诉我，西施最后的结局怎样？是活着在太湖里和她的范哥哥划船，还是被勾践的混账老婆给扔进了西湖淹死？貂蝉最后的结局又怎样？是为吕布死了，还是被阿瞒收入帐中？还有玉环姐姐……谁能告诉我？

那么花蕊夫人的结局也就那么回事吧，就此打住。因为赵匡胤的烦恼已经真的来了，就从四川蜀国那片铺天盖地、没完没了地来了！

王全斌和他的部下们决定，在经受了六十六天的超人类战斗生活后，无论如何都要尽情地放纵享受一下人生。

他们不尊重自己的敌人，蜀兵在他们的眼里就是一群可以随意屠杀的羊，蜀人被迫反抗，他们推举原后蜀大将全师雄为首领，决心向宋朝占领军讨回做人的起码尊严！

全师雄置僚属、署节帅，分兵占领灌口、新繁、青城等战略要地，屡战屡胜，很快就兵临成都城下。这时候宋朝人怕了，王全斌怕了，整个军队连同开封城里的赵匡胤都惊慌了。

形势继续恶化，就连宋军兵力最集中的成都附近，各州县都纷纷起兵响应全师雄，已经达到了十七个州，而蜀军更是迅速发展到了十多万人。

羊……变成狼了。五代十一国里长大的职业军人王全斌彻底冷静了下来，经过缜密思考，他做出了一个当时被全体宋军所拥护的“英明”决定。当时成都城内还有后蜀降卒二万七千余人，把他们马上骗到内外城之间的夹城之中，全都杀了……以免蜀兵里应外合。

之后蜀人就都疯了，这就是所谓“仁慈”的宋朝人……这还是人吗？！

从此之后，宋人的安抚、利诱、许诺等完全失去了功效，只剩下更加赤裸裸的刀枪厮杀、你死我活。整整两年的时间，蜀中之乱才彻底地平息下去。其间真正居功至伟的，再不是以六十六天超神速破蜀的王全斌，而是之前名不见经传的刘光义，以及曹彬。

六十六天平蜀吗？不，是整整两年！

由于全师雄等人绝不投降，拒绝招抚，平乱之战完全是彻底剿杀。从此以后，蜀人与宋人结下不解之仇，天府之国再不是中原皇室在危难时天然的避风港了，就在短短的十几年之后，这里再一次爆发了规模更大、让整个宋朝震惊恐惧的民众暴动。

四川真正成了宋朝人的噩梦。

当两年之后，王全斌再次回到赵匡胤的面前时，相信他已经做好了最坏的打算。

钟会、邓艾，还有四十年前的郭崇韬，都是他的榜样，甚至他们的活儿干得比他利索多了，也没逃过一死。那么他呢？

赵匡胤的脸色一定是铁青的，他面前的这个浑蛋只是为了些贪婪和兽性的快感，就整整耽误了他两年的宝贵时光。其间不光是钱财和军力的浪费，而且他只能眼睁睁地看着那么多机会从面前溜走……西蜀不靖，他不敢在别处发力！

那么杀了他吗？朝廷公议平蜀将帅的功过，王全斌按罪当斩。但赵匡胤的决定却出乎所有人的意料——令王全斌退还赃物，贬其官为崇义军节度使观察留后，随州安置。其下其他有罪将官依此例降级处罚。

竟然只是相当于严重警告，留用察看。

这时有人会想，这是赵匡胤还在用人，想让王全斌再次出力吧。可是从此王全斌就在历史舞台上彻底谢幕了，杀之无助挽回什么，只能留下和李存勗等人相似的名声。这是赵匡胤从来不愿去做的。

这更是赵匡胤在两年的蜀乱期间，没有派人入蜀替换王全斌的原因。只要把事情办妥了就好，激起更大的乱子，甚至逼着王全斌在蜀中自立为王才犯不着。

好了，现在相信全天下的人都看到了，胸襟宽广的赵家天子绝不会因一时之怒而杀人，更不会因为长久的怨恨失去理智。他是个善良的完人，大家可以放心大胆地在他的爱护下生存。至于曾经“遗憾”过的后蜀……人生就是由遗憾组成的。

第十六章　天杀的城墙

事实上，在这两年当中，赵匡胤时刻都坐在火山口上，稍有不慎，就会灰飞烟灭。危言耸听吗？那么请回忆南唐是怎样由盛而衰的。

李璟贪多务得，攻占闽、楚，耗费国力，更分散了兵力，最后遇到了柴荣，结果就不可收拾。赵匡胤正走上了这条老路。

好大的后蜀，四十六州、二百四十县、五十三万余户，那是多少个“闽”和“楚”？再加上他之前还吞并了的“荆”和“湖”……新兴不到十年的宋朝有那么大的消化能力吗？

但不管怎样如履薄冰，赵匡胤还是挺过来了。他用的办法却不是小心谨慎，紧守国门，而是主动出击，让四下里所有的邻居都胆战心惊，时刻处在他的威吓之下。这有点像是活腻了找死，不过兵法有云——事急用奇，兵危使诈。有些时刻就必须得打肿脸充胖子，倒驴不倒架。

不然，你总不能要赵匡胤带着烟酒糖茶，去找人送礼聊天套近乎吧？

对付南唐，赵匡胤是给了个甜枣之后紧接着又抽了李煜一记响亮的耳光。甜枣是满足李煜吃斋念佛的特殊愿望，给他送去了个年轻貌美的小和尚，陪着他整天讲经念佛；那记耳光是紧跟着就在长江边上不断地训练水军，摆出时刻杀过江去的姿态，吓得李煜每天给佛祖加磕了不少的头。以至于他的大将林仁肇等人看破了赵匡胤的虚实，鼓动他主动出击，他都没那个胆子。

对更远一些的南汉，赵匡胤的办法更加直接，他早在王全斌入蜀之前，就派出潘美攻克了南汉的郴州，以彻底的暴力让远在广州的暴戾青年刘𬬮自愧不如，不敢妄动。

而至于南唐的近邻吴越国，却不必担心，它的国君钱俶是个妙人，而且早就是赵匡胤的天下兵马大元帅了。历史证明，他们始终都亲如一家。

最大的问题仍然还是在北方，北汉和契丹。北汉，这个不起眼的小国是一颗崩牙的铁蚕豆。当年的李筠看走眼了，这块没肉的骨头硬得可怕，终赵匡胤一生都没能啃动。而轮到了赵光义的时候，北汉终于陷落了，可是也因此耗尽了当时宋军所有的士气和精力，紧接着就是空前的崩溃式灾难。

那么该怎么对付它呢？打？想都别想，证明了多少次了，刘钧立即就会回击；和？小心刘钧看出了破绽，马上联络契丹入侵……契丹，那可不是好玩的。该怎么办呢？必须临之以威，却要精确把握尺度！

思前想后，赵匡胤给北汉的刘钧带去了一句话——“君家与周氏世仇，宜其不屈。今我与尔无所间，何为困此一方人也？若有志中国，宜下太行以决胜负。”

不单纯地示好，更不虚言恐吓，很理解你一直打仗的原因，并且再次邀请你出兵决战！只要你——有志于中国。

然后赵匡胤就开始了等待。他相信，与其歼灭北汉多少士兵，攻占它多少城池，倒不如直接打击刘钧的精神信心，更能达到自己的目的。

刘钧的回话很快就来了，出人意料，北汉国王的意兴很是萧索苍凉——“河东土地甲兵，不足当中国之十一，区区守此，盖惧汉室之不血食也。”

我只是想在北方这么一块小地方上祭祀祖先而已。

赵匡胤笑了，原来如此，下面的就容易了，顺水推舟人人会。他笑着对刘钧的使者说——“为我语刘钧，开尔一路以为生。”

既然你说得这么可怜，那好吧，我给你一条生路。并且宋史记载，就因为这次问答，赵匡胤“故终其世，不以大军北伐”。但是请注意，我绝对怀疑这句话的真假。理由如下：

“宋挥玉斧”——史书上记载，王全斌进驻成都，俘虏孟昶之后，曾经把南疆地图快马加鞭送进开封，向赵匡胤请示是否还要继续向南进兵。而赵匡胤用手中片刻不离的玉斧在地图上大渡河一带挥舞了一下，说：“此外非吾有也。”就此把大渡河以南的大片中华故土扔出版图。

于是大理国就此合法。

此后宋人还对此大为赞赏，因为“……太祖画大渡河为界，故历一百五十余年无西南之边患，今如若在此以南建城立邑，如藩夷一旦有二心，边隙即开，非中国之福也”。这是宋徽宗时，有人想在南疆筑城，以便与大理国“互市”贸易时，一位大臣的廷议奏章。

更经典以及官方的说法，却是赵匡胤博览史书，知道唐朝之所以灭亡，就是因为出兵征讨南诏，所以，为了不灭亡，宋朝根本就不应该招惹南诏（大理）。

多么高深的理论啊，多么明智的选择。可如果这么说，有鉴于后晋是因为与契丹相争才灭亡的，那么宋朝为什么不马上接受教训，向契丹称臣纳贡伏低做小，或者干脆也当干儿子来保个长久平安呢？

这都是为什么呢？其实多简单，孟昶被俘，几乎马上就被押送京师，紧跟着就是蜀兵造反，王全斌和赵匡胤都时刻在刀刃上站着，还敢想着再去打大理，或者再去搞北汉？真是疯了吗？何况当时中原还有大片的土地没有征服，吴越、南唐、两广，哪一个不比南诏小国大理重要？

可宋人就是要说谎，你有什么办法。

但这都与赵匡胤无关，他在全心全意地注意着国境周边的动静，“先南后北”，这是柴荣和他都公认的基本国策。但是计划永远没有变化快，当机会来临时，你能任由它随便溜走吗？

一连串的死亡突然来临，让他措手不及。先是北汉的皇帝刘钧突然死了，继位的是他的养子刘继恩，不过从血统上来说，这个养子本来是他的外甥。

然后是在宋朝国内，曾经的军中第三号人物，成德节度使兼侍中韩令坤死了。大业未就，良将凋零，赵匡胤曾经的战友慕容延钊和韩令坤都先他而走了。

再之后，死的是一位权势、地位都在赵匡胤之上的人物。这个人的死亡，给赵匡胤以后的岁月带来了太多的变数。历史可以证明，如果赵匡胤能早知这些，他一定会天天上香祈祷，让这个人多活几天。

在这些声名显赫的当世豪杰人物中，还有另一个本来默默无闻的人也死了。这人姓柴，叫柴守礼。生前的官不小，是宋朝的太子少傅，不过一直是致仕的。他死后赵匡胤派出了专人为他治丧。

这人是已故的后周世宗皇帝柴荣的生身父亲。

十年英雄老，逝者如斯夫。还有人记得柴荣吗？还有他那波澜壮阔、史诗一般的人生……

公元968年，拥有绝大多数中原、一小半江南和整个西蜀的大宋皇帝赵匡胤决定征讨北汉，这违反了既定国策“先南后北”，更会招惹辽国。但是诱惑太大了，此时此刻，全世界的人加在一起，连他在内，一定不会超过六个人，知道那个极大的秘密。

三个当事者，加赵匡胤本人，加赵普，那个猜想中可能会知道的，是赵光义。

时间不等人，每分每秒的流逝都意味着那个可能获利巨大的秘密会流失。终于，赵匡胤一跃而起，火速出兵，讨伐北汉，理由是——为死去的刘钧讨还公道。

刘钧有近十个亲生的儿子，从大到小挨个排下来，可皇位居然传给了实际上是外甥的刘继恩。这里面肯定有猫腻，我不能不管！

必须快，为了速度，赵匡胤命令距离北汉最近的昭义军节度使李继勋为河东行营前军都部署；侍卫步军都指挥使党进为副都部署；宣徽南院使曹彬为都监，率领河东诸州精兵分潞州和汾州两路北征，目标直指北汉的都城太原。

赵匡胤给他们的命令是，不惜一切代价，一定要快，只要你们能尽快地攻到太原城下，你们就会有极其意外的收获！但是现在一切都不许问，马上执行！

李继勋等人带着满脑子的问号，不顾一切地冲破北汉防线，攻到了太原城下，可是奇迹并没有出现。远在开封的赵匡胤的心已经凉了，机会还是失去了。刘钧七月死的，他在八月派出了大军，不能算慢了。而李继勋等人更快，他们在九月就攻到了太原城下。

短短一个月的时间，就攻到了北汉的中心所在，无论如何都不应该再被指责。

可是，机会还是没抓住——还应该再快一点才行！因为就在这期间，北汉的皇帝就已经又换人了！

现在当选的是刘继元。他是刘继恩同母异父的弟弟，也就是说，仍然不是刘钧的亲生儿子。刘继恩死了。就在这短短的一个月的时间里。

事情千头万绪，从头说起，就要先提一下北汉的原宰相，道法高深的前武当山真人郭无为。郭真人认为，当一个神仙的全部目的就是有朝一日能够风光地下凡。于是他从武当山上飘然而下，找到了当年的郭威。

王峻厌恶一切有特点的人，郭无为另谋他就，在北汉平步青云，当上了宰相。

他还在北汉的朝廷里找到了一位堪称志同道合、从出身到政治愿望都极其相似的好同志——前五台山高僧，现任北汉鸿胪卿继颙。

两个人亲密合作，把持北汉朝纲，直到刘钧死了，刘继恩继位。郭无为贵为当权第一人，眼光非常长远，认定投降宋朝才是最佳选择。

二次创业的时候已经到了。一个叫侯霸荣的人就在这个时候出现在了他的面前，让他的愿望有了成真的可能。

侯霸荣，北汉官员，在一次战斗中被宋朝俘虏，此后他忍辱负重，心怀故国，居然又成功地单独逃回了北汉。

这在当时可实在少见，他立即被北汉视为正面典型重点宣传，来感召民众多来点乡土情结。

这人在某一天和郭无为单独见面之后，就被选为北汉的供奉官。这个官职不大，但是可以随时在北汉王庭出没，成了当时刘钧的随身近臣。而经过侯霸荣的介绍，又有一个叫惠璘的人，也由郭无为推荐，成了另一名供奉官。

就是这三个人——郭无为、侯霸荣、惠璘，让赵匡胤改变了已定的“先南后北”的基本国策，在刘钧刚死的时候，迅速地向北汉出兵。

因为他们许诺，只要宋朝大军兵临城下，就能迫使刘继恩出降，不然，就发动政变，把刘继恩推翻。

赵匡胤经过缜密分析，得出结论，这是完全可能的。第一，郭无为在北汉经营多年，党羽众多，有这个造反的实力；第二，刘继恩以外系继位，此前并不是王储，真正的亲信党羽还没有培养出来。何况刘钧还有那么多亲生的儿子，白白丢了王位，哪一个不眼红想拼命？所以只要有人煽风，就一定会点起火来。

刘继恩实际上是一个非常遗憾的人，北汉的国力和当时的形势让他没法证明自己，但是他已经非常努力了。上任伊始，他立即给当朝宰相郭无为再次升官，升到了三公之位——司空。并且在当年的9月10日晚，在皇宫里大摆宴席，宴请所有的大臣。

打算在宴会上直接砍下郭无为的脑袋。

郭无为请假没来。

当天晚上，北汉的国宴终于告一段落。臣子们尽兴回家，皇帝本人满怀失望关门睡觉。突然有十多个人持刀破门而入。

刘继恩被乱刀砍死。

为首的人是侯霸荣，他早就是赵匡胤的间谍了。这是个很奇怪的人，我一直想不通，他是因为什么才背叛北汉，投靠了宋朝？

是他被俘后贪生怕死？不，绝不是，怕死的还敢做出这样的事吗？无论准备得多充分，在一个国家里刺杀了当时的国王，还能谈到安全吗？那么是他贪财？也不像，贪财的人都会更惜命，毕竟有命才能享受他赚来的“财”……搞不懂，但是侯霸荣真的就做了这件事。

刚勇暴烈，像春秋战国时才有的国之勇士，如要离、专诸、聂政。

可悲的是，突然间大群士兵一拥而入，不由分说，把他们全部砍杀。

侯霸荣死都不会想到，这些突然杀到的士兵都是郭无为的亲信。他和刘继恩都把郭无为想得太简单了，他们两人临死也没有弄清楚郭无为到底是个怎样的人。

郭无为先是敏锐地洞察到刘继恩当晚的阴谋，马上称病不去赴宴，另一方面找来了侯霸荣，说事情必须提前办了，刘继恩已经起了杀心，紧接着第二次、第三次杀劫就会到来。一次比一次难挨，不如先下手为强，而机会就在今晚。

一心算计别人的刘继恩绝对不会想到，今天晚上就会有臣子敢对他下毒手。所以，一定会一击成功。而事实上，事情也真的都按照郭无为的设想发生了。但是接下来的事情证明，连刺杀北汉皇帝刘继恩这样重大的冒险都只是郭无为计划中的一小部分而已。

精明的权谋家始终都记得，做事情的真正目的是什么。

是尽力邀功，以求归附宋朝。

那么就一定得留下自己的命来。所以，当天晚上，刘继恩要死，侯霸荣更加不能再活着。因为这时宋朝的大军还没有杀到，太原城里还遍布着刘氏一族的势力，侯霸荣在，他的同谋身份就有暴露的危险。那么侯霸荣的死就又多了一层利用的价值——既然一定要死，为什么不死在他郭无为的手里呢？

这样，他不仅无罪，反有大功。凭着他三朝元老的身份，他还可以大有作为。

出乎所有人的意料，再次当选北汉国王的人，居然名叫刘继元，是刘继恩的弟弟，仍然不是刘钧的嫡系子孙！

以上就是在公元968年九月期间，宋朝出兵攻打北汉时，北汉国内所发生的事。

这次奇袭北汉的计划就已经彻底流产了。

在当年的十一月，北汉的援军终于到了，契丹铁骑像钢铁的洪流一样，从更加寒冷的北方席卷而来。围城不下，早已经失去锐气的宋军疾速后撤，尽量避免接战，终于全军而还。

但是，契丹不会白白出兵，而北汉也不会白受欺负，它们顺势反攻宋朝。宋朝边境上的晋、绛两州城池都被攻破，城中财物人畜被一掠而空。

赵匡胤大怒，公元969年二月，刚刚才从北汉退兵近三个月，宋朝皇帝赵匡胤就再次出兵。这次出兵注定了要震惊当时，因为自从建国之初平定“二李”之后，就再也没有亲临沙场的皇帝居然御驾亲征，要以倾国之力来彻底荡平北方的敌国。

李继勋等人轻车熟路，在团柏谷击败北汉第一名将、号称无敌将军的刘继业，再次攻到了太原城下。

刘继业，本姓杨，名重贵。祖居麟州，后来定居太原，所以宋代史书一般称他为并州太原人。他的父亲叫杨信，本是麟州的一方大豪，在五代乱世之中，拉起了一支人马，就地占领故乡，自称刺史。杨信虽强，也只是一方人物，不管是后汉、后周、北汉哪一方兴起，他都得归附哪里。在后汉时，他被迫派自己的长子杨重贵到后汉大将刘崇的太原城听令。

实际上，就是人质。

杨重贵的一生就这样开始了。要怎样说呢？综观他的一生，无论他走到哪里，无论他怎样尽心效忠，他的遭遇都充满了坎坷和遗憾。他一生之中，别说尊荣显贵，就连起码的尊严和生存都要奋力抗争。

他的名字，都要因为不同时期主人的名字而不断避讳，他曾经叫杨重贵、杨重训、杨重勋、杨崇贵，后来连自己的姓都无法保留，变成了刘继业，成了刘崇的干儿子。由于年龄的关系，还要和刘崇的孙子辈的刘继恩、刘继元、刘继文等同辈……但不管怎样，他忠于每一个主人。

非常遗憾，忠，这是他最为人所乐道的美德，但从个人命运的角度上来说，这是他一生不幸的最大根源。

这时候，“无敌将军”又失败了，他没能把来犯的宋军挡在国门之外，相反一路败退，逃回都城。这都让君王恼怒，让敌人耻笑。可是要注意，一来他无敌的威名是在与契丹长年对抗中得来的；二来缺兵少将，难道要让他真的以一敌万，以自己一个人就搞定所有敌人？真的只有那样才符合什么该死的“无敌”之名？

没办法，这就是盛名之累，“无敌将军”就像是武林第一高手一样，在中国注定了不得好死。历史做证，十七年之后，这块沉甸甸的金字招牌真的就把他压死了。

说现在，刘继元盛怒之中，把刘继业就地免职，等到宋军真的兵临城下，又马上改变了主意，要刘继业再次带兵出城，命令是一定要守住太原城外的汾河桥，那样才不至于被宋军再次死死地围困。

“汾”，本身就是大的意思。汾河有七百一十公里长，在太原境内横贯南北，足有一百多公里，是当年出入太原的重要通道。

赵匡胤大军赶到，却没法安营立寨。

开战以来哪怕一次胜仗都没赢过的北汉居然还敢出兵偷袭！

要说偷袭，真是大有学问的一招。不知道在外国是怎么样的，在我们中国，翻开史书，或者每一本经典的章回小说，都充满了千篇一律、百用不厌的——偷袭。

刘继业绕城大战，偷袭了几乎宋军的所有将领，直到遇到了党进。党进还是个行为特糙、喝酒误事的粗人。选择的时机非常好，刘继业为了增加机动性，完全选用了骑兵，既是偷袭又是突击。几百名北汉的精锐骑兵疾风突进，瞬间杀到，党进营地立即慌乱，所有的宋朝大兵一下子就都找不着北了。

形势大好，刘继业精神大振，看来成功有望。然后他突然发现有一个异常高大魁梧的壮汉从乱成一锅粥的宋兵里冲了出来，直接向他杀了过来。

然后一切就都不可收拾了，没有人能挡得住党进，被偷袭的党进怒不可遏，他一直把刘继业赶出了自己的营地，再追向了太原城，到了城边还不肯罢休，逼得刘继业跳进了护城河，游到了对岸，被太原城头上顺下来的一个大箩筐拉了上去，直到这时，党进才悻悻然一步三回头地回了自己的营盘。

太原城被壕沟和军营包围。赵匡胤的神色却越来越难看。他每天都会纵马驰上太原城外的一片高坡，长时间地看着太原城出神。

人，只能凭着自己的心性和智慧生活，只能凭借以往的经验来对事情进行判断和预测。

赵匡胤的脑海里出现的是二十一年前的河中城、十一年前的寿州城。这是他亲身经历过的围城之战，当年的郭威和柴荣，一个用了近一年的时间来彻底围困，一个动用了数十万民夫日夜攻打。

这两样，他能做到哪个？

赵匡胤是聪明的，他选择了一个每个人都能看见，却都忽视了的东西。在动用它之前，他终于等到了契丹兵团。

赵匡胤在汾河岸边缓缓地站了起来，手里提着一把出鞘的利剑，发出了指令——宣何继筠。

何继筠，字化龙，祖籍太原，其父为后周大将何福进。有宋之后，官封建武军节度使，为人深沉，不苟言笑，赵匡胤这次在汾河边上突然宣召他之前，他已经戍边近二十年。这次契丹人入侵的对象石岭关，正是他的防区。

历史记载，赵匡胤把他叫来之后，两人秘密地商议了一会儿，说了什么没人知道。何继筠领兵出发。当时天很热，赵匡胤命人特意做了一碗麻酱粉，亲手递给了何继筠，只说了一句话——明天中午，我等你的好消息！

面对皇帝特殊的荣宠，何继筠仍旧沉默寡言，他接过碗来，几口吃完，就此领兵出战。让人目瞪口呆的是，他领出去的兵居然只有几千人！

宋军和城里的北汉人刁斗相闻，却再没心情顾及眼前的敌人。他们都在盼望着北方的战果。只不过区区百里开外，却牵动着整个战局的走向。

到了第二天，连赵匡胤本人都沉不住气了，临近午时，他亲自登上了高坡向北方遥望——胜负到底如何？

这时候胜负已定，遥望没有意义了，应该做的只有两件事：第一，准备庆功大宴，犒劳胜利归来的何继筠；第二，马上向北集结队伍，准备迎击马上就会到来的契丹大军！

除此之外，再没有什么是理智的。

但每一个人还是向北遥望。终于，北方出现了一个黑影，是个疾驰的骑兵，由远及近，赵匡胤再也无法忍耐，他命令人迎上去，马上问出消息。

铁骑飞掠，片刻之后全军欢呼！

胜利！难以置信的辉煌胜利！何继筠在石岭关列阵，在阳曲县之北与契丹遭遇，一场激战，居然生擒契丹武州刺史王彦符，俘虏百余人，获战马七百余匹，另外还带回了一千多颗契丹人的头颅。

来报捷的那个骑兵是何继筠的儿子何承睿，他带回了胜利的消息，也带来了他父亲的忧虑。就在全军的欢呼声中，他向皇帝悄悄地报告，有另外一支契丹军队正从定州方向来袭，离太原还远，但是一定要注意。

紧张过后的赵匡胤微微一笑，似乎他并不在意。果然，只是十几天之后，又有捷报传来，当年的义社十兄弟之一，曾任禁军殿前都指挥使的韩重赟在定州方向重创来犯的契丹人，将之逐出汉地。

至此，援助北汉的契丹军队还没有到达太原城下，就被宋军赶回了本国。战争的重点重新回到了太原城下，赵匡胤和他的士兵们的信心空前高涨，他们后撤腾出了一块干净的开阔地，在那儿把从石岭关带回来的一千余颗契丹人的人头整齐码放，让城上的北汉人看得清清楚楚。

然而北汉仍然拒绝投降。

赵匡胤终于动用了那个每个人都看得到又都忽视了的东西。

汾河，前面提过的在太原城边静静流过的黄河第二大支流，随着赵匡胤的一声令下，突然之间向北汉人露出了狰狞的面目。

一声巨响之后，汾河改道了，片刻之后，太原城变成了一片汪洋。

悍将党进在大水中乘船冲击城门，只见一片汪洋大水之中火光冲天而起，水火相映，晶红蔚蓝，太原城的南城门慢慢倒塌。

就是这样，太原城仍然屹立不倒。

郭无为被人用一条皮带勒死在了太原的南城墙上。赵匡胤狂怒，君辱臣死，宋军殿前司指挥使都虞候张廷翰率领殿前司诸班卫士叩头请命——“愿先登急击以尽死力！”

但是皇帝犹豫了，愤怒不像忌恨，它注定了只在短时间内强烈爆发。随着大批战士死伤狼藉，他的心一边在权衡利弊得失，一边在逐渐冷却。

一个在出兵之前就反复思量的问题再一次浮现出来——得到北汉真的这么重要吗？难道要用宋朝军队中所有精华的生命去换取吗？

没有了军队……就没有了一切，连自己的国家都没法保住。

赵匡胤的神经一下子放松了，他苦笑了一下说——你们都是我亲自训练的，我知道你们都能以一当百，所以才用你们卫护左右，我们休戚与共。我宁愿不要太原了，也不能命令你们去送死！

士兵们先是愕然，接着都哭了。这时的赵匡胤不再是皇帝，也不是将军，而是比他们年长二十余岁的叔伯长辈。他的理智，把所有人从悬崖边缘拉了回来，而且再次拉近了自己与士兵之间的距离。但是，无论是由衷的感动，还是精明的计算，在这种温馨感人的气氛里，一片冲天杀气就此消散了。

战争，本就开始于人心里的一点或好胜或贪婪的欲念。失去了这点欲念，一切都显得荒谬可笑。

时间，从出兵至今，已经过去了整整四个月，师老兵疲，后继乏力……曾经也是一个大兵的赵匡胤，比十年之后的那位“天才”皇帝更清楚这意味着什么。

宋军退兵之后，北汉全国十一州之内只剩下了军兵三万人，人口约三万五千户！

第十七章　宋朝的内核

三大纪律，一项注意。

这一篇注定了会很烦，至少在我。但无论如何，都没有当初赵匡胤和赵普来得那么绞尽脑汁。

先说说宋朝的官员和职能部门都有多少种，清单如下：

先是中央部门，计有三省六部二十四司。

三省：中书省、枢密院、三司。

六部：吏、户、礼、兵、刑、工。

二十四司：吏部——吏部、司封、司勋、考功；户部——户部、度支、金部、仓部；礼部——礼部、祀部、主客、膳部；兵部——兵部、职方、驾部、库部；刑部——刑部、都官、比部、司门；工部——工部、屯田、虞部、水部。

再来是地方政府，按级别来分，宋朝是三级：路、州（府、军、监）、县。而在赵匡胤时期，“路”还没叫路，是“道”。全国分为十三道，道级单位里又有“漕司、宪司、仓司、帅司”。其他的州、府、军、监、县也都有各自的正、副之称，级别清晰。

以上大部分都与唐代相同，甚至也被后世沿用，如六部、二十四司等。但是其他的就充满了赵匡胤的个人智慧和他特别的需求爱好。

首先在唐以前，只有宰相没有三省。三省之中中书省是最高行政机构，枢密院是最高军事机构，三司是最高财政机构。说白了就是权、兵、财，这在以前，都是宰相一人说了算。

在赵匡胤这里不行，之前赵普曾经对他说过，对付天下藩镇，防止他们造反的最好招数无非就是“削夺其权、制其钱谷、收其精兵”，可他想不到的是，人总是自作自受，赵匡胤把这一套突然间原数奉还，都按到了他头上。首先就把宰相之权中的权、兵、财给分了，下面再层层分割，所有部门的设置以及官员的调配，都按照这个“三大纪律”来进行。

比如分完宰相之权后，又给中书省的老大“同中书门下平章事”配备了个秘书——参知政事（几年之后就和首长平起平坐了）；给枢密院老大“枢密使”分的副手就更多，连名称都能和各个的资历挂上钩；三司的老大“三司使”好些，他的职能部门是盐铁司（工商收入、兵器制造等）、度支司（财政收支、粮食漕运等）、户部司（户口、赋税、榷酒等），都是些鸡毛蒜皮的事，注定了只是个操心费力的小角色。

精神继续贯彻，向下到“道”一级。道的主管叫“转运使”，总管一道之内的财赋运转，最先是用它来收夺藩镇的钱谷，可是后来连它也要被怀疑，因为时间稍长，转运使不管名字叫什么，它本身就又有了唐朝藩镇的权力。于是才又有了“漕司、宪司、仓司、帅司”的设立，转运、提刑、提举常平（就是监管一道之内的新法、水利、茶盐等事）、帅司比较特殊，它的长官叫安抚使，负责军政。这些又把转运使的权力给分了。

下面的州、府、县等官就更不用说了，加派的“通判”是他们的克星，名义上是副手，可是动不动就明目张胆地叫嚣——我是监郡，朝廷就是派我来监督你的！

看到这里，应该明白赵匡胤的饭碗也不是那么好端的吧？但这还没完，还有那个更重要的“一项注意”——防。

职能部门的制度都设置好了，可是对具体办事的官员得怎样控制呢？别忙，在这里赵匡胤显示出的才华让历代所有帝王都瞠目结舌，望尘莫及。

他来了个官、职、差三分离。

你当了官，不管这个官位有多高，也不等于你就是个什么人了。那只是代表你到了什么级别，可以每个月领多少钱回家。所以很贴切地叫“寄禄官”。而职，也没什么实际用处，只是个荣誉头衔。只有你被差遣了，这样你才真正既有了官，也有了职，又有了权……但是，也别高兴，一切都是暂时的，随时都会有一位仁兄突然走过来，告诉你可以回家歇会儿了，我的差遣来了。

于是你就得让位，一切从头开始，再次等待。

除此之外，宋朝还有审官院（考核京朝官）和考课院（考核幕职和地方官），负责官吏的考核，当时称为磨勘。一年一考，三考为一任。但是要注意，不是考查你有什么政绩，而是查你有什么过错。只要你不犯错，就能升迁。怎么样？明白为什么宋朝官员都老成持重了吧？

还有御史台。这可真是个累人的活儿，请注意，一来宋朝的言官不像唐朝，唐朝是直接对皇上说话，给皇上挑错。可在宋朝，你得背对皇帝，面向同僚，认准了主攻的方向。而且有各种硬性规定，比如规定每月至少要奏事一次，称为“月课”。如百日内无纠弹，即罢免降职，或罚“辱台钱”。而只要敢于奏弹，无论实否，一律有赏！

明白为什么宋朝的官那么敢说话，那么不停地说话了吧？

以上所说，还有更多没有说到的，以后慢慢来吧，说到了再说。总之一句话，去佩服赵匡胤吧，他的新奇创意无穷无尽，但是只要紧守这“三大纪律，一项注意”，大约也就能明白他是怎样摸着石头过河，DIY他自己的国家了。

但是问题仍然存在，官职定下了，职务分清了，由谁来担任呢？这时要牢记一点，中国在进入19世纪中叶以前，别管是否一直在叫喊着什么“王子犯法与庶民同罪”，或者什么“国法无情，人人平等”，其实都是“人治”而非“法治”。

所以，这个“人”要怎样挑选，就成了当皇帝最头痛的事。

我们都知道有“科考”这回事，考中了你就有官做，皇帝每三年一次在京城等着你，你所要做的就是十几年如一日，或者几十年如一日，把考试内容复习复习再复习（反正就那么几本东西），于是官服和银子（还有美女）就都会从天而降准确地砸中你。

但问题是，真的是这样吗？

答案是——“是”，也“不是”。一切都得看你出生在什么时候。如果很不巧，你生在了隋朝以前，准确地说，是那位以空前绝后的速度败光家产的隋炀帝杨广之前，那你就惨了。那时如果你想当个官为国效力的话，就只有一条路可走，即你一定要投生到某些极少数的贵族豪门家的贵妇肚子里。

唯此一途，再无他路。

隋之前，所有朝代想做官的平民均一片绝望，直到魏晋时期才稍微开明了一些，那时有个制度叫“九品中正制”。所谓九品，就是上上、上中、上下、中上、中中、中下、下上、下中、下下。

最要命的是后面那个“中正”。

中正指的就是国家派出来评定你到底是哪一品的人，工具是“状”，即对你这个人的道德、才能、家世等的总评价。举个例子吧，西晋时，中正王济“状”孙楚时，就是这样说的——天才英博，亮拔不群。

就这八个字，此人一生就此平步青云，可以荣幸地为国操心费力了。

到了隋炀帝杨广时，笼罩在全体平民百姓头顶上的那块终生、世代只能做被压迫者的乌云终于裂开了一丝缝隙。这个敢于也乐于为天下任何事之先的皇帝下令，出人头地要公平，谁有能耐让谁来，大家可以公平地下考场考试。

但是这很可能只是他众多的心血来潮式的新浪潮运动中的一个小插曲，没怎么认真实施，何况他的国家又倒得那么快……但是这都被天可汗李世民记住了。

唐朝才真正开始了科举，非常遗憾的是不管伟大的唐朝人喊出了多么响亮的口号，如——广开才路、豪庶平等，真正实施起来完全走样。有一个统计，唐代状元共有二百五十一人，能查出名的有一百三十九人，其中能查出家世的有七十四人，这七十四个人里，出身于官僚家庭的有六十九人，占百分之九十三，家世较显赫者就有五十九人，占百分之七十九点七三，出身相对“寒素”者仅五人，占百分之七。

家世显赫者中“皇家宗室”的有四人，孔门之后有五人，当朝宰相的子、弟、侄、孙、重孙等二十人，一般官僚家庭出身的状元十人……

这就是唐朝的科考，其实就是上层社会内部的权力再分配，是上层社会中的平民一族从传统豪族手里分权，跟广大的劳苦百姓根本不沾边。

这让根红苗正的平民赵匡胤很愤怒。

在中国，似乎所有人——我指的是自从有中国以来，所有生在中国的人，都非常厌恶战争和动乱，尤其是对毁灭唐朝时的五代之乱。认为就是那时，华夏辉煌灿烂的文明从世界的巅峰开始滑了下来。但是有一点，如果从科考制度的演变上来看，这反而是好事。

站在历史进步的角度上来说，五代之乱，以及之前的两晋的破灭，让中国的社会结构彻底变化，把之前一直牢牢压在民众头顶，生下来就有权吃喝玩乐、祸国殃民的豪族门阀一一推翻打倒。取代他们的，是唯力是视的藩镇强人。从此，人们再不重视出身，只有凭着自己胼手胝脚，从低到高一路攀升，踢开所有竞争者，昂首站在广阔天地间的真豪杰才能让人真心尊敬。

比如刘知远、郭威、柴荣还有赵匡胤。而他们，更加清醒地看清了眼前的世界，把为国选才的目标定向了广大的平民百姓。

有宋一代，从赵匡胤开始，不许任何宗室、官宦的子弟下考场，废除了公荐制度，从根本上杜绝了官官相护、科考舞弊的可能。据记载，只有在北宋的末年，徽宗的儿子赵楷才参加了科举考试，这是极其特殊的例子（没办法，他爸就是那么好玩嘛），他在糊名阅卷的情况下被定为状元，拆封后还是被换了下来。除此之外，没有一例当朝宰相的直系亲属入考，考生里连有直系亲属任四品及以上官职的都非常少。

环境变好了，那么作为一名应届考生，具体要怎样考呢？

非常简单，远没有后来的明、清科考那么复杂烦琐，最初只有两级考试。第一级，你要在各州举行的取解试里过关，然后就可以进京到礼部报到，这里是省试，就是第二关。一般来说，省试考中，你就万事大吉了。可是赵匡胤在开宝六年，也就是公元973年觉察出了问题，他决定亲自当考官，来选取真正看得上的人。

这就是殿试。

从此以后，历朝历代，殿试都成为科举制度的最高等级，也就是最后一关。只要殿试成功，就可以把吏部踢到一边，直接去当官。而且从此你的身价倍增，成了天子门生（再次强调，是皇帝考了你），所以再也不必、不许去认主考当老师，更不许再去拉同年当同伙，免得一辈子互相勾连，去拆皇帝的台。

这样的考试三年一次，考的内容也非同小可，绝不只是人们常规意识里那几本千年老书。从唐朝开始，就有秀才、明经、进士、俊士、明法、明字、明算等五十多种考试分类。

其中明法、明算、明字等科，不为人重视；俊士等科不经常举行；秀才一科，在唐初要求很高，后来渐废。所以，明经、进士两科就成了唐、宋两代科考的主要科目。其中进士科是重中之重，唐、宋间大部分宰相都是进士科的优胜者。

之所以这样，是因为“明经”实在既可笑又讨厌，说白了就是填空题。把古文经书两边盖好，中间空出，能填出来你就过关。再稍高一点的就是“墨义”，是对经文的字句进行标准的解释，只要你记准了经文的注释就成。

一切纯属死记硬背。

而进士，不仅要考你诗词歌赋，还要写时文政论，那可都是真才实学，还得临场发挥，所以才值钱。但就是这样，随着时间的推移，仍然变得不切实际了。等到宋朝那位无视一切牛鬼蛇神以及祖宗家法，甚至天地神明都不在话下的强人出世的时候，进士科就变成小儿科了。

因为问题很明显，而且无比尖锐——谁规定的，会作几句诗就能管理好国家？正如赵匡胤当年所说：“之乎者也，助得甚事？！”

但那都是后话，这时所有的人都努力吧，读书才是硬道理。你可以“朝为田舍郎，暮登天子堂”。并且全中国的人，我再次强调，指的是所有出生在中国的人，都知道“书中自有颜如玉，书中自有黄金屋，书中自有千钟粟”吧？

请看原文——“富家不用买良田，书中自有千钟粟；安居不用架高堂，书中自有黄金屋；出门莫恨无人随，书中车马多如簇；娶妻莫恨无良媒，书中自有颜如玉；男儿若遂平生志，六经勤向窗前读”。

这是“膺符稽古神功让德文明武定章圣元孝皇帝”，连上天以及太上老君都不断与他见面说话的宋真宗赵恒写的《劝学诗》。

第十八章　征南汉

有一股势力，在赵匡胤登基之后到现在的十年时间里悄然生成，它力量极大，影响深远，对宋朝的国计民生、千行百业无孔不入。

有迹象表明，当这股势力还在萌芽状态中，甚至连其主导人都还默默无闻时，赵匡胤是特意栽培提拔，让这个人在芸芸众生之中显山露水的。这里面的原因很多，既有赵匡胤情不得已之处，也有他从自身利益出发，要让这个人开始做大的初衷。

但是放虎容易收虎难，而且关门养虎，虎大伤人。当这股力量变成了一张庞大致密、坚韧有毒的网时，或者更像是渗入了宋朝这个生命机体里的另一套血网神经时，一切都为时过晚了。

这时的赵匡胤对这些都一无所知。再一次强调，他的宽厚、仁慈真的变成了一把“双刃剑”，一方面，成全了他的帝国顺利衍化，变成了他希望的样子；另一方面，也让他最终失去一切，其惨痛的后果，不仅是他本人，连他五六代之间的子孙都终生压抑，苟且偷安。

人世间早就证明过了，当一个君王，甚至做一个普通人，都不能过分善良！人，说到底都只是一种动物，思维和理智，还有情操，都只是生命的点缀……从这一点上论起，天可汗的玄武门之变才真的是唐朝兴盛以及李世民本人幸福的开端。其后唐太宗的所有仁政，都是在这个基础之上才得以实现的。

赵匡胤决定南征，第一个目标是南汉。

南汉的第一位皇帝叫刘陟，称帝后改名刘岩，之后又改名叫刘龚，再之后改叫刘龑（此字读 yǎn，上龙下天，取《周易》飞龙在天之意）。改名字是五代时的传统，除了赵匡胤英雄不改本色之外，就连后来的赵光义也改了名。

刘龑绝妙，公开宣称——寡人此生难成尧、舜、禹、汤，但不失为风流天子。

这句话放在当今网络世界里简直万人生厌，俗不可耐。在当时则石破天惊，惊才绝羡。翻阅中国历代史书，除此一人之外，再没有第二家敢如此率真坦诚，实话实说。

那么看一下他是怎样实践的。

每年都修宫殿，一般来说内部装潢档次高点，标准级别是以黄金饰顶、白银铺地，殿中开设水渠，渠底遍布珍珠美玉，再用水晶琥珀琢成日月形状，镶嵌到殿中玉柱之顶。在宫殿之中就能看到山川河流之美、日月星辰之光。

再次强调，这只是一般规格。史书中提到，他晚年所修的南薰殿，已经让上面所说的这些摆设变得陈旧寒酸，不堪入目，而到底有多华丽，大家自己去想吧。不过估计你们是想不出来，因为此人太有创意，而且魄力之大，让人惊掉下巴。到底怎样，可以从他的另一大爱好中窥见一斑。

酷刑。

刘龑工作之余，最大的爱好就是给别人上刑。古代流行下来的诸般酷刑，他都用，古代没有的，他随时都能因地制宜，推陈出新。如灌鼻、割舌、肢解、刳剔、炮炙、烹蒸等，这些在他那儿都是太平常了，比较有些特点的是他建造的水狱。

水狱，顾名思义，牢里全都是水，不过岭南多蛇，那么再扔进去一些，效果就会截然不同。他还特别喜欢亲眼看着刽子手施刑，并且随时转移会场，到他的宫殿里去继续开工，以便他指导修正，一边在天堂里享受，一边就近观赏地狱。

还有，当他偶尔兴致突发的时候，就会把人先扔进热水，再取出来日晒，再敷上盐和酒，再去晒，再扔进水，如此九蒸九晒，直到皮肉烂光，慢慢死去。

就这样，他华丽且刺激的一生就过去了，为了纪念他，岭南人民给他取了个外号，非常响亮——“真蛟蜃”。他的儿子们为了纪念他，在他的基础之上把一切变本加厉。

他们不仅对子民们更狠，而且开始了自相残杀。其规模和效果都远远超过了唐朝的各代皇帝。唐朝的每一位皇帝登基前都会手足相残，但除了第一代之外绝不会弄到只剩一人。南汉就绝对彻底，自刘龑以下两代人，一共近二十个兄弟被三个皇帝通通干掉，有的还被全家抄斩，一个不留。

最后的胜利者叫刘晟。

残暴者在被硬性打击之前，总会把凶残当成勇敢，此人对北方（对他来说，可真是广州以北全是北）每一位皇帝都不屑一顾。郭威开创了后周，派来使者向他问候，临走时刘晟送了一枝特别香的岭南特产鲜花，其实就是茉莉。但郭威不认识，使者替刘晟传话，说这叫——小南强。

郭威把花闻了好一会儿，细细品味，最后只是微微一笑，就此扔开。但是北方人都记住了，一直记到了刘晟死后，他的儿子刘鋹当上了皇帝。

历史证明，刘鋹的治国业绩比他的祖先们更上一层楼，青出于蓝。

刘鋹十六岁当上了皇帝，堪称年少有为。就当皇帝的资历来说，赵匡胤还得甘拜下风，再过三年，他才在陈桥驿披上了黄袍。

当时的南汉，已经今非昔比，不要太吃惊，它竟然比以前更强盛了。原因是刘鋹的老爹刘晟，“小南强”不是白叫的，他在公元948年突发神勇，出兵楚国（今湖南大部，立国者马殷）。苦战近三年，夺得宜、连等十州之地，并且把当时正处于全盛时期的李璟击败，硬生生地留住了胜利的果实。

这就是少年刘鋹幸福生活的开端，岭南两广之外，又加上了湖南大部，从此他开始了对自己国家的改造，使之变成他梦想中的国度。

他的爷爷是“真蛟蜃”，他父亲的刑堂叫“生地狱”，他更绝，在照例把所有的兄弟都砍了之后，又把整个南汉朝廷都变成了后宫，具体行为就是近百分之九十的臣子都变成了太监。其理由充分且实际，请听一下当时南汉第一权臣龚澄枢（这就是个太监）的高论——陛下，群臣皆有家室，所以各有私心。唯有宦官无牵无挂，干净利落，所以才能为陛下忠心效力呀。

如此高论让刘鋹大为倾倒，他连连点头，立即实施。从此南汉朝野混成一家，无论他走到哪里，都能像在后宫里一样温馨可人。于是南汉的高官们只剩下了两条路可走，一是去自杀；二是去动手术。例年赶考的举子们就更要注意了，他们从此就只有金榜题名时，再也没有了洞房花烛夜，功名利禄和光宗耀祖只能任选其一。

这还只是刘𬬮的政治工作的一面，他下班后回到家里就更让人出其不意。南国万千佳丽都太平常了，他的爱妃是一位外国美女，出产自神秘古老的波斯。她胖，她黑，她力大无比，与中国的窈窕淑女截然不同，让刘𬬮一见倾心，赐号为“媚猪”。从此媚猪专宠后宫，朝里的“三公”“三师”等高官也都变成了太监和嫔妃，全国最高的精神领袖则由一位叫“樊胡子”的女巫担任。这样，刘𬬮才终于感到一切都和谐了，接下来他的愿望就只剩下了一点——让美好的时光无限延长。

一切就此终止吧，这些世袭的禽兽恶棍！到此时为止，这样的噩梦已经在岭南两广做了近六十年！此前赵匡胤无论是出兵荆、湖，还是讨伐后蜀，都尽量找借口挑毛病，生怕为人诟病，但这次攻打南汉，则完全是吊民伐罪，替天行道，大快人心。

我个人非常相信赵匡胤当时所说的那句话——吾必救此一方黎民！

剩下的问题就是要找到一个合适的主帅了。赵匡胤不再考虑那些威名赫赫的宿将，不久之后他就要再摆一桌酒席，请人喝酒吃饭。那么就是新人曹彬？不……宽厚的将军应该留给风雅的敌人。赵匡胤的眼前浮现出了另一个人的影子。

那人步履轻捷，神情英悍，连笑容都像轻刀薄刃一样锐不可当。赵匡胤相信，这个人一定会把所有的噩梦都还给刘氏禽兽，让饱受其害的两广人民看到，最凶残的往往就是最可怜的，只要你能戳破它最外面的那层硬壳！

赵匡胤亲自发掘培养出的第一名将隆重出场——潘美！

一定会有人问，是不是我又写错字了，“北宋第一良将”不是曹彬吗？但请注意，我说的是“第一名将”潘美，其功勋、战绩都遥遥领先于任何人，包括“第一良将”曹彬。而所谓的良将之“良”字，此字可褒可贬，内涵丰富、深有玄机，一切都看人怎么理解。

潘美，字仲询，河北大名人也。古之燕赵悲歌之地，是潘美出生之所，即今河北大名县。他的父亲潘璘不过是一个普通军人，注定要从最底层起步。他胸怀大志，曾对好朋友王密这样说——“汉代将终，凶臣肆虐，四海有改卜之兆。大丈夫不以此时立功名、取富贵，碌碌与万物共尽，可羞也！”

正如大丈夫生于乱世，当提三尺之剑，立不世之功，以升天子之阶！

潘美的功名从后周世宗皇帝柴荣的第一仗高平之战开始，当时没有准确记录，但他在战后以功迁升西上阁门副使，从此他在后周朝野崭露头角，并被赵匡胤所识重。

陈桥兵变，潘美敢于一人先回开封，后周满朝文武听他一人传信，就群情慌乱、束手无策，太后带着小皇帝出宫避难；在宋朝确立以后，潘美又单骑入陕，带着赵匡胤的政敌袁彦入京觐见。这是其胆。

史书记载，赵匡胤在兵变当天回到开封，进皇宫里清理柴荣的遗迹时，看到了潘美之仁。

因为当时发现了柴荣的两个最小的儿子，其中一个是纪王。赵匡胤问怎么办，赵普微微一笑，只回了两个字——去之（杀）。周围人纷纷赞同，唯独潘美以手掐柱，低头不语。

赵匡胤问：“汝以为不可？”

潘美沉默。

赵匡胤长叹一声：“唉，即人之位，杀人之子，朕不忍为。”

这时潘美才说：“臣与陛下皆北面事周世宗，劝陛下杀之，即负世宗；劝陛下不杀，陛下必疑我。”

他把柴荣的一个儿子抱回了家，当作自己的侄子来养。从此，赵匡胤不问，他也绝口不提。这就是潘美的心，他可以追逐名利，争夺功勋，但绝不会不顾一切，泯灭天良。

下面是他和曹彬的功勋比较。曹彬平南唐，潘美平南汉，南汉是长途奔袭，客境作战，是北宋向江南开疆拓土的第一战，难度远远超过平南唐。在南唐之役里，潘美是曹彬的先锋，很多仗都是潘美为曹彬打下的，“第一良将”不过是坐享其成。

平定南唐之后，潘美席不暇暖，又披挂为帅，为赵匡胤第三次出征北汉。那时潘美正当全盛之时，战阵之上锐不可当，眼见成功，后方却传来了“烛光斧影”，第三次北征戛然而止。

到了赵光义时期，太原终于被攻破了，潘美是宋朝太原的第一任留守，就此在北疆守边，和杨业亲密合作，屡破辽兵，是汉人当时最强的边境屏障。

再后来，赵光义雄心壮志，派潘美与曹彬、崔彦进分率三路大军向北挺进，去收复燕云十六州。潘美负责西路，正是这一次出征，发生了他一生中最为人所诟病的那件事——北征失败，杨业战死。但请看全局，潘美一路摧枯拉朽，连下寰、朔、云三州，他进展过快，让中路主攻的曹彬相形见绌，曹彬就此首鼠两端，忽进忽退，自乱阵脚，导致了岐沟关大败。

曹彬败了，潘美不得不撤退，之后才发生了杨业在陈家谷兵败无援、力战殉国的憾事。细究根源，若无曹国华之败，何来潘美退兵，杨业怎么会死？潘美就此有愧于心，心中怏怏不乐，几年之后，就病死在太原。终年六十七岁。

纵观潘美一生，不愧为一世之雄杰，人中伟丈夫。可恨一个不知名姓的明朝人，写了一本《杨家府演义》，从此潘美就变成了一个十恶不赦的奸邪之徒，连他的形象都被写成了张飞和判官合体的脸，一个怀孕母猪的肚子，再套上件深黑色的官袍。而他之所以能呼风唤雨，完全是因为他的女儿是赵光义的西宫娘娘。

天可怜见，潘美的孙女儿是宋真宗的媳妇，是赵光义的儿媳妇啊，二十二岁就死了，死后才追封的“章怀皇后”。

真正有后宫之力的是曹彬才对。

“第一良将”的孙女儿嫁给了宋仁宗，就是那位杀伐决断、权倾一时的曹皇后，都曾经垂帘听政过的。再后来还有位更强的外曾孙女，就是那位帮某位砸缸成性的仁兄官复原职的高太后。

潘美、曹彬，这是闪耀在宋初疆场上的双子星座，都是汉人的骄傲。只不过曹彬被当时推崇，被后世敬仰，潘美却日见零落，被众口铄金，谣传成了一代奸邪。

潘美，不亦悲夫！他从赵宋官家那里挣到的每一分钱，闻一闻都充满了沙场上的血腥气，扔到地上，每一块都足以硌痛曹彬的脚。这就是命运。

公元970年九月一日，原潭州防御使潘美领贺州道行营兵马都部署，朗州团练使尹崇珂为副都部署，道州刺史王继勋为行营马军都监，率潭、朗等十州兵马自郴州出发向西，避开位于湘粤交界的骑田岭、萌渚岭险道，直插入南汉的中部地区。

宋朝向南方开疆拓土的第一战就此打响。

为了方便理解，我们不妨就用潘美的眼睛来看一下当时的局势。首先南汉是相当大的，翻开五代十一国时期的地图，在中国的最下方，与大海相接，承托整个陆地的那个半圆，都是南汉的。不管宋初时，南方的经济军事等要素到底落后或者先进到什么程度，南汉起码有一点是潘美绝对不敢小觑并且时刻发抖的。

南汉很大，人很多，潘美的兵马却非常少。

查阅史料，查不到潘美当年到底拥有多少兵力，只是笼统地提到是潭、朗等十州兵马。十州，看似不少，但是当时赵匡胤手里已经有了近两百个州，并且每一州的精壮士兵都被挑选进京当禁军了，留下的不是州镇的厢军，就是平民保安队一样的乡兵，这样的战斗力，还只给了十州之众，能有多少人？

潘美要以此去进攻一个国家。

不知是赵匡胤彻底鄙视南汉，还是潘美的这十州人马与众不同，反正就是这么办了。我想在当时，每一个人的心里都有一个形象的对比——铜头铁齿小蚂蚁，鲜美诱人大肥猪。

你赌哪个赢？

潘美进兵，第一个目标，富州（今广西钟山）。突然袭击，一战而下。南汉人根本就没有防备，不仅丢了城，还死伤了一万多人。

潘美乘胜追击，第二个目标，白霞（今广西钟山西）。仍然是迅速攻克，然后直逼第三个目标，南汉重镇贺州（今广西贺县东南）。

这时消息终于传进了南汉国王刘铱的耳朵里，这位生来就习惯去欺负别人的四世祖一下子愣了。什么，还有人来欺负他？那他怎么办？

你们快说说啊！我该怎么办？！

没有人回答。南汉的沙场名将和皇家宗室都被刘家三代人、四个皇帝通力合作杀了个一干二净。这时面对贺州的告急文书，万般无奈，挺身而出的是第一权臣加第一太监龚澄枢，他的办法让刘铱一瞬间就松弛了下来。

龚澄枢说他亲自去一趟贺州，带着圣旨去……那个宣劳慰问。

这个办法好，太好了，刘铱由衷地喜欢。不花他的钱，不费他的力，只需要写几个字，就可以在番禺的皇宫里继续逍遥，以往无所不能的龚澄枢自然会替他把事情办好。

他马上写好了诏书，让龚澄枢立即起程。

日夜兼程的龚澄枢在贺州城里受到了空前热烈的欢迎，士兵们自发地把他围了个水泄不通，每个人都无比热切激动地望着他。

片刻之后，军队几乎哗变！

历史证明，刘铱的钱不给任何人，就算到了国破家亡时，他都没留给赵匡胤，何况是这些混账大兵？！

潘美如疾风暴雨一般向南挺进，几天之后攻克了南汉重镇贺州。

开封城里，赵匡胤很忙，有充足的资料显示，潘美和征伐南汉的战事并不是他在这个时期里最关心的。

就在潘美踏进贺州城的时候，契丹人突然集结了六万人马，偷袭宋朝边境的重镇定州。事发突然，契丹人的骑兵忽聚忽散，转瞬即至，不可捉摸，这时才真正显示出了赵匡胤多年经营北方的成果。他迅速接到了战报，而且还有充裕的时间调集人马选派将领。

他派出的人叫田钦祚，时任判四方馆使。

判四方馆使，一个小官，最早出自唐朝末年的内诸司使，这个部门权势滔天，源于它的主管者和皇帝零距离，对了，就是太监。进入宋朝之后，内诸司使的最高级官员变成了枢密使。其下为宣徽使、内客省使、客省使、引进使、四方馆使、东上阁门使、西上阁门使……也就是说，这位田钦祚，是主管兵部的枢密院的直属下属。

赵匡胤一如既往地发挥了自己的强项，他把田钦祚拉到一边，小声吩咐了好一会儿，之后田钦祚连连点头，火速带人冲向了北方边境。请注意，不管此人之前多么默默无闻，也不管他以后是怎样混账讨厌，这时候他勇猛坚毅、无可挑剔。

有一个数字让人瞠目结舌，难以置信，他带去的人马只有三千！

契丹的人马总数却是六万……就这样，田钦祚和他的三千人马在满城与契丹兵团遭遇，双方立即开战，众寡如此悬殊，可战斗的结果居然是田钦祚获胜！

史称“辽骑小却”。可是下一步，就证明了田钦祚当时已经全力以赴，杀得超状态了。他眼见敌人退却，立即追击，把赵匡胤临行前千叮咛万嘱咐的话忘到了脑后。

赵匡胤告诉他：“彼众我寡，背城列战，敌至即战，勿与追逐。”

前面三句十二个字田钦祚执行得非常好，他快速赶到，背城列战，战之能胜，而后……他开始了追击。边追边战，田钦祚带着他的三千人尾随着庞大的敌群，一路追到了遂城。在这里，契丹人乱箭如雨，突然间田钦祚翻身落马。

下一瞬间，田钦祚迅速从地上跳了起来，虚惊一场，是他的马中箭了。英勇的战将被自己的战士所爱戴，立即有一位名叫王超的骑士把自己的马让给了他。宋军士气大振，在遂城城外，与契丹兵团剧战，史称“自旦至晡，杀伤甚众”。

旦，为“平旦”，是早晨五点到七点；晡，是下午三点到五点，自己的边城要塞就在身边，可宋军将士绝不入城，与契丹人在城外的旷野之中血战将近十个小时！

入夜之后，田钦祚率领自己的士兵退入遂城，城外虏骑千重，契丹人把他们包围了。之后的几天里，田钦祚一直坚守遂城，城外虽然有六万敌人，但遂城始终没被攻破。但是真正的难题还是出现了。

遂城缺粮，这是个边境的小要塞，不可能像太原、开封那样随时囤积大量粮草。而田钦祚还不知道自己的援军什么时候会到。面临危境，他绝不苟延残喘，而是选择了再次冒险。在一个晚上，田钦祚整顿了剩余的兵马（整兵），突然打开南城门，聚集全部力量于一点（突围一角出），冲出了契丹人的包围圈，赶到了附近的另一个据点保寨。

由于他的迅猛以及出其不意，史称这次突围“军中不亡一矢”，而后契丹人就此退兵。

查阅历史资料，有后世学者对田钦祚突围之后，契丹人就此退兵很不理解，认为此中有假。试想人数对比如此悬殊，而且田钦祚已经是困兽犹斗、强弩之末了，契丹人怎么会突然不打了？

其实这很好理解，当时的契丹人对宋朝的领土并没有多大野心，这样的突袭只是为了一时的掳掠，俗称“打草谷”。干这个活儿必须快，讲究突然袭击，得手就走，这是契丹人发财的重要手段，可没想到这次赵匡胤早早就知道了消息，而且田钦祚过分勇猛，死死地缠住了他们。围困遂城的那几天，已经足够宋军调集人马，纵军合围的了。

在契丹人的心理安全方面，几天的原地不动，也超出了他们的警惕极限。

契丹人退了，一时之间田钦祚名声大振，北地传言这一战是“三千打六万”。而在史书中，随后就出现了一句在宋史里极其著名的话——赵匡胤大喜，对左右人说：

“契丹数入寇边，我以二十四绢购一契丹人首，其精兵不过十万人，止费二百万绢，则敌尽矣。”自是益修边备。

如今去看任何一本研究宋史的现代书籍，这句话出现时，都会与赵匡胤在讲武殿之后的私人金库“封桩库”联系起来，整句话是说——“待储满五百万贯，即向契丹赎回燕云十六州，如不允，则散此金绢募勇士，我以二十四绢购一契丹人首，其精兵不过十万人，止费二百万绢，则敌尽矣。”但在《续资治通鉴长编》中却记载着这是赵匡胤在田钦祚以寡敌众，逼退契丹军队之后的兴奋之语。

不管怎样，这是有宋一代难得一见的雄壮勇烈。宋人真的是怯懦的吗？回答是“不”，这与问现代的中国人为什么一度举国贫困一样，根源在于体制。纵观华夏历史，汉人的活力总是被自己的制度所压制，尤其是宋朝，细读宋史就可以发现，无数次被外敌所侮的背后，隐藏着一个极其震撼但又万般无奈的事实。

如靖康时被数万金兵击破都城，掳走皇帝，那时的宋军给人的印象是彻底的不堪一击，可是短短的七八年之后，宋军就可以用压倒性的优势击溃金兵的主力军团。这是什么原因？而后更有独力抵抗已经占领半个世界的蒙古军队长达四十余年的空前壮举……这都说明了什么？！

我们是能战的，只是不要随时给我们披上枷锁！

无论在北方还是在南方，战争都方兴未艾，正是用人之际，赵匡胤却出乎所有人意料，在自己的开封城里，再次给军中仅存的宿将元老们摆下了一桌丰盛的酒席。

这些人没有一个不是威名赫赫、震怖当时的军中名将。他们以天雄军节度使符彦卿、天平军节度使石守信、归德军节度使高怀德等人为首，共十二人。赵匡胤的目标主要定在了安远军节度使兼中书令武行德、凤翔军节度使王彦超、护国军节度使郭从义、定国军节度使白重赟及保大军节度使杨延璋五个人的身上。

再一次摆酒，还是摆在了赵匡胤的皇宫里。被特殊邀请的五个人里，有的忐忑不安，因为心里有鬼，比如说王彦超；有的人是愤愤不平，因为实在难受，比如郭从义。

在二十二年前，赵匡胤第一次离开家浪迹天涯时，曾经投奔过王彦超。可是他只用了N贯铜钱就把后来的皇帝老儿打发出门。这样的壮举换作谁，还能梦想过安生日子？

赵匡胤不比常人，早就主动替他解开了这个疙瘩，在某次君臣同乐的宴会上，赵匡胤在酒酣耳热之余，突然在大庭广众之前问他——爱卿，当年你在复州，朕去投靠你，你怎么不收留朕呢？

可以想象当时赵匡胤一定是半认真半玩笑，这个问题已经困扰了他好多年，百思不得其解。王彦超吓坏了，他立即避席跪倒，说出了想了好多好多年的圆场话——当年臣不过是个防御使，一勺的浅水怎么能容得下神龙呢！要是陛下当年真留在我那小地方，您还能有今天吗？

赵匡胤哈哈大笑，把那一页揭过去。但在王彦超的心里，这件事却是一片永远在他头顶飘忽不定的阴云，天知道那里面隐藏着什么。

再说郭从义，这位节度使是地道的行伍人，勇猛善战，没有什么歪心思。可这也辜负了赵匡胤的一片好心。

几天前在最初的殿廷接见时，赵匡胤曾微笑着向他致意，说郭爱卿，听说你马球打得非常好，今日为我表演一下如何？

郭从义二话没说，当场甩掉礼服下殿，骑马纵横驰骋，周旋击拂，史称“曲尽其妙”。之后人人喝彩，郭从义也喜气洋洋地上殿谢恩，结果赵匡胤似笑非笑地说——你球打得可真好啊，可惜，这是将军应该做的事儿吗？

郭从义僵那儿了，他不知道皇帝为什么要玩他。

皇宫深处，酒席宴上，九年前的一幕再次上演。赵匡胤喝了几杯，向五位节度使从容微笑——爱卿们，你们都是国家的老臣子，在外面工作操劳很久了，总是这样，显得我一点都不优待你们。

心里有鬼的人立即就明白了，王彦超马上站起来表态——臣本来就没有什么功劳，这么多年一直都在冒领俸禄。现在又老了，总想着能回到老家去，把这一把老骨头归葬故里，这是臣真实的愿望。

赵匡胤一听大喜，史称他马上离席，执手嘉慰。可本就一肚子闷气的郭从义不这么想，其他那三位更是一头雾水，以他们的理解，赵匡胤之前的话完全是在说他们的功劳大，非常大，他对他们还不够好，正想着怎么补偿呢！

于是这四个人七嘴八舌，互相提醒，互相印证，把自己的履历功劳从头说起。赵匡胤的脸色变了，他冷冷地只回了八个字——“此异代事，何足论也”。

本来嘛，你们都是后周的臣子，给我大宋出过什么力？！

五个人喜气洋洋赴宴来，垂头丧气出宫去。等他们出了赵匡胤的皇宫，看到了已经等了他们好久的符彦卿、石守信、高怀德、张令铎等一干人。这些人对着他们哈哈大笑，连声欢迎，王彦超等人几声叹息之后，也突然顿悟。

这一天，在宋朝都城开封府的大街上，十二个年过花甲、鬓发斑白的老兵旁若无人，把臂高歌，渐行渐远，终于走出了所有人的视线，只有他们的歌声还隐约可闻——

“漫揾英雄泪，揖别帝王家。想当年金戈铁马称雄壮，不过是胡乱厮杀。攒家一把刀，今天刀放下，赤条条来去无牵挂，且莫道种豆反得瓜……”

国内的事潘美并不知道，其实就算知道了又能怎样呢？他会辞职吗？笑话，功名利禄就像人的青春年华，谁都知道是昙花一现，但每个人都因此而更加珍惜，把它紧紧抓住，绝不放手。

潘美坐在贺州城里，想着怎样尽快杀到番禺城下。只要冲进番禺，就意味着战争结束。他非常清楚，这就是南汉的特色。别的皇帝可以出逃，可以东山再起，但是像南汉刘氏这样的禽兽，只要出了番禺，就注定了什么都不是。

可他的兵力实在太少了，没办法做到分兵疾进，虚实相生，把南汉的防御体系彻底搞乱，从中找出一条尽量短的道儿来，从贺州冲向番禺。

他决定让刘𬬮帮帮忙。

这时潘美向番禺发出信息，声称自己嫌走路太累，要直接坐上从南汉夺来的战船，从贺水的原路直捣南汉国都。

刘𬬮慌了，加封南汉唯一善战的将军潘崇彻为内太师、马步军都统，给他三万人马，要他马上北上，不必考虑别的，只要他守住贺水。

潘崇彻在走出番禺城时，脸上的表情是深入骨髓的讥讽。他清楚，南汉完了，就从这时起，南汉就注定了亡国。无论谁都知道南汉真正的门户在哪儿。

是韶关!

一条贺水，几十条船，这怎么能成为亡国的危险？无论是水路还是旱路，不过都是行军的道路，只要加强防守就是了。可韶关不同，那是南汉六十余年来重中之重的必保关隘，是刘𬬮的祖先多年心血铸成的门户，重要性在南汉尽人皆知，可笑刘𬬮和龚澄枢居然连这都不知道，还想不亡国吗?

之后潘崇彻就尽心竭力地防守起了贺水，他可以问心无愧地向刘𬬮的老爹、他的老领导刘晟的在天之灵起誓，贺水在他的防守之下稳如磐石，绝对不会被攻破。

事实上，潘美根本就没到贺水这边来。

潘美在公元970年十月从贺州出兵，杀数千人，攻破南汉开建寨，擒南汉守将靳晖，兵锋直指昭州（今广西平乐西）、桂州（今广西桂林）。这两州的刺史田行、李承珪非常配合，直接弃城而逃。在十月末，潘美进一步攻克了连州（今广东连县）。

这时他的前面再也没有阻挡，韶关近在眼前。

真正的危险终于到了，可就是那么诡异，番禺城内的刘𬬮突然间面带微笑，向臣子们说出了下面一番话——大家别慌，昭、桂、连、贺这四州本来就是湖南的，北方佬就是为了它们才来的，拿走了这些，他们就满足了，就再也不会来了。

祝大家好梦，只要一觉醒来，明天的世界就又会那么美好。

一觉醒来之后，刘𬬮改了主意，或许是他的祖先们在梦里告诉了他什么吧，他决定马上派兵增援韶关。

南汉得天独厚，有高大强壮的动物——大象。

一头头比房子还要高大的大象顶盔贯甲，上面坐着十几个手持超长武器的战士，在矮小得像是一条条小狗的敌人骑兵阵中往来冲杀，所向披靡……这是多么激动人心的战争场面啊，这样的念头在刘𬬮的脑海里升起，也被其他所有的南汉人所认同。

当年的十二月，南汉主帅李承渥在韶关城外的莲花峰（今广东曲江南）下，终于和潘美相遇了。他没有犹豫，在第一时间就甩出了他的王牌。

战象群冲向宋朝军队。

潘美应对得非常简单、极其粗暴，一点技术含量都没有。

他命令军队把拒马在阵地前码好，传令全军所有的弓箭手都站到最前排来，一个字——射！

这就是一个军人所能做的一切。无论面对的是人还是鬼，或者是神仙，或者是大象，我的回答只有一个——兵刃与弓箭！

潘美的粗暴有了完美的结果，打个比喻吧，一支箭头与大象的吨位相比，好比蜜蜂的尾针和我们的体积的比例，但要是有一整窝马蜂的屁股都冲着你扎了过来，你的反应是什么？

大象掉头就往回跑，速度之快，史称“乘者皆坠”，潘美跟着这些大象一直冲入敌阵，再冲出敌阵，之后就再也没有敌人了，他一直冲进了韶关。

南汉的门户就是这样被打开的。

有一个问题最能反映出一个国家的民族性格和智慧深度——怎样面对侵略。

两个例子，瑞士和我们中国。

欧洲的小国瑞士，以国家小、钱财多著称，这正是标准的被打劫对象，但奇怪的是它已经有近二百年的太平日子了，其间无论是法国的拿破仑还是德国的希特勒，都似乎对它视而不见。这是怎么搞的？

很简单，瑞士人公开宣称，我们国家里任何地方都有三样设施——酒馆、咖啡店、射击场。每一个想入侵瑞士的国家随时都可以来入侵，只是至少要扔下二百万具的尸体！

但是我们中国不是这样，我们的智慧是蛮深的，我们的老祖宗这样说——“绝圣弃知，大盗乃止。擿玉毁珠，小盗不起。焚符破玺，而民朴鄙……”如此自然天下太平。

也就是说，我们要做到把所有的好东西都扔掉，这样自然就没有人来抢我们了。呵呵，我有点恶搞，故意歪曲庄子先生的神圣语录了。不过这正是南汉刘鋹等人的处世哲学。他们是这样想的，也真这样做了。

宋朝的潘美火速杀来，刘鋹和龚澄枢、李托、内侍中薛崇誉等人迅速想好了对策——宋朝的军队之所以会来，就是因为咱们国家里的好东西太多。那么这样好了，我们一把火烧光了它，变成一座空城，这样他们还会常驻吗？他们自然就回去了！

怎么样？多棒的主意，多高的见解。而且他们说干就干，从南汉的国库和宫殿放火，最后把所有能烧的全都烧掉。这样都做完之后，他们才在第二天大开城门，迎接潘美进城，告诉这位还是跑慢了的仁兄——你赢了。

潘美欲哭无泪。

潘美在心里声嘶力竭地大骂，想仰天长啸之后就势狠狠地咬刘鋹一口！他妈的，这就是你们给老子的报复吗？就是这样吗？！你们……得逞了。

谁都明白，侵略一个国家，为的是土地，有了土地，就有了粮食、人口等，最后这些才会升华成形而上的富足代表——那些贵重的物品，比如说珍珠、美玉什么的。所以这是多么难得的东西啊，南汉三代人敲骨吸髓、彻底无情才聚揽出来的财富，就这么白白地被烧毁了！

这让他怎么向赵匡胤交差？现在比起来，他连王全斌都不如，不管平后蜀时杀了多少平民，耽误了多少工夫，可是孟昶的金银财宝现在都运进了开封，就藏在赵匡胤平时办公的讲武殿后面那个叫封桩库的私人保险柜里。每天赵匡胤见人办事，派兵打仗，背靠着那么多钱，心里那叫个踏实，而南汉的宝藏早就划进了封桩库的账面了，可是现在……要他怎么办？！

没办法，他只好把自己继续留在潮湿闷热的岭南，给赵匡胤彻底清理现场，为了赎罪，把后面的事做得地道些。然后他派人把刘鋹一伙儿都押送回开封，让皇帝自己发落。

后面的事就着实让人恶心了，刘鋹等人到了开封，赵匡胤先问他们焚烧府库之罪，刘鋹一概推给南汉大臣，甚至连平日里作恶多端都是这些太监替他干的，原话如下：

“臣年十六僭伪号，澄枢等皆先臣旧人，每事，臣不得自由，在国时，臣是臣下，澄枢是国主。”

龚澄枢等人一片默然，不否认，不反驳，直到被宋朝砍头。

多么无耻啊，让我想起了近代的日本裕仁天皇，同样是杀人无数，可战败之后，他去见美国占领军总司令麦克阿瑟，开口的第一句话居然是——“我对日本在此次战争中所有一切行为负责，愿接受您所代表的各国政府的裁决。”

这句话让美军史上最桀骜不驯的将军麦克阿瑟肃然起敬，不是说原谅了他什么，而是看到了对面这个人的底子是什么，至少敢作敢当，不是个懦夫！

刘鋹连个懦夫都不算，他只是个卑鄙无耻的小人。我不想再在这个人的身上浪费笔墨了，就此把他留在历史上的所有印迹都说一下，然后彻底揭过，从此不谈。此人在公元 971 年五月一日，被赵匡胤用布帛拴着脖子，像拉条狗一样拉到了太庙去举行献俘仪式，然后把他赦免，封他为右千牛卫大将军，爵位是恩赦侯。

刘铱在宋朝的开封开始了自己的侯爷生活，具体工作就是每天准时上朝报到，证明自己还在开封，还在被监控的安全范围之内。他做得格外用心，每天早到晚退，结果有一次赵匡胤在讲武殿大宴群臣，他又先到了，赵匡胤看他真乖，于是先赏了他一杯酒。没想到这人马上就吓哭了，跪地上磕头，说——我反抗朝廷，让您派军队远征，这是我不对。可是我都投降了，就让我当个开封的顺民活下去吧，这酒我实在不敢喝。

赵匡胤大出意外，摸不着头脑。经他解释才知道，这个浑蛋在南汉时，只要看哪个臣子不顺眼，就赏一杯毒酒来了断。赵匡胤哈哈大笑——朕推赤心以待人，怎会行此事？

赵匡胤取过酒来，自己一饮而尽，然后对左右示意，再给这人倒一杯。刘铱满面羞惭，这才敢喝。

到了赵光义的时代，这个人变得更乖，开始主动讨好（这就是卑鄙狠毒的好处，这种人只要你能打服了他，他就会比你儿子还要孝顺）。赵光义要攻打北汉，在公元 979 年于长春殿设宴饯行起程，刘铱和各位降王一起出席，只见他突然站了起来，兴高采烈地说："朝廷威灵远及海外，四方降王今日尽在座中，旦夕间太原刘氏又至，臣因率先来朝，愿得执梃，为诸国降王长！"

顿时满堂大笑，尤其赵光义非常得意，正要出征，这个吉利讨得多好！刘铱当时就又得了好多赏赐。

还有什么话好说吗？当俘虏都当到了这个份儿上，刘禅、孙皓都算是什么？但就是这样，这个人仍然在宋太平兴国五年，公元 980 年三月间死去，年仅三十九岁。

至于死因嘛，官方公布是病死，不过好像李煜、钱俶，还有很多挡了赵光义路的人都是病死的……

第十九章　寄生胎

平定南汉，南唐如砧板之鱼，举刀可切，但是什么都没有发生，在历史记载中，只能看到李煜害怕了，派自己的弟弟李从善带着大批的贡品到开封朝贺，主动要求赵匡胤以后给他写信可以直呼其名，并且自我降级一等，正式成为“南唐国主”。

赵匡胤似乎满意了，召回了在汉阳屯驻的军队，就此对南唐宽容，让人百思不得其解的是，这种“宽容”居然一连延续了三年！

这三年里宋朝举国升平，边疆平静，赵匡胤本人的身体健康得不得了，除非去查他的起居注，不然连他感冒发烧的记载都没有。

能查到的，就是他在讲武殿进行了第一次科举的复试，从此中国有了殿试这一关；对南唐使了点小手段，破坏了一些李煜的君臣关系；把契丹人正式当成了邻居，两国第一次互通使者；再有嘛，就是一些琐碎的家务事了。

比如他换了个宰相；又如因为这次换宰相，发生了一连串的连锁反应，整个上层官场开始重新洗牌；再如一位皇室的重要成员被封为开封府尹外加晋王，和当年未登基之前的柴荣的官职一样大小。

以上这百十来个字里所包括的微不足道的内容，就是赵匡胤在他四十五岁到四十八岁的黄金一般珍贵稀有的时光里所做的事。

关于赵普。

要先声明一点，宋史里这一部分的资料已经严重缺失，绝对无从查考。这很遗憾，就像赵匡胤被突然终结的人生那样，既残酷，又无情，当年发生过的事，都被他的好弟弟赵光义、亲侄子赵恒一连两次从《太祖实录》里删除了。

毁灭一个人，再毁灭他的家族，做到干净利落、名正言顺之后，剩下的就只有一些蛛丝马迹了。千年之后，我们只能从这些残缺不全的碎片里勉强看到一些当年的影子。

而赵普，是公认的和赵匡胤走得最近的人，他的事迹被抹平，就算是池鱼之殃吧。

一切皆在恍惚朦胧间，是也非也，凭君自测。

赵普，在人们的常规意识里是诤臣、正臣、名相，无论怎样划分，他都应该站在阳光下面，整个人都被照得金光闪闪的。

这都对。

但正因为他站在了阳光下面，所以也就难免有了阴影。概括地说，从某些方面讲，只要他再稍微往前走一步，或者赵匡胤再稍微往后退一步，那么他们就成了宋朝版的王峻和郭威。

王峻错在哪里？贪财、贪官、欺负郭威、压制柴荣。再看一下赵普，几乎完全复制。

赵普贪，在公元971年的这一年里，至少被赵匡胤抓了三次现行。

第一次，三月，南汉还没打下来，就有以前的三司使（高官，只比赵普理论上低半级）赵玭告发赵普违反禁令，贩运木料。史称赵匡胤大怒，直接问前宰相王溥——赵普当得何罪？

王溥一笑——赵玭诬陷大臣。

赵匡胤想了想，把赵玭下放，到汝州去当个牙校了事。

第二次，赵普爱钱之事名扬国外，南唐都知道了。李煜托人悄悄地送了赵普白银五万两。赵普没敢要，他直接报告了赵匡胤。

赵匡胤的反应是："你收下，记得写封回信谢谢李煜，再拿点钱犒劳一下给你送钱的使者，这是规矩。"

赵普不明所以，坚决不干。

赵匡胤说："别小家子样，自己给自己难堪，收下，别让李煜乱猜。"

赵普奉命收钱，等到李煜派人再次朝贺时，赵匡胤在正常的赏赐之外，多给了一些金子，正好是五万两白银的数。

李煜那边心知肚明，再不敢做小动作，对赵匡胤感恩戴德。

第三次，赵普丢了大人了。话说有一天，赵匡胤突然到赵普家，看见墙边一溜摆着十个瓶子。赵匡胤问此何物也。赵普答，是吴越王钱俶送的海鲜。打开一看，里面一片金光耀眼，是金子。赵普跪下来发誓说自己真的什么也不知道，要是知道早就像上次一样报告了。

赵匡胤像平常一样笑了笑，说："收起来吧，钱俶这小子，以为宋朝的国家大事，都是你们这些书生做主呢。"

一句话，轻飘飘地放了他一马。

这是钱，至于官位，赵普十年独相，在宋史上只有后来的蔡京、秦桧等寥寥数人可比，而蔡京、秦桧是什么人，用了什么手段才做到了这一步，相信中国没人不知道。

那么赵普呢，他具体强势到了哪一步？历史记载，赵普曾在自己的政事堂里明目张胆地放了一只大陶壶，无论中外臣僚奏章，只要他看着不顺眼，就往壶里一扔，等到快满了，一把火烧了了事。可就算这样，赵匡胤都忍了，那么在公元971年到973年到底发生了什么事，让赵匡胤不得不收回侵略南唐的脚步，转回头梳理自己的内部，而且要耗时整整三年？

先说两件事。第一件，在宋朝开宝四年（公元971年）的十一月间，很不幸，黄河又决口了，这次是在澶州地段，山东大片的农田被淹，损失惨重。

赵匡胤大怒，追究地方官责任。澶州的知州杜审肇被免官，知州的副手澶州通判姚恕却身穿官服被当街砍头，尸体被抛入仍在泛滥的黄河里。

不公平，但没人敢说什么。

第一，那位知州姓杜，赵匡胤他妈杜太后的杜，是当今皇上的亲舅舅；第二，稍微知道些内幕的人都有多远躲多远，别说多嘴多舌，就连眉毛都不敢多挑一下。

被砍头后还抛尸的姚恕在两年前曾经得罪过一个人。这个人，当时普天之下都知道绝对惹不得——唯一敢惹的还不爱惹。

对，赵普。

据正史记载，在两年前，宋开宝二年（公元 969 年），有一天赵普正在家里大宴宾客，姚恕在门外求见。请留意，姚恕那时的官职是判官，说实在的，京官多如牛毛，小小一个判官真是什么都不算。赵普是当朝独相，相府门房六品官，也就没把姚恕放在眼里，表现得颇为傲慢。万万没想到，姚恕的表现更加出格，他立即大怒，转身就走。赵普知道后马上派人去追，追上之后诚恳道歉。

宰相俯就，判官姚恕傲然不理，径自离开，在万众瞩目下让赵普下不来台。

赵普的反应是没反应，不久澶州通判出缺，他主动推荐姚恕去应职。直到两年之后，黄河终于泛滥决口……是否觉得我有点牵强附会？别急，再看第二件。

第二件，时间再往前移，宋乾德三年（公元 965 年）。赵匡胤曾经对宰相赵普感叹："冯瓒这个人好啊，真是'当世罕有，真奇士也'。"

赵普："您说得太对了，升他的官。"

当时宋朝刚刚平定后蜀，西南方面需要大量的官员去管理，于是当时的枢密院直学士（赵普当宰相以前最后一个官职）、右谏议大夫冯瓒被派出京知川东重镇辛州。一年之后，突然有人从川东偷跑回来，找到赵普，揭发冯瓒贪赃枉法，证据确凿。

赵普带着证人去见皇帝，赵匡胤命令冯瓒火速进京对质。

对质的结果是问不明白，冯瓒可能枉法，也可能没枉法，证据并不确凿。

赵普立即命人到潼关去截留冯瓒的行囊。

在行李里发现了大批金银珠宝，上面的封皮上还写着一个名字——刘嶅。罪名成立，赵匡胤大怒，把他亲口许为"当世罕有之奇才"的冯瓒免官流放，发配到沙门海岛，遇赦不还，老死海中。

行贿的刘嶅，却不过是罢官。需要注意的是，这个刘嶅的官职，也跟当初的姚恕一样，是个判官。

回顾一下，从四川往回调人，再从潼关截留证据，这是天下大搜捕了，最后却只是贪赃而已，还是由赵普这个大赃官来揭发的，赵匡胤至于这么抓狂吗？或许说，赵普至于这么小心眼，睚眦必报吗？

但事情就是这个样子的，也许有人会说，这两件事有什么联系吗？时间都差了那么远。是的，看上去的确风马牛不相及，如果一定要说其中有什么相似之处的话，就是姚恕和刘磬的官职——他们都是判官。

宋朝开封府判官。

宋朝开封府，又称南衙，随便翻一下《宋史》，这个衙随处可见。似乎很复杂，其实很简单，它的房子是在五代的后梁开平元年时盖起来的，它的官职就相当于现在的开封市市长。最开始的时候，这个职位无比敏感，因为它曾经是柴荣以下四位皇帝的专有头衔，但是其间也有像寇准、包拯、欧阳修、范仲淹、苏轼、司马光这些人不停地倒班。所以它的具体权力和每一个时期的影响力也都随时浮动，各不相同。

在公元 971 年时，它的主管名叫赵光义。

这个人超复杂，无论是概括地说，还是分析地说，现在都说不清他。所以只好就他在赵普罢相这件事里先说一下，能说到哪儿是哪儿。

这时，赵光义的开封府尹已经当了十年了，他的权限很模糊，当他哥哥在开封时，他管市长该管的事，当他哥哥出征时，他干国王该干的活儿。他最初的定位，就是他哥哥最信得过的人，是帝国稳定的一块基石，赵匡胤的影子。

所以最开始时，赵匡胤用了很多手段来把他扶持起来，而到了后来，赵光义就以实际行动证明，他没让他哥哥失望。从历史遗留下来的蛛丝马迹里，能查到他与当时宋朝京里京外大小官员都过从甚密，其势力已经无孔不入。

这就碍了一个人的事——赵普。

从正常的官职分类上看，皇帝以下就是宰相，当时的同中书门下平章事，而开封府尹，无论潜台词是什么，不过是一个知州。可赵光义以自己独特的身份，把这个市长无限制地做大了。姚恕当初是什么人？开封市市长手下的小秘书而已，就敢对宰相如此无礼。他仰仗的是什么？这是赵光义和赵普两个人私下里尊卑关系的体现吗？这是公然以下犯上，侵凌相权！

赵匡胤就算再宠着小弟，也不会放任到这个地步。所以后来杀姚恕，动用的是政府皇权。

至于刘嶅和冯瓒的金钱关系，这就更敏感了，赵光义的手越伸越长，不仅在京城里培植党羽，连远在西川的知州都要收买，这样下去，天下到底是谁的？

就算《宋史》被一再地修改，赵光义的一些活动还是被留存了下来。他不停地送礼，交友遍京城，可也有被人拒绝的时候。先是御史中丞刘温叟，赵光义连续两年给他送钱送东西，他都用封条封好，既不当面拒绝，也绝不动用。

赵光义只好派人都收了回来。

另一次他的不轨之心就再难推托了，他居然去贿赂禁军殿前司控鹤指挥使田重进。田重进是什么人？那是赵匡胤晚上睡觉时守大门的人！

用当时赵匡胤的眼睛来看周围的世界，相信他会突然间感到寒冷。在公元971年之后，史称同中书门下平章事赵普的“堂帖”——由宰相颁行的书面命令，“与诏令无二”，甚至重于诏令。他还突然发现亲弟弟的院子里龙盘虎踞，深不可测，更要命的是他还不好一刀把它连根砍掉。这是个怎样的局面？

一国之内，政令三出。

这种时候还能再发兵江南，去图谋别人吗？赵匡胤要怎么办？可以肯定的是，他从来都没有杀他弟弟的心，而说实话，这时他早已把江山坐稳，再不必像最开始时那样需要一个帮手了。他在犹豫，可有人已经忍无可忍，要替他出手了。

赵普躲到了一边，在仔细掂量自己手里的那根棍子，同时也在评估赵光义脑袋的硬度。其核心内容就是如果这一棍子真的砸了下去，是赵光义的脑袋开花，还是他自己的棍子会断？

这个问题很实际，而且非常普遍。其实从古到今，每一个生活过的人都是人手一棍的，无论是在职场，还是回到了自己的家庭生活里，这根棍子每时每刻都得准备好去砸人，不然你就挨砸。就在砸人与挨砸的过程中，以及手法判断等水平的高低中，你的人生就被定位了。

赵普砸过太多的人了，砸得越多，经验越丰富，下一次实战前所需要衡量的东西就越多。尤其是这一次，他先问了一下自己，第一，非得砸了不可吗？

回答是苦笑，他可真不想砸赵光义，这孩子是他从小看着长大的。当赵匡胤的老母亲杜太后还活着的时候，还时常吩咐赵光义说——出门“必与赵书记偕行乃可”。还约定好赵光义回家的时辰，由赵普来监督。可以说在那些年里，他是赵匡胤家族的一分子，曾经多么温馨和谐啊……但这时再想这些，就极其可笑。结论只有一个字——砸！

狠狠地砸！

那么第二个问题就更得小心考虑了——有把握吗？

赵普为之放平了心态，详细分析。先看一下朝臣们的拥护意向。那就得先看一下三省——中书省、枢密院、三司的意向了。毕竟这是百官之首。

中书省，没有问题，这是他自己的地盘，一切都由他说了算。虽然有薛居正、吕馀庆等几个参知政事副手，但是他们“不宣制（敕书）、不押班（每天上朝没资格像赵普那样引领百官）、不知印（相印）、不升政事堂（赵普的办公厅没他们的份儿）”，工资也只有赵普的一小半。

赵普可以完全放心。

再看枢密院，赵普不禁会心一笑，这时的枢密使是李崇矩。他和李崇矩好到了什么程度，用一个事实来说明比什么都有力度——他的儿子和李崇矩的女儿很快就要结婚了。还要再往下说吗？

最后是三司使了。

赵普的心突然变乱。这时的三司使是他的老熟人楚昭辅，按说这是在赵匡胤还是个后周的将军时，就和他同在幕府里当差的老伙计了，两个人平日里处得不怎么样，总是你喊我叫的，大面上总还过得去。尤其是互相都知根知底，他楚昭辅是不简单，但比起敢把活人扔锅里煮熟了再吃下去的李处耘怎样？哼哼，在赵匡胤的幕府里，楚昭辅和李处耘的资格都比赵普老得多，可是赵普进去后就能把他们挤到一边，把他们当手下人一样使唤，再加上这十年里官场唯我独尊，想来楚昭辅没有敢造反的胆子。

但是，这是在一年之前。等到开宝三年（公元 970 年）的秋天，这之后，一切就都不好说了。

话说入秋之后的某一天里，三司使（计相）楚昭辅突然去见赵匡胤。当时赵匡胤正坐在讲武殿里想心事，他一方面得想着北边的契丹，“三千打六万”的事情刚过，契丹人会不会马上再来；另一方面他还得关心一下潘美，那时的南汉还没有打下来。

不过总体来说，他的心情非常好，尤其是秋天，收获的季节又到了，这意味着他的国库会变得更加充足。无论如何，有钱有粮日子才能过得下去。

就在这时楚昭辅跑过来告诉他——陛下，完蛋了，现在国库里的粮只够吃到明年二月的。没办法，得把禁军都解散，让他们到全国各地去吃饭。再把所有的民船都征调起来，到江淮一带去运粮。这样才能保证明年开春开封府里饿不死人。

这消息让赵匡胤一下子从黄金梦里重返赤贫，落差太大了，他瞬间抓狂，对楚昭辅一顿大吼：“你这个三司使是怎么当的？国家没有九年的储备就是不足，你居然只给我留了半年的口粮！要分军屯田（解散禁军，分散各地，亏他怎么想得出来），尽搜民船，这是一下子就能办到的？！告诉你，要是到时候真的缺粮了，我就杀了你向天下人交代！”

楚昭辅从赵匡胤的皇宫里出来时摇晃得厉害，他知道，他的死期不远了。

他是计相，是一国之中财力调运的中枢神经，能不能在这么短的时间之内把这么严重的事态解决好，他比谁都清楚——不可能。事实上，他给皇帝的建议已经是他最好的办法了，分散禁军，尽搜民船……他也知道这根本行不通，但还能怎么办呢？

危急之中，他想到了赵光义。他最初的想法只是想求这位皇帝的亲弟弟给讲个情，能宽限几天。但没想到赵光义是如此乐于助人，不仅帮他讲情，还让自己开封府的班底人员陈从信帮他谋划出力。结果是惊人的，宋朝的计相，三司使大人无论如何都办不到的事，开封府尹的私人班底居然轻松搞定。

禁军没解散，时间没用多久，也没有尽征民船，江淮的粮食就出现在了开封城的国库里。

这件事在外人看来是皆大欢喜的，可在楚昭辅、赵普，甚至每一个朝中重臣的心中，就是另外一回事了。这是力量，一向以亲和温存面目示人的赵光义小试牛刀，就让所有人都看到了他能做些什么……所以赵普的心会乱。

楚昭辅会站在哪边？还有赵光义脑袋的硬度得重新估量。

那么到底还砸不砸呢？赵普微笑了，得承认，他一定没在这上面费太多的心思。砸！为什么不砸？不管有多少客观因素存在，最重要的要害只在一点——赵匡胤。

他所需要知道的，归根结底就是一句话——赵匡胤到底喜不喜欢，同不同意他砸赵光义。

要想清楚，那可是亲兄弟，同父同母的亲兄弟，一直都是兄仁弟贤，父慈子孝的。这一棍子砸了下去，是成，是败，要砸多狠，要收几分力……唉，都太复杂了。

但是一定要砸，赵普牢牢地把握住了最重要的那一点。他打赌，赵匡胤一定希望他抡圆了棍子狠狠地砸到他亲弟弟赵光义的头上。

理由只有一点——赵匡胤的儿子们都长大了。

赵匡胤一共生了四个儿子，依次排列是德秀、德昭、德林、德芳。德秀与德林均未成年就死去了，剩下的德昭与德芳，在这时分别是二十岁与十二岁。

二十岁的德昭，无论是在古代还是在现代，都已经是标准的成人。作为国之长子，赵匡胤原配夫人贺皇后所生的嫡子（很遗憾，德芳的生母在历史上没有记载，很可能是一位偏妃），到了这个年龄，无论如何都应该是帝国的合法继承人了。但是让人万分不解，赵匡胤不知是出于怎样的考虑，一直把德昭与德芳关在屋子里，从来没让他们出头露面。

时间一直到公元971年，这时的赵匡胤四十五岁，赵光义三十三岁，赵德昭二十岁，三人之间的年龄差距不过是十二三年。表面看，赵家真是人丁兴旺，壮盛满堂，但天子之风不同于庶民之风，这是尴尬，更是危机。而对赵普来说，这就是机会。

砸！赵普决定，不管赵匡胤这时是否同意，他都要抢先把棍子抡圆砸过去。他相信，只要变成了事实，就会逼着赵匡胤做出选择——不是说在他赵普和赵光义这个亲弟弟之间的选择，而是在帝国的安全和赵匡胤儿子们的幸福之间来选择！

他就不信了，赵匡胤到时会不帮他。历史都无数次地证明过了，杀兄弟是多么必要，就算只看当时，都能找到活生生的例子。刘鋹和刘继元那样的蠢材都知道登基之后，把所有的兄弟都砍了清扫隐患呢，何况是赵匡胤？！

赵普摇了摇头，笑自己多虑了。事实上这都不需要什么理智的判断，只需要动用一下人的生物本能就能懂得怎么做……何况，他又想起了从前，他不是没砸过赵光义。就在建国之初，赵匡胤先是封弟弟为禁军殿前司都虞候，之后又加封为开封府尹。这时赵普不干了，他硬生生地把赵光义禁军将领的头衔给撸了下来，在军与民之间只能任选其一。

那时赵匡胤没有二话，非常支持。

思前想后，万无一失，赵普还越想越乐观，越想越兴奋。试看前景，砸倒赵光义之后，于公为赵匡胤守住了皇位，于私会让自己宋朝臣子第一人的身份更加稳固，还会趁机结恩于宋朝的第二任接班人……诸般好处，何乐而不为？

更妙的还有一点，那就是赵匡胤的本性。此人有些牵着不走，打着倒退，不管是真是假，在一些利益极大的纷争面前，喜欢躲在幕后，热切地强迫别人做事——比如陈桥兵变。呵呵，那好吧，像上一次一样，这次的恶人还是由我来做……赵普踌躇满志地想，这件事马上就做！

什么？风险？

哈哈哈，赵普大笑，此生做过没风险的事吗？富贵险中求，风光在顶峰，就这么干了！

事情开始了，但也早就结束了。时间过去了一千多年，要知道当年到底发生了什么，就让我们从一份表格开始吧：

时间：公元971—973年。

地点：不确定，从宋朝的都城开封起，遍布全国的每一个角落。

人物：赵普、赵光义，以及双方的战友加亲信。

起因：赵普要压制赵光义。

过程：缺失。

结果……要怎么说呢？如果说赵普是在公元973年被赶出京城时才知道自己失败了的话，那么，就真是太蔑视这位宋朝开国第一元勋、第一位独任的宰相了。

在这之前，有无数的证据表明事件的每一个进程，优胜劣汰，一目了然。

首先，在公元972年九月，某一天赵普照常上班时，到达长春殿等着赵匡胤召见时，突然感到身边少了点什么。稍一迟疑，他发现了，原来是他的老朋友枢密使李崇矩不见了。赵普以首席大臣的雍容风范向左右询问，得出的结果却是李崇矩上班了，只是从此以后，到别的屋子办公。

赵普突然出了一身冷汗。坏了，他犯了赵匡胤的大忌——专权。这真是无可救药的大失误！他和李崇矩的身份合起来正好是宋朝的军政大权，可是他们居然上班在一起，下了班还成了儿女亲家！

更要命的是，这种事还没法解释，越解释越糟。从此之后，李崇矩接连降级，到公元 973 年三月，原枢密使、镇国军节度使李崇矩已经降到了左卫大将军。

截止到这时，还是没有记载能证明赵普与赵光义之间曾经发生过什么。就连李崇矩的降职，都是由于李自己收受贿赂，自作自受。

之后事情急转直下，当年的四月，赵匡胤突然下诏，命重选“堂后官（相府属吏）”，规定从即时起三年一换。这样赵普多年的亲信手下立即被裁撤一空。到了六月，商州户部参军雷德骧出事，被贬到了大西北的灵武。

雷与赵普有宿怨。

雷德骧的儿子跑到京城去告御状，说是赵普在背后搞鬼，并且千辛万苦地找到了相府几个属吏的污点。这件事的结果是赵普的一个亲信被处死，其余的被杖决除名。而雷公子被授予秘书省正字。至于他为什么当上了官，天下人就都看得明白了。

因为有功，功何在，批赵普。

从此天下风起云涌，每个人都知道了应该怎样做。赵普的苦日子来了。但是他心里应该还是没有着急，更谈不上什么害怕。因为他此时更加坚信另一条官场上的铁律。

皇帝的行为准则。

这里有一个例子，话说距今三四百年以前的清朝，康熙当皇帝时，权相纳兰明珠犯事了，罪名成立，只等着康熙一声令下，就要人头落地。明珠半夜里去求他以前的门客，现在的内阁大臣高士奇想办法。高士奇想了想，告诉他，要人告他谋反，并且告发的人一定要是明珠的死敌索额图的人。

明珠一听大惊：“谋反？！这是杀罪变成了剐罪，罪加一等，满门抄斩啊！”

高士奇笑着说：“你这个笨蛋，这是对第一流的皇帝才能用的百试不爽的保命绝招。很简单，皇帝要想保住位子，就得看好手下的臣子，所以他绝对不能容忍朝臣中的一个党压倒另一个党……明白了吧？就算为了自己，康熙都会留下你的命，来牵制索额图。”

时代顺序颠倒，道理是一样的。赵普相信赵匡胤不会放任赵光义把他彻底搞倒，如果那样，赵光义的势力会更大。

赵普想错了，自从雷德骧的儿子告赢御状之后，赵匡胤很快就把赵普的原手下参知政事薛居正、吕馀庆扶正，开始和赵普同知印、押班、奏事，所有一切平等。从此，他的权力再也不是独一无二的了。而且就在这时，他真正的灾星出现了。

卢多逊。

这个人是压垮赵普的最后那根稻草。翻阅史书，可以发现，卢多逊当时所做的其实很平常，他不过就是向皇帝一次又一次地报告，说赵普贪赃枉法，纵容手下，还有就是非常模糊的动作——“每召对，多攻普之短”。

经常性在赵匡胤跟前讲赵普的坏话，讲了什么，历史却没有交代。

赵普在宋开宝六年（公元 973 年）八月被赵匡胤赶出京城。官方的说法是怕赵普累着，让他先外出歇几天。并且给了他河阳三城节度使、同平章事官职，仍旧挂名宰相头衔。

败了，千真万确地败了。赵普愿赌服输，再没起什么刺，只是在临走前，给赵匡胤写了一封信。

信中提到——“外臣谓臣轻议皇弟开封尹，皇弟忠孝全德，岂有间然。”

你的弟弟是完美的人，你可以全心全意地去爱他！

赵普走了。想来他走出开封城门的那一瞬间，心中的悲凉愤怒是非常少的，他会笑。赵匡胤，我尽力了，我们相识相知近二十年，精诚合作，才有了今天……别怪我，今后无论你出了什么事，都不要怪我！

赵普出京不到一个月，赵光义加封为开封府尹兼晋王，正式变成了当年柴荣的翻版。

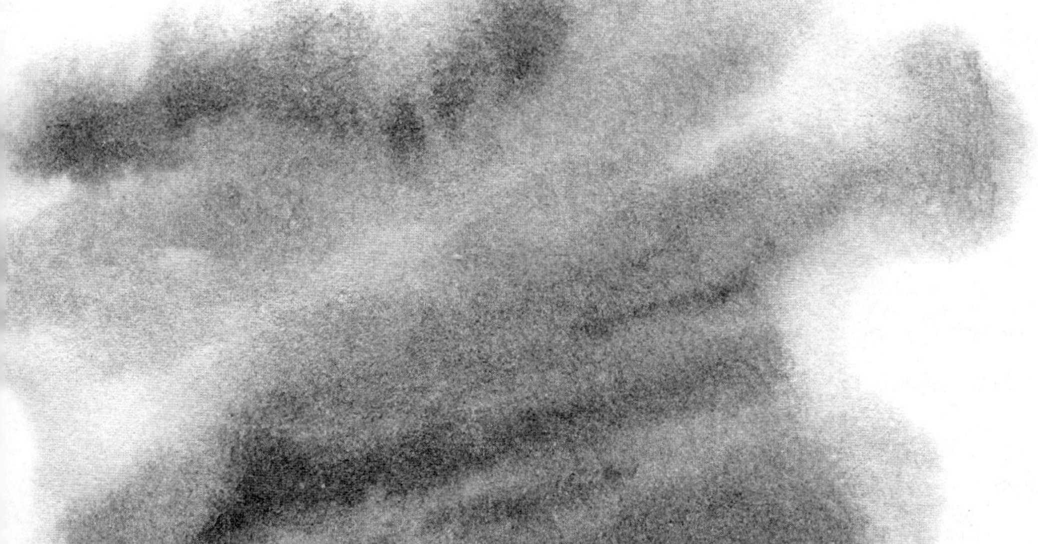

第二十章　我的名字叫李煜

现在终于轮到李煜了。公元 973 年九月以后，赵匡胤站在开封城里，拉着好弟弟赵光义的手向南看，只见率土之滨，莫非“赵”土，除了南唐一隅。

那好吧，该做的事终究还得做，虽然凶拳不打笑面，欺负老实人有罪，但……就是得做。

首先是一个骗局。

有一天赵匡胤带着李从善在皇宫里散步，走进了一间偏殿，闲聊中指着墙上的一张画像说：“爱卿，你认识此人吗？”

李从善小心辨认：“似是江南林仁肇。”

赵匡胤连连点头：“对，正是林将军，他已经归降，很快就会来开封，先寄来一张画像作信物。”说着他还向外一指，“爱卿，你看到那一片空宅了吗？那就是我赐给林将军的新家。”

李从善如获至宝，立即十万火急将此“密”信传回金陵，李煜也没耽搁，马上就赐给了林仁肇一杯毒酒。

江南屏障，水师统帅林仁肇就这样死了。

李煜的心情很快就平复了。真的，不管有多少人对他无礼，也不管有谁突然间对他背叛，他都能迅速地恢复过来，因为他有一处任何人都没法打扰，也没办法损伤的精神圣地。

他的诗词。

无论有多么难受的事发生，只要经过诗词的洗涤过滤，李煜都会焕然一新，重新做人。比如说他日夜思念着他远在开封的好弟弟李从善，百般无计，他只好付之一词。

词云：“别来春半，触目愁肠断。砌下落梅如雪乱，拂了一身还满。雁来音信无凭，路遥归梦难成。离恨恰如春草，更行更远还生。”

翻译成白话文就是：从善，我的好弟弟，你还好吗？难为你身在敌国还是这样惦记我、帮助我，给我传回了这样重要的消息……我是多么地想你。

李煜在乱想，有人自始至终都头脑清醒，心口如一，比如吴越国王钱俶。

钱俶和李煜一样，名义上都是赵匡胤的臣子，职位还要低一些，是宋朝的兵马大元帅。建隆元年（公元 960 年）二月，赵匡胤封的。

这很符合吴越和南唐在传统意义上的江湖地位。

吴越国，这是钱俶的爷爷钱镠在公元 907 年建立的。不过说是建立有些勉强，它是被封出来的——后梁太祖朱温封钱镠为“吴越王”。从那时起，吴越的国策和它在北方君王心中的作用也就都定下来了。

国策——“子孙善事中国，勿以易姓废事大之礼”。这是钱镠的临终遗言，直截了当地告诉后代子孙，不管中原地区换了谁当皇上，我们的态度都只有一个，就是“善事”。

作用——牵制南唐。这真是历史悠久，从南唐的前身“吴”开始，两浙地区的“吴越”就和苏皖赣闽间的邻居不和，北方大国的君主们，不论是后梁、后唐，还是后周和宋朝，交给吴越的命令就只有一条，即牢牢地扯住邻居的后腿，绝不让以前的吴、现在的南唐跳过长江去。

这两件事就是吴越的立国之本，虽然是任务，但也是保障，这让钱镠的子孙在两浙温暖富饶的大地上幸福地生活了多年，直到第五位国王钱俶为止。

任务变了，赵匡胤在开宝七年（公元 974 年）七月通知钱俶，别再牵制了，直接出兵配合我攻打南唐。接到命令，钱俶沉默了，吴越全国却突然间沸腾。打南唐，解恨，这么多年有多少吴越人死在南唐人的手里，正好借宋朝来复仇！

官场里的意见截然相反。

吴越宰相沈虎子忧心忡忡地找到了钱俶——陛下，南唐是我们的仇人不假，可它也挡着宋朝，一旦它垮了，我们怎么办？

钱俶很快就做出了决定。吴越一如既往，听命宋朝，无论什么命令，都无条件答应。

沈虎子愕然，进而大怒，这般懦弱！无法理解！吴越虽小，难道没有兵吗？南唐还那么大，难道不能联合吗？宋朝又怎样，自古以来中原北方的大国有多少次是在长江边上一败涂地，不得不和南方小国划江而治的？怎么能连抵抗的念头都没有，连敌人的影子都没看见就认输？！

钱俶没生气，反而向他笑了笑，像是有很多话想说，最后只是轻描淡写地告诉宰相大人，你被撤职了，回家去吧。之后全天下的人都知道了钱俶是一个比李煜还要怯懦萎靡的亡国君主，连稍微抵抗的勇气都没有，而且还给夺国的敌人去打刀！

钱俶一点都不在乎。他安稳地坐在自己的王宫里，脸上带着些许复杂但相当安逸的笑容。

历史证明，或许他没有李煜那么聪明，更加没有李煜的才气，但是他清醒。沈虎子看到了一般百姓所看不到的局势，而他看到的，比他们都深远。

也许他真的应该反问他那位爱国的宰相一句——如果我现在反宋联唐，你信不信赵匡胤会先来打我？到那时你觉得南唐能发兵来救我吗？能吗？！

人生不过是一场生意，人人都得为自己，难道不是吗？

赵匡胤邀请李煜去开封，参与某次国家庆典。李煜请了病假。赵匡胤生气之余，提了一个新要求，要李煜马上派人护送南唐境内一家姓樊的人到开封来，全家老小必须一个都不能少，一个都不能出事。

李煜摸不着头脑，他刚刚拒绝过赵匡胤，心惊胆战，正想着怎样讨好，何况根据调查这家姓樊的极其普通，最有出息的是个叫樊若水的落地举人。那就送吧，无足为惜。

南唐照办。

后来李煜后悔得想跳江，但是当时他和他所有的南唐臣子都弄不明白这到底是怎么回事。

不久，宋朝派来了一个叫卢多逊的使者，人很和气，对李煜也不像别的使者那样侮慢刻薄，他们很谈得来。在临别时，这位卢使者突然说——朝廷正在重修天下方志，史馆中独缺江南诸州的，能每州都给一本，让我带回去吗？

小事一件，李煜想都没想，就立即命令手下连夜抄写赶工，务必要赶在第二天早晨以前送到江边，以免耽误宋朝使臣开船。

宋朝不费吹灰之力，就把江南十九州之地的山川地形、屯戎远近、户籍多寡等国家级机密通通一网打尽。

直到这两件事都办完了，赵匡胤才对李煜进行了最后一次邀请，李煜不识好歹，于是历史上就记录了宋朝此次出兵江南的原因——“倔强不朝”。

因为一个人不来，那么就派十多万人过去！

赵匡胤在宋开宝七年（公元974年）九月，命宣徽南院使曹彬为升州西南面行营马步军战棹都部署，山南东道节度使潘美为都监，颍州团练使曹翰（留意这个人）为先锋都指挥使，统军十余万，战船数千艘，并与吴越联军分五路攻向南唐。

第一路：曹彬率侍卫马军都虞候李汉琼、判四方馆使田钦祚领荆湖水军自江陵沿江顺流东进，攻取池州（今安徽贵池）以东长江南岸各要地，直指南唐都城金陵。

第二路：潘美率侍卫步军都虞候刘遇、东上阁门使梁迥领马步各军向和州（今安徽和县）一带集结，直抵江边，然后待命，其他的什么都不用管。

第三路：命京都开封的水军沿汴河而下，经大运河取道扬州入长江，再向东去会合吴越军队攻取润州，迂回到东边去威胁金陵。

第四路：以宋天下兵马大元帅、吴越王钱俶为升州东南面行营招抚制置使，率吴越军数万自杭州北上，先攻击南唐的常州，然后迎接开封水师，挺进金陵。为了关心和爱护，特派宋将丁德裕为前锋兼监军，随时关怀和指导吴越人的工作。

第五路：命黄州刺史王明（贺州城外挖土填坑的那位强人）为池州至岳州江路巡检战棹都部署，牵制武昌（今湖北武汉）、湖口方向的南唐军，阻击其东下赴援，保障宋军主力东进。

事情到了这一步，长江以北宋朝已经举国动员，南唐的周边所有要害都在威胁之下。但是能想象吗？历史居然能证明，李煜到了这时都不知道马上要出什么事！

这一点不能怪李煜。不仅是他，在公元974年十月十八日之前，可以说整个南唐没有一个人知道将要发生什么。

时间终于到了十八日这一天。在长江南岸的湖口一带，整整十万人的南唐驻军突然间发现江面上出现了宋军水师，只见樯桅林立，帆带蔽空，一支规模空前巨大的舰队正从上游江陵一带顺流漂下。面对敌人，南唐军队的反应是马上收拢船只，关闭寨门，免惹麻烦。

但是他们没有心慌，因为比较常见，这是宋朝的水师在例行巡江。双方对此早有默契，宋军出现，南唐军只要收敛一下，给宋军点面子就足够了。

今天不同，船只渐渐地近了，又慢慢地远了，怎么也看不到它的尽头。

在前面的战舰后面，是无边无沿的巨大的竹排、满装着绳索的民船，以及数千只怪模怪样的不知装着什么、要做什么用的大船。南唐的湖口驻军看得目瞪口呆，等到他们终于勉强回过神来时，宋军船队最前方的战舰已经远远地越过了他们。

也就是说，南唐的最前沿防线湖口已经被突破了。

这是在水路。

稍晚些的闰十月五日，南唐与原荆湖交界的池州地段，南唐池州守将戈彦也发现了宋军，他的反应是主动打开了城门，捧着大批酒肉出去欢迎并犒军。

要注意，他没有叛变，更不是变态，这就是当年南唐军队与宋朝军队的主仆式关系。通常，宋军在吃喝一阵之后，就会好来好走。但是这次不同了，宋军一拥而上，直奔城门，当戈彦明白过来时，他能做的最大限度的反抗就是把自己救了出来。

他逃了，池州像湖口那样未经战斗就被宋军拿下。

征讨南唐的战斗就是这样打响的，就在这种时刻，国门已被打开，李煜却还蒙在鼓里。历史记载，这位善良得近乎天真、淳朴得有些愚蠢的南唐国主在这时派出了自己的另一个弟弟江国公李从镒、水部郎中龚慎修，带着贡帛二十万匹、白金二十万斤再次入开封，向赵匡胤朝贡。

赵匡胤当时正站在开封城外汴水的长堤上目送自己的舰队向前开去，去征讨李煜……

在这里，就不要再嘲笑李煜了。他是有错，尤其是亲自下令处死了自己最强的水军将领，不然湖口方面要是有林仁肇在，不管能不能拦住宋军水师，林仁肇都会冲出去的；而在池州，就更不用说了，不管李煜怎样强调"以小事大，如子事父"，把关的将领都有自己的职责。

他们也是无奈，翻阅宋史，里面隐藏着一个相当不正当的现实。

不管赵匡胤怎样以光明面示人，也不管后来的史官们怎样饰过掩非，宋朝开国阶段的战争从来都不按规矩办事。什么是吊民伐罪？什么是传檄而定？哪儿来的召见使臣、断绝邦友、递交战书，然后再正式开打这些烂规矩？作为职业军人的皇帝只知道一点，无论是对敌人，还是对自己，迅速决定胜负才是仁慈。

因此无论是对荆湖，还是后蜀、北汉、南汉，乃至于现在的南唐，宋朝从来都是偷袭战、闪电战、不宣而战。

对李煜来说，这些都不对。一个读书明礼的人不能轻动刀兵，就算迫不得已要粗鲁些，也要有很多前提条件和一些必须得走的过场。

比如说，李煜看清形势之后的第一个决定，是先恢复了自己的皇帝身份。其理由充分——凡事名不正则言不顺嘛，他要以堂堂的南唐五王之尊来对抗外敌的侵侮，而且这样也能唤起南唐民众的敌忾之心。

但是非常遗憾，这也从根本上把这场战争的性质改变了，让它真正成了两个敌对国家的争斗，再也不是赵匡胤无礼欺负自己的臣属了。

这还没完，李煜重新成为皇帝之后，有鉴于眼前的危险局势以及重当皇帝的美妙感受，他觉得很有必要和老邻居也是死冤家钱俶说两句话，他提起笔来，写了二十多个字——“今日无我，明日岂有君？一旦宋天子易地酬勋，王亦大梁一布衣耳。”

言简意赅，一语中的。他深信，钱俶见信后就会立即撤兵，转而和自己联合，一起对抗宋朝。因为多简单啊，他们的目标一致，谁都不想去开封当普通老百姓！

钱俶收到了信，据说也看了，把信原封不动地转交给了开封的宋朝皇帝，自己马不停蹄杀向李煜。金陵城内，战报像雪片一样飞来，一个个要塞被宋军攻破，巨大的国土像一堵四面漏风的墙，哪里都有敌人在往里钻，但并不绝望。

从十月十八日起，湖口要塞由于一时疏忽被宋军溜了过去，二十日，这支宋军水师突然靠岸攻占了南唐的峡口寨（今安徽贵池西），杀守军八百人。迅速进兵铜陵，再进兵芜湖，进一步攻克当涂，一路获战船百余艘，俘守军八百人，已经逼近了南唐在长江上的第一要塞——采石矶。

这时候南唐知道了这支舰队是由此次宋军的主帅曹彬亲自率领的，那么很显然，它就是主攻的方向。但是看它的行动，它像偷渡一样闯过了湖口，然后一路小胜，毙俘不过才千余人，它的战斗力和胃口就可想而知了。而且看它的装备和人数也不足为惧，带那么多的民船、竹排还有绳索怎么打仗？前面是采石矶，后面是湖口，两端都是军制完整的要塞，它已经进退维谷，前后无路！

只要南唐能快速调集水师，就一定能把它一网打尽。

所以这时的李煜一点都没慌，他所着急的，就是怕自己的水师动作慢，把曹彬这条大鱼放跑了。因为有情报显示，另一股宋军已经从陆路由宋朝国内快速赶向了长江边上的和州。而和州与采石矶可相距不远。多明显，这是赵匡胤派来接应曹彬逃跑的！

所以一定要抓住机会，把赵匡胤的元帅抓住，这是南唐有史以来从来没有过的辉煌胜利！

李煜为之激动了。他绝对想不到，战争这个魔鬼此刻就站在他的身边，就等着他露出那充满希望的笑容，然后再突然砸碎它，好尽情欣赏这位天才诗人的惊恐和绝望。

战争也是艺术，它充满了磅礴的气势、惊人的胆略、灵动的变化和天才的创意。如果你能像欣赏一首诗那样去理解它，就会被战争的主导者们所折服。

因为那不可修改，不许重复，随时应变，而且奇幻横生，只有你想不到的，没有人家做不出来的。

就像这时的李煜，纵然他再聪明百倍，也绝对想不到曹彬为什么要轻舟突入，自陷重围，而赵匡胤为什么又要派另一支部队十万火急地向曹彬靠拢，并且他们的会合地点居然是长江流域中称为绝险的采石矶一段。

这一切都为了什么？

作为南唐一方，其实没必要知道。他们只要保持住自己的地理和人数优势，抢先进攻，就足以胜利。比如说，抢在宋朝那股“援军”的前面，立即由采石矶和湖口两处出兵夹击曹彬，曹彬就一定会崩溃。理由很充分——兵力对比。

采石矶当时的守将是南唐马步军副都部署杨收、兵马都监孙震，兵力有两万；而湖口，守将名叫朱令赟，是南唐的神卫军都虞候，他的兵力是十万，而且大部分是水军，南唐的主力舰队基本都在他手里。这样的实力，如果能趁着曹彬正落单漂在江心里，合力围歼的话，至少也能把曹彬从江里赶到岸上去吧。

那样就至少能毁掉曹彬随身携带的那些民船、竹排、绳索……可惜李煜和南唐人做梦都想不到那些东西都是干什么用的，否则他们会舍得用任何代价去换。

历史没有如果，曹彬一生谨慎，他不给敌人任何机会。在十月二十三日，他突然集结战船，从正面强攻长江天险采石矶。

采石矶，是长江翠螺山临水的尽头悬崖，突兀江心，绝壁凌空，扼据大江咽喉，水流激荡。历代北方豪强如想硬攻过江，这里是必经的生死场。总之，就是天险。

话说开战之前，宋朝的大兵们站在船头不住地打量着采石矶，有欣赏的，有运气的，更有琢磨着待会儿怎么打的，可是全军主帅曹彬却心不在焉，他躲在船舱里连一眼都懒得去看。天险，又是什么天险，他都烦透了。这时候，曹彬已经四十三岁了，前些年他跟着王全斌杀进了后蜀，那才叫天险，可又怎么样?

天险更要有人来守，这时他根本没心去看江边那块一百三十多米高的大悬崖，总攻的时间到了，他只是下达了命令就了事。

战斗很快结束，采石矶当天就陷落，南唐方面除了满地的死尸之外，还被活捉了一千多人，里面就有杨收、孙震两位大将军，此外还有三百多匹战马。

金陵恐慌了，长江天险没了，曹彬的眼前是大片的开阔地，下一瞬间就会跳过来对他们大肆屠杀。但是惊人的一幕再次出现，他们怎么也想不通，曹彬居然退兵了。而且是毫不耽搁，直接撤回了长江北岸。

南唐人彻底蒙了，开始举国思考曹彬的葫芦里到底卖的是什么药。但是答案还是不知道，只是据当时的目击证人描述，说紧急撤退中的曹彬仍然把那些体积庞大、累赘麻烦的民船、竹排、绳索等杂物带在身边，片刻不离。

紧跟着又传来了最新的情报，说曹彬最后的落脚点是石牌镇（今安徽怀宁）。就在那里，刚刚强攻过采石矶天险的宋朝人行为诡异，集体发疯。

宋朝的大兵们全体出动，他们扔下了战舰不管，全都跳到了成片成堆成团的民船、竹排、绳索等杂物，还有各种钉子、斧子、凿子等工具之间，他们用绳子绑船，用钉子在船与船之间钉木板，还在水面上不停地量着、测着什么方位，再把一根根的浮标柱子打进水里去……这到底是在干什么？！

南唐人对这些事生来就懂，事实上如果这些事让他们来做，肯定比宋朝这些二把刀要强得多。但是……但是这真的是那回事吗？

搭浮桥。

一旦确认之后，南唐人立即就笑场了。浮桥，不是这么搭的！

全江南的人都知道，水流的力量有多可怕，你可以在小河、小溪里搭临时性的浮桥，可长江是什么，万里水流有多大的冲力，再加上江面足有几百米宽，自有人类以来就从来没人想过要在长江上架桥，不管是浮桥还是什么桥！

连从没干过体力活的李煜都在金陵的皇宫里问自己的亲信张洎："这事能成不？"

张洎："陛下，臣翻过书了，书上没写，所以这事肯定不成。"

李煜："我也觉得这是玩哪。"

公元974年十一月九日，曹彬玩出成绩了，浮桥已经跨江而成，直抵两岸。就在当天，曹彬命令把浮桥上移，重新回到了采石矶。

就在这里，曹彬把自己这次在南征中所需要的最锋利的那把刀子接到了手里——潘美。

从宋朝国内日夜兼程赶往这里的那支军队就是由潘美率领的征南第二路大军。就在这里，在采石矶，一共由数万人组成的步骑混合部队将踩着这座浮桥杀过长江去。

这里居然就是宋朝预先选定的突破口。

问题出现，长江沿岸千百里，哪里都可以突破，可是宋朝为什么偏偏就选中了又险又硬的采石矶？难道这是曹彬的个人爱好？他有强攻天险那个瘾？又或者这是赵匡胤的最高指示，一定要在最强点突破，从一开始就让南唐人彻底胆寒？

不，都不是。请回忆一下当初赵匡胤给李煜的那个奇怪的命令——送樊若水及家人去开封。

樊若水，原南唐举人，屡考不第，但志在千里。他主动给国王李煜写信，对国家大事精心议论，提出各种建议，可惜，没人理他。报国无门，当官无路，更不要说金钱美女……举人先生很伤心，他扔下了书本，决心寄情于山水，其具体表现就是——划船打鱼。

他偏爱一个地段，采石矶。就在这里，他日夜不停地打鱼、捞鱼，还时不时往江心扔下去像网又像鱼线或者是系着石头的浮标，反正他神出鬼没地独来独往，坚持了很长时间。之后，南唐人就再也见不到他了，谁也不知道他去了哪里。

直到宋朝皇帝突然点名要他的全家老小。

紧接着，长江上就出现了一座没有根基，却能稳稳地使千军万马迅速通过的浮桥。

潘美迅速过桥。中国的历史开始改写了，不管这时的潘美是不是已经杀心难遏，只想着冲过桥去打开金陵城活捉李煜，他都是中国历史上，继西晋灭东吴、隋灭南朝陈之后的第三次跨江作战的主力。

刚过长江，潘美的脚才踩到南唐的土地上，就迎头遇上了南唐兵。人不多，只有一万，带队的是南唐天德军都虞候杜真，是李煜十万火急派过来堵漏洞缺口的。双方二话没说就杀到了一起。潘美纵横沙场，百忙中觉得身后不对劲，他回头看了一眼，发现长江里也一样热闹非凡。

那是南唐的另一路救兵，由镇海节度使郑彦华率领，全是水军，任务是要在第一时间里就把宋朝的浮桥毁了。南唐人很清醒，知道只要浮桥在，宋朝就能把无数的军队源源不断地送过长江来……所以必须毁掉它，不管付出什么样的代价。

南唐在这方面的成绩极差。不管是以前毁柴荣搭在淮河里的浮桥，还是这次毁赵匡胤搭在长江里的浮桥，他们都没能做到。尤其是这时的郑彦华，此人是个孬种，他在长江里眼看着杜真和潘美浴血厮杀，逐渐崩溃，直到最后所剩无几，也没去助战，更没去救援，而是迅速后撤，脱离了战场。

潘美和曹彬根本就没心再搭理他了，他们真正的目标还在很远的地方，再没时间耽搁了！

下一瞬间战线全面铺开，宋军水陆并进，就像是一张大网，要把江南每一寸土地都覆盖。中心点却只有一个——金陵城。

潘美从来都不拖泥带水，他是一把刀，轻刀薄刃，斩筋断骨，就算沉稳的曹彬一直在后面叫唤，要他慢一点都没用。

攻势毫不停顿，金陵西南方向的新林寨、白鹭洲、新林港被一路攻破。此外曹彬尾随着潘美弃舟登岸，同时派出两支偏师，迂回到南方，从背后攻击金陵外围的溧水（今属江苏）、宣州，把金陵城彻底包围了起来。

这时其余的那三路人马也都没闲着，史称连吴越王钱俶都亲自上阵，把南唐的东南方重镇常州团团围困。至于像李汉琼、田钦祚这样的猛人，他们每天都有战报飞向曹彬，再转往开封，记到他们各自的功劳簿上去。

到了十二月，南唐的国都金陵城被迫宣布戒严，进入战争状态，从城内守军中分出近十万之众，前依秦淮河，背靠金陵城，据水列阵，以待宋师。

宋军在秦淮河的北岸止步了。对岸战云密布，宋朝人决定让自己冷静一点。直到转过年来，到了开宝八年（公元 975 年）的正月十七，宋军才再次开始进攻。

却很难说是主帅曹彬的命令，因为直到这时，宋军还没有准备好运载大军渡过秦淮河的船只，但是潘美已经按捺不住了，他面对深冬时节的秦淮河冷笑，突然间纵马跃入河中，率先向对岸的南唐军杀去！

强攻金陵的序幕就此拉开了。

潘美带水杀上对岸，与南唐近十万守军展开厮杀。没过多久，他身边就出现了一片火海。这是宋军大将营马军都指挥使李汉琼赶到了。此人聪明，当天正值深冬，北风凛冽，他带来了超级巨大的战舰，里面装满了芦苇……还用多说吗？南唐的水寨片刻之间就灰飞烟灭，熊熊的大火和潘美雪亮的刀子让南唐人只能后退，一直退回到金陵城里。

南唐兵力，除了这座金陵城之外，就只有远在湖口的那十万人了。李煜命令手下不惜一切代价冲破重围，向湖口的朱令赟传令，要他火速起兵，带着所有人马来勤王。

朱令赟接到命令，拒不服从。

没有外援，李煜开始了自救。首先，他内部挖潜，在金陵城里来了个壮丁总动员，原则是只要还能动的，就得拿起家伙上城楼。

于是城头上就出现了许多“以纸为甲，以农具为兵”的白甲军，不管战斗力怎样，金陵城头上为之气象一新，人满为患。

李煜思之再三，决定向赵匡胤使出自己的撒手锏——徐铉。

徐铉，是一个人，时任南唐修文馆学士承旨。说实话，这官可真是不大，但是此人满腹经纶、俐齿伶牙，名震中外，只要提起他的名字，长江以北的那些不可一世的宋朝大臣立即就会晕倒一半。

文的那一半。

一点都没夸张，话说故老相传，李煜在某年按例给赵匡胤上贡，不知出于何种心理，派出的贡使就是徐铉，然后宋朝就开始举国发愁。不为别的，按照惯例宋朝得派出一名押伴使，全天候陪着徐铉，直到这人离境，但是这时全体宋朝官员都在找借口、请病假，说什么都不跟这个姓徐的见面。

因为丢不起那个人。

想想吧，大家都是文人，都是孔圣门徒，可是人家出口成章，妙语连珠，引经据典，而且人越多状态越好，你却总是瞠目结舌，不知所谓……这日子还怎么过？往小里说你个人声名扫地，可以引咎退休；往大里说一国文人都被人小瞧，碰巧赵匡胤还特别重视这方面的成绩，这影响可就太大了。

连宰相赵普都没了主意，只好老老实实地向皇帝汇报，说这个人实在是搞不定，得请您亲自想办法。

赵匡胤哼了一声，面沉似水，似乎他也很烦。他命令把殿侍（宫里站岗的）的名单呈上来，强调一定要一个大字都不识的那部分人的。之后就见他大笔一挥，几乎看都没看，就在一个人的名字下面打了个钩——就是他了。

大臣们面面相觑，立即照办。噩梦就此出现。只见一路之上，徐铉出口成章，语惊四座，没完没了，让江北所有文人心惊肉跳。那位主陪的殿侍仁兄却似乎充耳不闻，除了偶尔点头称是之外，全程都默不作声，一语不发。

徐铉大怒，这是藐视，这是挑衅，这是……还没说到位！于是再说，还是沉默，再说，继续沉默。如此N个回合，徐铉终于元气大伤，疲劳过度，等到他进了京，终于站在赵匡胤和所有宋朝大臣面前时，已经彻底走火入魔，武功全废。

这毕竟是稗史传说，正史不载。徐铉鼓足勇气，调整状态，再次进开封，一定要用三寸不烂之舌把赵匡胤拿下。

公元974年十月，南唐徐铉终于走出了重重围困中的金陵城，他坦然面对宋军的刀枪，从容地说，要见宋军的主帅曹彬。

曹彬接见，问明来意之后，派人护送他渡过长江，以敌国使臣的身份进入了开封。开封城里即刻气氛紧张，不为别的，徐铉博学强辩之名实在是骇人听闻。

有人警告赵匡胤，对徐铉不能大意，必须要有充足的准备，赵匡胤哈哈一笑，说："只管把他叫上来，其他的你们都别管。"

徐铉上殿，他在当时宋朝最神圣庄严的地方，抬着头，声音响亮地说出江南所有人的愤怨："李煜无罪，陛下师出无名！"

宋廷震惊，正中赵匡胤的要害。

赵匡胤没生气，很从容地叫徐铉走近些，让他有话尽管说完。

徐铉更加气愤，南唐多年来种种委曲求全的事涌上心头，他脱口而出："李煜侍奉陛下，就像儿子对父亲那样孝顺，有过什么过失吗？你凭什么派兵征伐？”

他反复论说，慷慨激昂，史称达到了“数百言”之多。但是很不幸，迅速进入辩论状态中的徐铉忘了自己从最开始时就走进了死胡同，留下了致命的破绽。

赵匡胤只平淡地回答了他一句话：“你说我和李煜就像父亲和儿子，那好，你说父亲和儿子能分开住吗？”

徐铉一下子愣住了，他脑子里电光石火一般地闪过一条无论如何都再没法辩驳的“真理”——君君臣臣父父子子，这是所有儒家弟子必须永远遵从的天地立心之本！

还能再说什么呢？赵——匡——胤……算你狠！徐铉无比痛恨自己，没想到自己满腹的经纶，竟意外地败给了这个出身武行、一肚子草包的强盗皇帝。

在他的难堪中，道士周惟简拿出了李煜亲笔写的信件，呈给赵匡胤，这是最后的努力了。让人欣慰的是，赵匡胤当场看信，但看完后说出的话让徐铉更加愤怒。

赵匡胤说：“你们国主所说的话，我看不懂。”

还能再说什么？徐铉一行人至此已经彻底失败，而且无话可说。因为赵匡胤从始至终居然都是那么宽仁大度、胸襟似海，让你找不到他半点的不是，你所能做的，就只有郁闷至死。

徐铉失败了，金陵、南唐，还有李煜的命运就全都维系在一个人的手里了——湖口大营中的朱令赟。那是江南战局最后的一点点变数，毕竟那里还有南唐的十万大军。

公元974年十月的中旬，也就是徐铉终于满腔愤怒地离开开封之后，局势要求朱令赟无论如何都必须出兵了。

朱令赟倾寨而出，再不回顾，什么后路或者伏兵他都不在乎了。史称他集结了所有力量，对外宣称有十五万之众，在皖口（今安徽安庆西南，皖水入江口）被宋军伏击，全军覆没。

大局已定，南唐就连理论上的反抗都不可能了。

李煜却仍然不死心，派刚刚回到金陵的徐铉再次出使开封，为南唐的生存再进行一次努力。

好说话的曹彬再一次放行，赵匡胤也再一次接见，只不过接见的地点换在了便殿里，没有了上一次的正规和隆重。徐铉不敢挑剔，他尽量温顺地说——李煜实在是因为病了，才没能入朝觐见，并不是他敢抗拒您的诏令。恳请陛下稍微退兵，保全江南一方百姓的性命吧。

这时，人见人怕、伶牙俐齿的徐铉已经容颜惨淡，近乎恳求。

赵匡胤不为所动。

徐铉“反复数四”，与宋朝的皇帝辩论不休，到最后终于没法克制自己，变得“声气愈厉”。

赵匡胤按剑而起，怒喝徐铉，说出了人人心里都知道，可就是不往桌面上摆的话：“无须多言！江南亦有何罪，但天下一家，卧榻之侧，岂容他人鼾睡乎！”

一语道破天机，也是彻底撕破了脸皮，好让眼前这个不知好歹的傻书生清醒过来，知道自己正在哪儿，和谁在说什么事。

徐铉沉默了，历史上记载，这位江南才子“惶恐而退”。

徐铉默默无言，在赵匡胤面前转身，他仍然选择了千里之外的金陵，还是要回到已经势尽力穷、注定亡国的李煜身边。

在他的身后，赵匡胤慢慢放下了握在手里的剑柄，他吩咐左右，立即把金陵的围城地图拿来，他要再仔细查看一下曹彬和潘美是不是还有什么破绽，因为他从徐铉的身上看到了江南人还远远没有屈服。果然，赵匡胤指着金陵城外宋军的北寨说——立即派人通知曹彬，马上在这里挖深沟，江南人一定会在夜里来偷袭这里，绝不能粗心大意！

北寨正是潘美的防区。果然在几天之后的一个深夜里，金陵城的北门突然被打开，南唐人真的来偷袭了。

历史记载这次来偷袭的一共是五千人，没有一个能逃回去（皆歼焉）。天亮后打扫战场，宋军在十几个战死的南唐人身上搜出了将帅级的符印。这就是公元974年十一月中旬以后南唐都城金陵的防御现状，兵都没了，将军们亲自来做敢死队。

金陵城油尽灯枯。曹彬决定给李煜写一封信。

曹彬正式开工。可以说，从这个时候开始，曹彬在这场战争中的真正作用才开始显现。之前所有的资料都在显示着一个很无奈的事实，曹彬在这场战斗中似乎无所事事。

比如说，赵匡胤坐镇京城，前方的一举一动都在他的严密掌控之中，他好比一辆汽车的方向盘，无论整车的所有部件怎样精良，动力怎样强劲，要去什么地方，都要由他来决定。

冲锋陷阵，领军厮杀自有勇将潘美，“第一名将”的作用是发动机和四个轮子，所有的力量和前进的速度都由他来掌控。

曹彬只是搞定了采石矶，而浮桥还不是由他来设计搭建的……那么赵匡胤为什么要把全军主帅这样敏感重大的责任交给他？

历史证明，没有曹彬还真的不行。

因为曹彬是刹车。

不论方向盘多稳定，发动机多强劲，或者四个轮子是什么品牌，如果你想安安稳稳、全须全尾地到达终点站，你必须得有一副管用的刹车。

曹彬在这一点上绝对合格。

为了刹车的效能，赵匡胤给了曹彬一件从来没有给过任何臣子的信物——天子之剑。

剑是当着潘美等副将的面赐的，并且说明——“副将而下，不用命者斩之”。潘美等人立即大惊失色，这也就是说，曹彬随时都有权力杀了他们！

不仅如此，赵匡胤还给了曹彬另一个让人眼红心跳的许诺——“待南唐扫平，当拜卿为使相”。也就是说，曹彬会有同平章事的头衔，相当于宰相了。

从此曹彬在同事们心目中的形象更为高大，每个人只要想到以后，就会加倍尊重曹彬，相应地也就达到了令行禁止的目的。但是让人奇怪的是，在潘美等人羡慕的眼光中，在赵匡胤亲切的注视下，曹彬却仍旧平静如水。

如果说他当时笑了，笑容里也一定带着一丝神秘且苦涩的味道，就像他早就料定了什么，所以根本就没法真正地高兴起来。

真的，曹彬什么都懂，他太了解“人”是什么，“权”又是什么了。在他的一生之中，几乎没有任何人的任何心思能逃出他的猜想。

金陵城指日可定，曹彬却病倒了，众将问疾，曹彬奄奄一息，声称只要你们听我的话，这病就能好。

众将官看着曹彬病床后边露出一角的天子剑，整齐地点头：“听！”

曹彬起床，开工。

时间终于到了公元975年十一月二十七日，这一天，一切都要结束了。

我的名字叫李煜，不过你要是这样叫我，很可能我会茫然四顾，不知道你在叫谁。因为我的名字叫“从嘉”。我从出生起就叫从嘉，我的父皇这样叫我，我的母后这样叫我，娥皇，她也这样叫我……

我从来没有想过要叫李煜，就像我从来都没有盼望过自己能成为南唐的皇帝。

我出生在动乱飘摇的年代里，生在了所谓的帝王之家。这是幸运，还是一切悲哀的开始？我不知道，就像我不知道上天为什么要给我一副与众不同的相貌。

传说我出生时，我那英明神武、见识非凡的祖父已经在五代的“吴”国里大权独揽，但是仍然不敢篡位。当他看到刚刚降生的我时，就立即决定了要开创一个新的王朝。

因为我生有奇相，就像古时的圣君舜和秦末时无敌的霸王项羽，我生就骈齿，一目重瞳。每个人都知道，我天生就是非凡的皇帝，代表着至高无上的皇权。

可是让人觉得讽刺的是，这样非凡的我，在家里却只排行第六，我上面有五位哥哥，皇帝的位子遥不可及。何况还有我的大哥，南唐皇室真正的太子李弘冀。

我的大哥很遗憾，我想多年以后，南唐的子民们提到我时，会哀伤地感叹，那个仁义的、和善的也是懦弱的李煜真是可怜……可提到我的大哥时，他们一定会扼腕痛惜，南唐如果有弘冀太子在的话，一切就会有所不同，或许南唐就不会灭亡。

我的大哥文武双全，就算当年与后周交战，面对战争狂人柴荣，他都取得过胜利，远远胜过我的那些做全军主帅的叔叔。

他还有比我和父皇都更适合当皇帝的先天优势——他的心是硬的。

为了皇位，他能一直打压我，更能把叔叔李景遂毒死。但是不知怎么搞的，他突然间就病死了，死的时候才刚满二十岁……哦，我忘了说吗？我大哥早逝，在他之前，我的另外四位哥哥也都死了。这样看来，人真的是有命运的。

命运给了我百世难逢的圣君之相，更把我五位哥哥的生命夺走，一切都在预示着，我就是皇帝，我，没法逃避。

二十五岁时，我埋葬了父皇，成了南唐的第三位皇帝。从此，我就成了李煜。

“煜”——光辉明亮的火光，所有的人都在期待着我像一团烈火一样，让已经沦为北方王朝的附属之国的南唐重焕生机，更盼望我能像我的神奇相貌所预示的那样，振兴祖业，统一华夏。但那是个多么荒诞的梦啊……

其实多么简单，你能让长江北边那个叫赵匡胤的人放下刀剑吗？同样地，你似乎也没有办法让长江南岸姓李的人放下诗词和书卷。

我不否认，我很奢侈，我生活在一个完美的世界里。我的皇宫以销金红罗为幕壁，以白金钉玳瑁装饰。在外苑，我广种梅花，每年当我的生日时，宫女们会用红白绫纱百余匹，做成月宫天河的形状，以供游乐。当春天到来时，我们又在宫殿中四处梁栋阶拱间密插各式花枝叶蔓，奇丽清雅，我称之为“锦洞天”……就在这样的世界里，我的妻子娥皇会亲自为我弹奏已经失传的唐代古乐《霓裳羽衣曲》。这是她根据几页残谱而悉心钻研补成的。

我的舞女窅娘在金莲花上为我翩翩起舞，“莲中花更好，云里月长新”。她体态轻盈，以丝绸裹足，她的脚纤小弯曲如天边新月，宛如水仙凌波……美得就像一个不真实的梦。

但这一切都毁了，毁在长江北岸那个叫赵匡胤的人手里。我不明白一个人的欲望为什么会让千百万人都跟着发疯，北方人开始向南方不断地发兵侵略，先是荆湖，再是后蜀，然后是南汉，最后终于到了我的南唐。

每一个人都不理解，为什么我会放任赵匡胤去攻打我的周边？为什么我会帮着他去劝说我的邻居们不要抵抗？甚至宋朝的军队把我金陵城团团围困了，我仍然躲在皇宫的深处，在围城五个月之后，才知道事情已经到了生死关头……为什么呢？

我真的是个疯子，是个蠢人吗？

我应该亲自拿着刀，跳上船，冲过长江去找赵匡胤拼命吗？

这样的事我的祖父能做出来，我的父亲尝试过，我的大哥盼望过……可到了我，南唐的国力、军队、士气、民心，还允许我这样做吗？

我知道，我这样说时，会有无数的人笑话我在找借口。他们会说，我天生就是个懦弱的人，注定就是个失败者。何况，我还杀了林仁肇、潘佑、李平……这些难得的忠臣。

不要问我后不后悔，那些毕竟都已经发生了。现在回想起来，我在做这些的时候，一切都是为了平静。

十三年了，从我登基做皇帝起，平静就是我唯一的愿望。每年我都要用丰厚的贡品和谦卑的词句，从赵匡胤那里换取它。我不愿改变，哪怕是林仁肇劝我趁宋朝国内空虚时发兵，或者对吴越先发制人，我都拒绝了。或许我真的很傻吧，错过了那么好的机会，但是你们谁能理解，我最大的希望，就是能守住眼前的一切，只要我的目光所及之处和往常一样，就比什么都好了。

那样我的心灵就会告诉我，生活仍然没有改变，我仍然可以在我的世界里优游快乐地生存……所以，我才会杀人，才会继续向宋朝讨好，才会在宋朝的军队杀进我的国境时还没有准备！

时间多么无情，我的希望一个个地破灭了，湖口的朱令赟，两赴开封的徐铉，还有辜负了我的皇甫继勋！当这些人都成为往事时，我最后的时刻也来临了。

十一月二十七日，宋军的主帅曹彬告诉我，金陵城必将在这一天被攻破。我知道，他做得到，而我给他的答复是，我将在我的皇宫周围堆满干柴，城破之时，我就带着我全族的亲人，在这片火海里化为灰烬……不管怎样，那也会是一片炫目的光彩吧，就像我的名字——“煜”，希望我能用这片最后的光芒，洗刷掉笼罩在我名字上空的“昏庸”“无能”“懦弱”等耻辱字句！

远远地，金鼓厮杀声近了，那很慢，我知道，是众多南唐将军在为我拖延、抵挡这最后时刻的来临。他们是呙彦、马诚信，还有他的弟弟马承俊，他们和陈乔、张洎一样，无论是生是死，都为我尽最后一点忠心。

陈乔刚刚在我的面前自杀，绝不愿亲眼见到我成为亡国之人。张洎在默默地流泪，他说——陛下，我会一直陪着你，哪怕去开封，我也要留着这条命，去向赵匡胤申辩你的冤情！

而我，不知道为什么，把什么都忘了，甚至忘了命令守在殿外的军士把干柴点燃。我的手，不知什么时候又抓住了一支笔，一些字句像是从天外飘来，像是那无情的命运在给我的最后判决暗示一样，从我自己的手里，流淌到了纸面上——

樱桃落尽春归去，蝶翻金粉双飞，子规啼月小楼西，玉钩罗幕，惆怅暮烟垂。别巷寂寥人散后，望残烟草低迷……

后面还有好多词句，但是突然间杀声到了我的身边。城，真的破了……

公元975年十一月二十七日，宋朝官方史书记载，曹彬等人冲进城后，所做的第一件事，是马上整军列队，约束人马，军容整肃地来到南唐皇宫的墙外。

南唐的末代皇帝李煜已经完全按照标准的国君投降礼仪，光着膀子，高举降表，带着四十五个南唐高级臣子来到宫外向曹彬投降。至于他有没有准备好棺材，牵没牵那只礼仪中规定所必备的白羊什么的，记载中没提，就不好乱说。

记载中曹彬和潘美以礼答拜，精选一千多名士兵守在宫墙之外，并向全军宣令——“有欲入者，一切拒之”。

然后曹彬请李煜到他的帅舰上去喝茶（这有重大意义，从此李煜就将被严格看管，必须得保证他活着到达开封），而李煜看见上船时的跳板太窄，他害怕，得有人扶着他，才能走上去。喝茶闲聊，没几句，曹彬却突然送客——我看，您还是马上回宫去吧。尽量多收拾些金银财宝，想带多少都随便。要知道，一旦被收缴后登记造册，那就什么都拿不出来了。等到了开封之后，工资和奖金都有定数，您是过不惯那种日子的……

李煜感激涕零，马上赶回皇宫拿钱。这时候潘美、梁迥、田钦祚都不干了，他们围着曹彬一顿乱吵，中心思想只有一句话——曹彬，你搞什么搞，好不容易抓到了李煜，你又放他回去，他要是在皇宫里再出什么事，谁来负责？

曹彬笑而不答。直到潘美等人实在吵得要命，让他烦不胜烦，他才说——别担心，也别害怕，李煜无胆寡断，你看他上个船都打哆嗦，既然投降了，就绝对不会再自杀。

果然，第二天李煜如约出降，带着几百口装满黄金的大箱子，和他们一起坐船过长江，进开封，让曹彬等人功德圆满。

曹彬在保证了李煜安全的同时，还号令全军严明军纪，对南唐的士大夫家族也悉数保全，并且在军队中严格检查，看是否藏着抢来的江南女子或者民间财宝。至于南唐的官方仓廪府库等财富聚集处，曹彬一概不问，全都交给朝廷派来的转运使之类的专职官员处理。

这样的作风还延续到了征服金陵以外的所有南唐城镇，总之一句话，南唐之官幸甚，南唐之民幸甚，长江以南的猪马牛羊等全体生灵都极其幸甚。等到宋军班师回京时，在曹彬的行李里，只有一些书籍和平常的衣服而已。

以上，就是“第一良将”的征南唐官方纪实。

在官方之外的一些史书中，就是另外一番景象了。《南唐书》中记载——“王师既入金陵，惟后主宫门不入。”至于后主宫门以外，举个例子吧，金陵城内有一处古迹，是由南北朝时梁所建造的升元寺，其中一处阁楼高十余丈。这就理想了，中国人自古就有兵祸时躲进寺院的传统，尤其是这样的阁楼，结果一阁之内躲了千余百姓。

可悲的是，宋朝的军人没把佛祖和传统放在眼里，他们抢完财物，放了一把大火，一千多人全都被烧死在阁楼里。

这是在金陵城里，再向南，南唐的名城江州，全城百姓的命运居然跟这座阁楼一模一样。江州人不降，一直抵抗到了第二年的四月，城破之日，宋军的主将曹翰下令屠城，数万百姓一个不留，“所略金帛以亿万计”。

为了运送这些“战利品”，曹翰动用了数百艘官舰。他很聪明，为了掩人耳目，特意把庐山脚下一处古寺里的五百尊铁罗汉装在了船上，说是要送给皇上，称之为“押纲罗汉”。

年代久远，史书芜杂，真假虚实之间，至少在我是没法辨认了。不过至少可以肯定一点，曹彬平南唐，绝对不像王全斌平后蜀那样，激起了大规模的叛乱。曹彬是仁慈的，并且尽力了，为了南唐没有变成处处焦土、遍地哀鸿的地狱，我们向他致敬。

第二十一章　五字错千年

李煜到达开封，同来的还有江南十九州、三军、一百零八县，以及六十五万五千零六十五户的百姓户籍。从这时起，整个南部中国都被宋朝统一。

这时候别提吴越，小心扫了赵匡胤的兴，他会敲掉你的大门牙。就算吴越的现任领导人钱俶听见了都会不高兴——你为什么要挑拨我们君臣的关系？

开封城沉浸在欢乐里，赵匡胤与群臣说事都是在快乐地争吵，中心点是关于对李煜的处置问题。

群臣们说，把当年拴在刘鋹脖子上的那根布条子找出来，拴在李煜的脖子上，拉到太庙去献俘，让您老祖宗也高兴一下。

赵匡胤摇头——那不行，李煜不是刘鋹可比的。李煜曾经臣服于我，不能那么对待他。

李煜只是换上了一套纯白色的衣服，在大庭广众之下给赵匡胤叩了几个头，然后就换来了宋朝的右千牛卫上将军、违命侯的职务爵位。赵匡胤依次加封李煜的子弟部属，人人都有官有职有奖金，之后皇帝一把拉起违命侯入席喝酒，场面上只有融洽欢乐，绝对没出现过冷场和任何的不和谐。

一切看上去都很美。

锦上添花的还有明智的曹彬。曹彬在庆功时才真正地达到了“第一良将”的绝世风采和职业高度。首先他虏敌君夺敌境，以全胜的战绩凯旋，给皇帝的工作报告居然是——“奉敕江南勾当公事回”。

只是奉命到江南出差办公回来了而已。多么轻描淡写，对皇帝是多么崇敬体贴！

赵匡胤却非常不好意思了，他有些脸红，因为他必须得食言一下。他说——本来是想封爱卿为使相的，不过……不过现在北汉还没来投降，所以你再等一下吧。

潘美突然间向曹彬微笑了一下，笑容非常诡异，似乎含意多多。赵匡胤立即就看见了，他马上问潘美你在搞什么。潘美不敢怠慢，马上解释，他笑，是因为这早就在曹彬的意料之中了。

在凯旋的途中，潘美就曾经向曹大平章事祝贺，因为大宋的皇帝金口玉牙，从不失信。但是曹彬却一笑了之，说出来的话极其冠冕堂皇——“此次南行，仰仗天威，一遵庙谟（皇上的筹划），乃能成事。吾有何功耶，何况使相乃极口之官乎？”

潘美差点翻脸，孙子，说人话！

曹彬才说了七个字——“太原还未扫平耳”。

简单准确，和赵匡胤这时的赖账理由如出一辙。赵匡胤更不好意思了，他马上补偿，加封曹彬为枢密使、领忠武节度。要特别说明的一点是，枢密使兼领节度使，这样的官职在宋朝就是从这时的曹彬开始的。这之外，还另赏曹彬铜钱二十万贯。

当天曹彬回到家，看见了满屋子的钱。

曹国华突然间哈哈大笑，说出了一句流传千古的至理名言——“人生何必使相，好官亦不过多得钱耳！”

曹彬的马前卒潘美的封赏——原山南东道节度使潘美为宣徽北院使。

史书中另加注解，宋“节度领宣徽自美始”。呵呵，宣徽北院使，曹彬在开打之前就是南院宣徽使了，而南院一直在北院之上。再想一想，在打南唐之前，潘美曾经做过什么，曹彬又做过什么，何况曹彬回家，有满屋子的钱与他亲密接触，潘美连个额外的铜板都没有。

到哪儿去说理啊？

这就是官场，一切都得看最高领导的兴致与爱好。这时有一个很诡秘的问题要提出来了，那就是——请问这时的赵匡胤真的快乐吗？

或者，这时的赵匡胤他敢快乐吗？

他已经整整五十周岁了，已满半百，尤其是他经历了那么多的事情，不知道他是否已经分析出了自己人生中那个极其明显、无比怪异的规律——只要他成功，他就必将悲哀或者愤怒。

比如说，他生平第一次以主将的身份，攻下了敌人的城池（滁州）时，他的父亲半夜叫门，他不给开，父亲病死了；

他在陈桥兵变，当上了皇帝，可是仅过了一年，他的母亲死了；

他攻下荆湖，第一次侵略成功，他的老大哥慕容延钊死了；

他攻下后蜀，要用两年的时间来平叛，彻底失去了蜀川民心；

他攻下了南汉，紧跟着就必须在老伙计赵普和他的二弟之间进行选择……这时，他又扫平了南唐，他能知道下一步等待他的又是什么吗？

巨大的功业，无尽的悲哀，如果他能选择，他会要这样的人生吗？！

开宝九年（公元976年）的正月，南唐李煜来降，当年的二月，吴越国王钱俶也亲自来到开封朝拜。这时，在吴越国都杭州城里，每一个吴越人都在祈祷着钱俶平安，甚至为他在西湖边的宝石山上造了一座塔，就叫“保俶塔”，以祈求上苍垂怜。

他们都想错了，赵匡胤对钱俶格外友善，不仅在事前郑重保证——元帅有克南唐常州之大功，朕很想念你，你可暂时来朝，很快就让你回去。朕手持礼器拜见上帝，岂能食言乎？

还给了钱俶另一个殊荣，他出人意料地派出了一个极其重要的人物来迎接这位名义上的吴越国王——他的长子赵德昭。

在以往，这样的场合都是由大宋御弟、德昭的二叔、开封府尹、晋王赵光义来主持，从无例外。

赵匡胤信守诺言，仅仅留了钱俶一个月，在当年的三月就让他回国了。在开封期间，赵匡胤对自己的“元帅”照顾周到，日日宴饮，有一次在席间，宋朝宫廷内侍乐伎上奏琵琶曲，一直忐忑不安的钱俶当场献词一首，其中有“金凤欲飞遭掣搦，情脉脉，行即玉楼云雨隔”之句。

赵匡胤闻弦歌而知雅意，立即站起来，走到钱俶身旁，拍了拍他的后背，说出了一句贯行始终的誓言——“誓不杀钱王！”

突然之间，不知为何变得苍凉。赵匡胤低声说：“尽我一世，尽你一世。”只要还有我，就绝不对你如何。

或许是他预料到了什么吧，人生最多只能在自己还活着的时候才能决定什么。

他把钱俶又放了回去，因为他有更重要的事要做。他突然说要西行，回自己的老家洛阳去看一看。没有人敢反对，以赵匡胤这时如日中天、重建汉人大一统国家即将完成的威望，没人敢对他说“不”字。

钱俶要走了，临走前，赵匡胤送给了他一个黄布包着的小包袱，告诉他一定要在回程的路上才能看。钱俶感恩无及，主动说，由我陪着您西行吧，让我当您的扈从。赵匡胤微微摇头，对他说——南北两地，风土各异，现在天气马上要热了，你早早回国去吧。

钱俶哭了，他没有想到赵匡胤会对他这样好，他请求以后让他三年一朝，来向赵匡胤谢恩。赵匡胤仍然摇头——不必这样，山川途远，来往不易，等我什么时候写信找你，你再来吧。

钱俶回国了。当他在回程的途中打开那个小包袱时，才发现里面全都是宋朝的臣子要求赵匡胤就此留下他，不战而得吴越的奏章。

钱俶更加死心塌地地臣服于宋朝，史称他回到杭州之后，再不在西北殿坐卧，永远选在偏东方，因为“西北者，神京在焉，天威不违颜咫尺，敢宁居乎”！并且勤于朝贡，每次入贡前，都把贡品先陈列在自己皇宫的庭院中，焚香礼拜之后，才派遣出行。

这时他的恩主，那位如日中天、在万民眼中不可一世的大宋皇帝赵匡胤已经踏上了一条难知祸福的返乡之路。临行前，他的二弟赵光义照例向他请示——大哥，这一次您什么时候回来？

他问得自然，就像他大哥以前每一次出征时那样，他因为要留守，所以要请问返程日期。可是这一次，他等了好久，他的大哥都没有回答。直到他迷惑不解，抬头去看时，才发现他的大哥正目光深沉地凝视着他。

四目交投，只见赵匡胤缓缓地说：“不必了，这一次，你跟我一起走……”

赵匡胤西行洛阳，在历史上并没有留下什么特别冠冕堂皇、一定要去的理由。如果一定要有，那么最大、最合情理的说法，就是他要回乡祭祖。

他的父亲赵弘殷就埋在那里。

他带着自己的二弟光义和文武百官一起起程前往。开封，就留给了他的儿子德昭及三弟光美来看守。这时天下大定，南方尽平，北方的北汉苟延残喘，唯一的劲敌契丹也已经和他暂时结盟通好，一切都安定平静，没有什么可担忧的。

他尽可以富贵还乡，锦衣昼行了。于是，赵匡胤就回到了洛阳。

先办公事，赵匡胤携弟来到父母的陵墓安陵前，依礼奠献号恸，史称左右皆泣。之后他巡视洛阳故地，见洛阳宫室壮丽，他召来河南知府、右武卫上将军焦继勋嘉奖勉励，晋升为彰德军节度使。再之后，有传闻他到了赵普家。

赵普罢相之后，虽有河阳三城节度使等名衔，其实一直在洛阳闲居，再不参与任何政事。这次会面，对外宣称是赵匡胤借机看望一下老朋友，留下了非常质朴温馨的印记——赵匡胤看见赵普的家外大门都是极为简陋的柴荆所制，进去之后内园亭台楼榭壮观瑰丽，但正厅中却又大反常态，只放着十把大椅子，且式样古朴。

赵匡胤不禁摇头哂笑——这老头儿终究不地道（此老子终是不纯）。

之后就再没下文了。

从赵普家里出来之后，惊天动地的事情发生了。赵匡胤突然宣布要把皇都从开封迁到洛阳。一言既出，天下震动——准确地说，是他的臣子们地震了。

地震归地震，就算真的天塌地陷了，也没有人敢对这时的赵匡胤说“不”，史称“群臣莫敢谏”。但事无绝对，终究还是有一个人跳了出来，小心翼翼地表现了自己的“忠心”。

铁骑左右厢都指挥使李怀忠。此人是赵匡胤的多年心腹，他说：“东京开封有汴渠之漕运，每年从江淮间运米数百万斛，京城里数十万兵丁都靠这个生活，陛下您突然迁都，在洛阳怎么运粮？况且库府重兵，根本之地都在开封，实在不可动摇。”

赵匡胤理都没理他。

他知道，严格地说，这时每一个人都不再代表自己了，他们都是有目的的。真正不愿意迁都的那个人很快就会自己找上门来。果然，晋王赵光义来了。

这个温文有礼、得体大方的弟弟从多角度、多方面出发考虑，小心从容地对哥哥说了很多不宜迁都的话，但赵匡胤决心已定，他的回答非常干脆有力——你说迁到洛阳不行？不，洛阳只是一时之计，往后我还要迁到长安（迁河南未已，久当迁长安）。

洛阳、开封、长安，它们有区别吗？这都是中国古代的帝都名城，每一个城市都有多次成为历代王朝国都的荣耀，可是它们却大有区别。

说开封，开封居于中原的要冲地带，周边四通八达，尤其是水陆码头，从汉代起，就修有汴渠，隋唐时又再次扩决，使它“引入泗，连于淮，至江都而入海……”占天下漕运之大利，所以以开封为国都，注定了会繁华昌盛。

开封的地理条件又注定了它不配成为一国之都。

它四面旷野，一马平川，没有任何的天然屏障，只要有敌人渡过黄河，它就会直接暴露在敌人的刀枪之下。请大家回想，战国时孙膑的围魏救赵，之所以能成功，就是因为开封无险可守，攻之必下。而洛阳，西有函谷，东有虎牢，皆为天下之险关，当年秦国就是因为这些关隘，独抗中原六国而安然无恙。再看长安，那就更理想了，“以河为池，以岭为墙”，黄河与秦岭直接作为屏障！

在长安建都，那是连近二百年之后的世界最强军队蒙古铁骑都没法正面攻破的安全保障。

这些会有人不懂吗？要知道，赵匡胤身边的人大都是生于斯、长于斯的西北人，每天所想的就是攻防之间的生存与灭亡，这些都是再平常不过的常识了。还会有人反对吗？

赵光义反对，他给他哥哥跪下，史称“王叩头切谏”。

赵匡胤没办法，只能进一步解释——我要西迁国都，不为别的，是想据山河之险而去除冗兵之害，就像周朝、汉朝那样使天下太平。

请留意，赵匡胤作为宋朝的第一位皇帝，一切的政治法令、立国之本都由他来开创，而他也在时刻修改着各种经实践证明不合适的东西，比如说让宋朝后世苦不堪言的“冗兵”。在开封那个无险可守的地方安家，就必须得有大量的机动部队，搬到了洛阳或者长安，就能彻底地改变这一陋政。

这是多好的一件事啊，但是赵光义在众目睽睽之下缓缓抬头，向他哥哥说出了五个字。历史证明，这区区五字，就彻底决定了中华民族近三百年的屈辱和悲哀，以及此后不断的亡国、变种之祸。

赵光义说：“在德不在险。”此言一出，史称赵匡胤“不答”。也就是说，皇帝被这五个字给镇住了，没话可说。

这五个字有什么可怕的？字面上理解，不过是说，天下最重要的是“德”。按照中华文明的古理，“德”即为人心。整句话就是在强调一个老得不能再老的所谓真理——天时不如地利，地利不如人和。同样也可以理解为，赵光义在教训他的大哥，说守天下，固国都，别老想着什么地理上的险要，只要全民一心，共同抗战，那么天下自然就太平了，绝对不会出事。

这对吗？每一个人都清楚，赵光义在说梦话。

饱经离乱，在刀林箭雨里滚出来的赵匡胤完全可以一脚把他弟弟踹倒，当着所有朝臣的面大声呵斥他、警告他，你念的那点古书狗屁不通，什么“在德不在险”，人心这么管用，李煜是怎么抓来的？金陵城是怎么打下来的？只需要寥寥数语，就可以打掉这个混账弟弟的气焰，从此让他守些本分。

或者更阴险点，学一学汉武帝刘彻。当年刘彻的太子也有个满口仁义道德，叫嚣着要用“德”去感化匈奴的智囊，这人整天拿着圣人的语录来砸皇上。刘彻没生气，直接把这人派到了边疆。没过两个月匈奴人就砍了那位有“德”之人的脑袋。

赵匡胤何不有样学样，也把同样有“德”的赵光义派到西北去感化一下契丹呢？那样岂不一了百了，干手净脚？

赵匡胤偏偏选择了沉默，沉默啊沉默，直到当天他让“在德不在险”这五个看似光明磊落、金光闪闪的大字成为这次谈话的最后结点。

事情就这样结束了，当天赵光义从地上爬了起来，在他哥哥面前从容地走了出去。在场的每一个人都知道了胜利的人是哪一个。

危言耸听吗？

现在来总结一下，这次谈话的内核是怎样的。首先，不要看赵光义在外表形象上有礼无礼，要看的，是他话里话外的含义——先是赵光义强调迁都的各种不便及弊端，这时赵匡胤很强硬，直接说洛阳不算什么，长安才是他所欲，给了他老弟当头一棒。

没想到小弟根本没在乎，反而开始喋喋不休地讲道理，而且还给他当众跪下了，“叩头切谏”。从这时起，赵匡胤就开始了颓唐疲软，其实他该做的，是要么就让赵二自己跪着去，自己爱干什么就干点什么；要么就像往常那样，亲切动人地把弟弟扶起来，或喝酒或看戏，嘻嘻哈哈混过去，让你有劲无处使，有气撒不出，像李煜和徐铉那样郁闷死。更要命的是，他居然开始解释了，就像心虚似的，说了些什么“迁都只是为了不冗兵，要学周、汉故事……”

这都哪儿跟哪儿？气势一弱，立招外祟，赵光义马上跟进，说出了那句五字真言。之后谈话就结束了。细细品味，这期间完全是赵二在步步紧逼，用各种手段加肢体语言逼迫他大哥就范。赵匡胤也真的配合他，一再解释，一再迁就，直到最后像理屈词穷一样哑口无言了。更加诡异的是，他当着弟弟的面没有说话，当弟弟如愿离去之后，他才望着背影，对左右人等说出了另一番话——“晋王之言固善，然不出百年，天下民力殚矣！”

仍然看得极准，仍然雄才伟略，目光如炬。但为什么你刚才不说啊？！这时你多像一个当面吃了亏，没了办法，只能背后说点闲话找些平衡的可怜虫啊。

“在德不在险”这五字真言厉害在哪儿？它有什么魔力让赵匡胤当场就范，把迁移国都这样的国政大事都放下了？

事情要从赵光义的“德”字上想。德，即人心、官心。稍微搜一下，想必大家都知道，有无数的官场事件曾经让历代的皇帝们跳脚骂娘，可是等到要出狠招整治时，往往只要一些重臣向皇帝低声说出一句话来，皇帝老儿就一下子偃旗息鼓不玩了。

——陛下，小心“官场震动……”

当时我很不懂，皇帝是什么？万人之上，杀伐随意，还怕什么官场震动？不服就都杀了算了。可是为什么皇帝们就都害怕了呢？

请看一下，关于官场、民心还有权贵们的羽翼一旦丰满起来之后会有什么样的后果，有另一个活生生的例子可以参照——汉高祖刘邦没法换太子。

同样是开国皇帝，而且是远比赵匡胤强硬不羁、习惯性地不按常理出牌的刘邦，由于喜欢小老婆戚夫人，爱屋及乌，就想把太子换成戚夫人所生的儿子如意。但是他大老婆吕雉在一次宴会上请来了四个白发苍苍的老头儿，老头儿们几乎什么话都没说，只是坐在太子旁边喝酒，就彻底打消了刘邦换太子的念头。因为什么？刘邦事后说——那是商山四皓，四个出了名的贤者啊，彼羽翼已成，我没有办法了。

羽翼和贤良名声的影响力在古代可想而知了，而赵光义这时所拥有的声望以及班底的力量，已经远远超过了当年的商山四皓。这时重新回顾一下四年前赵普罢相、赵光义升官的争斗，难道赵匡胤真的是疯了吗？他真的看不出弟弟的勃勃野心？

当然不是，解读赵匡胤，可以发现他的初衷是稳住赵光义，先拿下赵普，两个混账专权的东西都不能留，只是要有先后。

先赵普，说拿就拿，甚至借光义之手来打压，一来国君不出面，政局不大乱；二来也让光义的原形露一露，这样以后动手时没人会说他不顾手足之情。

而对光义，要一步一步地来，终究是自己人。这个步骤分为如下几步：首先把德昭推上前台，再把国都迁了，一来符合国家利益，二来可以解燃眉之急——光义已经尾大不掉，在开封的势力盘根错节，如想一举拿下，势必惊动天下，不如趁迁都之名，把整套班底人马都换一下。这样，不动声色，顺水推舟，就把事情都办了。

但是别急，你有初衷，我有定律，光义的主意很稳——我已经牢牢抓住了上层建筑里的根本力量，你是皇帝，你的诏令至高无上，可是也要人去实施才行。如果全体反对，你能一个人去搬家吗？尤其是你一切求稳，对眼前这来之不易的大好局面极度珍惜，还特别好面子，社会要和谐，官场要安定，绝不留下任何的污点骂名。那么好吧，我当场向你叫板，除非你肯立即翻脸！

要不你还得听我的！

就这样，赵匡胤眼睁睁地看着他的弟弟大摇大摆、心满意足地从他身边走了出去，却毫无办法。他的心情，就此低落了。郁闷之中，赵匡胤决定四处走走，首先，他回到了自己的出生之地——洛阳夹马军营。

往事历历在目，这是他生活了近二十一年的地方。触目所见，他似乎看见了自己的一生，就像昨天一样，他还是那个无知的青年，孑然一身，孤独地走出了家门，被迫去外面世界闯荡。

无数群臣环绕，身处人世之巅，赵匡胤仿佛视而不见，他缓缓地向一条陋巷走去。轻声地说——朕记得，小时候曾经得到过一匹小石马，常被玩伴所窃，所以埋在了这里，不知它还在否。

一呼百诺，立即有人去挖，那匹石马竟然还在。

赵匡胤接了过来，默默地把它带在了身边。之后，他就要回开封去了。临行前，他再一次来到了父母的坟前，这一次他悲从中来，突然扑倒在父亲的墓碑前，向早已死去的父亲痛哭告别——“父亲……终生不得再朝拜于此矣！”

当天赵匡胤久久不愿离去，他登上了陵园神墙上的角楼，四处观望，只见南有少室、太室诸山，东有青龙、石人诸峰，西临伊河、洛水，北靠黄河。名山形胜，终古长青，突然间他取过弓箭，向西北方尽力射出，然后向左右吩咐——“朕生不当居此，死当葬于此矣。此箭所停处，即朕之皇堂（墓地）。”他拿出了那匹小石马，命人埋在箭落之处，作为标记。

赵匡胤走了，他又一次离开了洛阳，走向了他无法预知的命运……

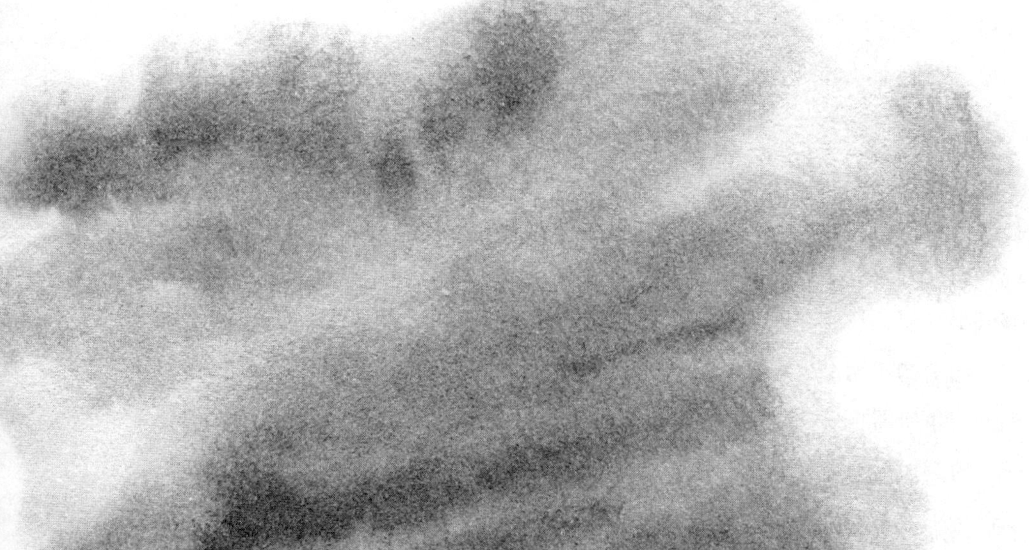

第二十二章 烛光摇曳话当年

赵匡胤回到了开封，这时不管他本人的心情怎样，也不管他本人想要做什么，他都被一股空前炽烈的民族热情给包围了。回望历史，自从上个世纪唐王朝的安史之乱开始，汉民族就开始了沉沦，彻底失去了安定平和的好日子，从那时起，异族不断入侵，割据不断形成，整个汉文化开始了空前的衰落……至今已经整整二百二十二年了！

不断地改朝换代，不断地厮杀掠夺、生灵涂炭，直到赵匡胤横空出世。他居然只用了短短的十七年，就让中原与江南重回版图，让破碎不堪的原唐王朝州县渐渐地重新捏合成形，开始复原。那么下一步又要做什么了？北汉……乃至于更北边的燕云十六州，只要夺回了它们，就可以重新江山一统，复我神州！

历史的车轮谁也无法控制，就算是亲手推动了它的赵匡胤也没法让它停下来。宋朝的战争机器再一次轰隆隆开动，征讨北汉，刻不容缓，又一场战争来临了。

对赵匡胤来说，这就是再一次的欢乐和喜悦来临了。因为无论谁都得承认，北汉已经彻底不堪一击，只要去打，就一定能顺利拿下。

时间很快到了公元976年的八月，宋朝开国皇帝赵匡胤命令侍卫马军都指挥使党进为河东道行营马步军都部署，宣徽北院使潘美为都监，虎捷右厢都指挥使杨光义为都虞候，骁将郭进为河东忻、代等州行营马步军都监，分兵五路开始了第三次北伐，会攻北汉：

第一路：郝崇信、王政忠率一部出汾州。

第二路：阎彦进、齐超率军出沁州（今山西沁县）。

第三路：孙晏宣、安守忠率军出辽州（今山西代县）。

第四路：齐延琛、穆彦璋率部出石州（今山西离石）。

第五路：郭进率军出代州（今山西代县）。

五路齐发，直指太原。这一次，是宋朝以百战之精兵，乘新平江南之威势，要一战成功，彻底攻陷北汉。北汉的刘继元没有别的办法，除了集结少得可怜的部队直接进城防守之外，只有马上向契丹求援。

契丹已经不比从前，它已经和宋朝互通使臣，互祝正旦，经常礼尚往来了。刘继元只能期盼新继位没几年的契丹皇帝耶律贤能认清形势，别被赵匡胤的伪和平假象骗倒，看在多年的“叔侄”情分上，能再拉他一把。

看一下宋朝派出去的将军们都是些什么人。第一，几乎都是驻守西北边疆多年的宿将，他们轻车熟路，有的已经不止一次地带兵杀到过太原城下，这活儿实在是干得得心应手；第二，无论是潘美还是党进或者是郭进，都是飞扬勇决、锐不可当、只认刀枪不认人的主儿。

这一次可没有“刹车王”曹彬的份儿，这是硬仗，注定了要血流成河！

他们绝不会留给刘继元多少时间。

不到一个月的时间，就杀到了太原城下。第一战，主将党进杀了几千个北汉大兵。这个曾经让北汉第一勇将刘继业躲进壕沟的猛人已经憋了好多年了，旧地重游，他决定速战速决，绝不让上一次赵匡胤亲征时的事再发生。

这时，时间进入了九月末，契丹人终于做出了反应。契丹皇帝耶律贤（历史证明，他和他的臣子堪称明君能臣，是同时期的亚洲大陆上最强有力的政治班底）派出了南院宰相耶律沙、冀王塔尔率重兵前来援救北汉。

一切的迹象都表明，一场规模空前的血战已经无可避免。这是处于巅峰状态下的宋朝军队直接面临刚刚从辽穆宗的昏庸统治下复苏的契丹军团的挑战，如果两军真的正面交锋，鹿死谁手，殊为难料，但是结局一定是惊人的，它很可能直接改变历史的进程。

就在这个时候，突然从宋朝国内传来了一个惊天动地的消息。重回当年，数万的宋朝将士在一瞬间都僵硬了，他们没法相信自己的眼睛和耳朵，这消息会是真的吗？！

他们的皇帝，那位英明神武，从不生病，就在一个多月前还生龙活虎一般送他们出征的人，竟然死了！

赵匡胤死了，在宋朝的官方历史中，关于他的死，只留下了一句话——“癸丑夕，帝崩于万岁殿，年五十”。即公元976年十月二十日夜，皇帝死在了皇宫中的万岁殿里，时年五十岁。

如此简单，只有结果，没有经过，更没有原因。

查阅所有的宋史记录，包括后人笔记，以及南宋时才成稿的《续资治通鉴长编》等文献资料，也会查到关于赵匡胤突然生病，并且由宫里的太监王继恩在开封城内建隆观设黄箓醮为之祈福的记录，但这毫不足信。因为历朝历代，都有为暴死的皇室成员或者政府要人死后宣布“病例”的规矩，连记录了赵匡胤生平的《太祖实录》都能篡改，这点为死人看病的小文章做一下手脚又算得了什么。

回到公元976年十月二十日的那天晚上，关于那天晚上到底发生了什么，并按照什么顺序发生的文献记录实在是太多了。有宋代不世出的史学大家司马光的个人笔记《涑水纪闻》；有当时的和尚释文莹所写的《续湘山野录》；还有南宋徐大焯的《烬余录》；南宋史学大家李焘的《续资治通鉴长编》；甚至还有《辽史》，就连契丹人都对赵匡胤的死有着自己的看法。

但是，在辨别它们的可信程度之前，我们要先明白一件事，那就是这些资料的来源到底可不可信，如果连最起码的可信的理由都不存在，那么还有根据它们而研究下去的必要吗？

先看《宋史》，这是被公认为最官方、最正统、最权威的宋史研究材料了。但是非常遗憾，这是由元人为宋人所写的，三百一十八年的历史，无数的史料经卷，居然只用了两年半的时间就完成了，这能谈到史学的严谨和考证的精神吗？

再看司马光，此人的史学巨著《资治通鉴》的确高乎人寰，世间少见，但他只写到了后周显德六年（公元959年），就此彻底打住，对于宋朝本代历史一字不提，明哲保身。而且他的《涑水纪闻》早已被史学界鉴定为“小说界的史书，史书界的小说”，脍炙人口而已，绝对谈不到采信。

至于南宋史学大家李焘和他的《续资治通鉴长编》，这可真够神奇的。宋人南渡，国破家亡，无数的史书经典都在异族的铁蹄战火之下散佚失踪了，而他居然能以私人之力，把整个北宋史料重整如新，并且无限加细，篇幅弄得比《明实录》《清实录》之类最详、最细的日记式史料都长，实在是让人无限佩服。他的可信程度，不说其他，只在宋太祖之死这一关键事件中最敏感的当事人语言留存方面，就有着极大的争议——他把原话给改了。详情我们稍后再说。

南宋徐大焯的《烬余录》则纯属宋人的私家笔记，看也可，不看也可。研究历史，永远都是先官方史，再其他史料，直到什么也没有时，才可以去看私人笔记。

其他的，如那本由和尚所写的《续湘山野录》，根本就不值一驳。请问这位叫文莹的释家子弟到底是何方神圣？除非他是宋太祖皇帝身边的人，还机缘巧合亲历其事，不然他有什么发言权呢？更何况由他所记载的公元976年十月二十日之夜所发生的事，完全是一个经典的、充满了佛教趣味的神话传说，如果我们真的要信，那么就先集体皈依吧，佛曰由信生解，因解而行，因行成证……要是不信的话，那就一切别提了。

最后说《辽史》，《辽史》很奇妙，许胜不许败。我们在《辽史》里很少看到辽国人失败过，他们永远胜利，胜利，再胜利……直到彻底亡国灭种，烟消云散。不过《辽史》也有一样好处，它在谈论别国兴亡大事时堪称心直口快，一针见血，尤其对它的邻邦宋朝，从来都不惯毛病，一针一针又一针，直到宋朝人喊救命。

好了，不管怎样，以上就是能查到的关于赵匡胤之死的各种史书资料，不管它怎样繁杂，或者可不可信，我们都尽量把它细化再简化，浓缩成如下几个问题。相信只要能够如实回答，那么真相虽不中，亦不远矣。

当天晚上到底发生了什么事?

本来按照著作人的声望而论，我们应该先参看司马光先生的《涑水纪闻》，但是很可惜，司马先生的大作里关于“斧声烛影”一段的记录，开头就是从“癸丑，上崩于万岁殿”开始，只写了赵匡胤死后发生了什么，绝口不提半点太祖之死的隐秘。

真正有头有尾、情节丰富的，是文莹和尚的《续湘山野录》和徐大焯的《烬余录》。

先说一下南宋徐先生的《烬余录》，这本书里记载的事情非常香艳而经典——赵匡胤病了，昏迷中他最宠爱的妃子花蕊夫人在床前侍候，他最亲爱的弟弟赵光义来探病。美色动人心，光义一时把持不定，欲行不轨。花蕊挣扎，一下子把太祖皇帝给闹醒了，于是太祖皇帝大怒，然后赵光义杀人……还需要再分析什么吗?把光义改成杨广，太祖变成文皇，一切就都对号入座了。要说有什么评价，我只能说，这可真是充满了浓郁的中国特色、在田垄地头间很有市场的民间小说。

再看文莹和尚的记录，《续湘山野录》写道——当宋太祖与太宗两位皇帝还是平民的时候，和一个道士相识在关河，该道士姓名无定，常用的名字一个叫“混沌”，一个叫“真无”。众所周知，那时赵匡胤兄弟都极穷，而这个道士只要伸手探囊，随时都能拿出金子来。他曾经准确地预测出赵匡胤陈桥兵变、黄袍加身的日期，所以赵匡胤对他非常迷信。可惜的是，赵匡胤当上皇帝，此人就不见了。直到他临死的那一年，这人才突然出现，赵匡胤大喜，直接问他——我一直找你，想问一件事，我还能再活多久?

道士回答——在今年十月二十日的夜里，如果天气晴好，你还可以再多活十二年；如果阴，“则当速措置”。也就是说，如果阴天，赵匡胤就将必死。说完此人就再次消失了。

赵匡胤牢牢记着这些话，到了这一夜，他独自登上皇宫里的太清阁四面遥望，只见天清气朗、星斗明灿，他刚刚有些高兴，却不料突然间阴霾四起，天地陡变，只是片刻之间，大雪夹着冰雹从天而降……赵匡胤移仗下阁，急传宫钥开端门，召来自己的弟弟开封府尹赵光义。两人进入寝宫，把所有的太监、宫女以及侍卫都斥退，开始喝酒。

守在外面的人，只能远远地看到，窗棂烛影之中，赵光义不时地离席站起，向后退缩，像是在推辞躲避着什么，其他的什么也听不见，更看不清。等到他们喝完，时间已经到了最标准的深夜，三更天。这时大殿外积雪已有数寸之厚，赵匡胤和赵光义走了出来，所有的人都看到了赵匡胤拿着柱斧戳雪，回顾赵光义说——好做！好做！

然后他独自回到殿里解衣就寝，鼻息如雷。到了五鼓时分，也就是天已经快大亮时，殿外的守卫人等就再也听不见任何的声音了，宋太祖已经在睡梦中死去。当天晚上，赵光义一直都在皇宫中，他马上就接受了他哥哥的遗诏，在赵匡胤的灵柩前即位，成为宋朝的第二位皇帝。

以上，就是著名的“斧声烛影”事件的最初出处。没错，就是由一个和尚说出来的，而且没有任何证据能够表明，该和尚这么说有什么根据。下面请司马光先生登场，他将为我们讲一下“斧声烛影”之后发生的事情。不过请留意，这一僧一俗的记录之间有一个最根本的分歧。

文莹说，宋太祖死的当夜，其二弟赵光义是在皇宫里的，并且和他同桌饮酒，只他们两人在场，再无第三者。

司马光的一切纪闻有一个最大的前提——当晚赵光义根本没有出现在皇宫里，晋王一直都老老实实地待在自己的王府里。直到有个叫王继恩的太监来找他。

当天夜里，赵匡胤死后，到了四更天的时候，他的皇后宋氏命令宫中的大太监王继恩出宫，召贵州防御史赵德芳，也就是当时的二皇子。很显然，这是召德芳来灵前即位。据司马光记载，这位姓王的太监想了想，想起了赵匡胤活了这么多年，一直以来都是要让赵光义来当接班人的，所以他自作主张，把赵德芳放在一边，直接去开封府宣召晋王赵光义。

这里要留意，一切的事都是王继恩的错，赵光义就像当年陈桥之夜的赵匡胤一样，是被骗的……是没有责任的。

王继恩来到开封府门前，却突然发现府门前有人。一看，是开封府左押衙程德玄。王继恩心里有事，马上问，你在这儿干什么呢？

程德玄回答——我正在信陵坊睡觉，突然听见外面有人叫我，说是晋王召见。我急忙出去看，却没有人。等我睡下，外面又喊，这样一共有三回。所以我害怕了，想是不是晋王生病了，所以我才赶来。

这里要特别指出，据《宋史·程德玄传》记载，此人善医，深通药性。

王继恩不再啰唆，他直接叩门求见。时值四更之后的深夜，赵光义立即接见，听说他哥哥死了，而且要他马上进宫即位，他“大惊”，且“犹豫不行”，最后说——我得和家里人商量一下。然后进入内室，久久不出。

这时王继恩急了，他向里面叫了一声——再耽搁，就要白给别人了！

赵光义马上出来了，当时天降大雪，他和王继恩、程德玄一共三个人（注意，司马光说，当夜只有这三个人），徒步踏雪进皇宫。进去之后，王继恩想赵光义按照以往的规矩，在直庐前等候。他说——请晋王在这里稍等，我王继恩先进去为您通报。

漫天大雪之中，赵光义没言语，他身边的程德玄说出了八个字——“便应直前，何待之有”！于是三个人直接进入了万岁殿。殿里守着赵匡胤尸体的宋皇后听到王继恩回来了，问：“德芳来耶？”

王继恩回答：“晋王至矣。”

宋皇后看见了晋王赵光义。她的反应是“愕然”，之后她马上喊官家，说——“吾母子之命，皆托于官家。”

这里请留意，“官家”，在人们的印象中，它是宋朝人对皇帝的特殊称呼，有点像清朝的“老佛爷”，似乎很是口语话。但事实上，“官家”取自“三皇官天下，五帝家天下”，是五代至宋朝对皇帝的普遍称呼。宋皇后见到赵光义之后，马上就改口，直接叫了赵光义为皇帝，并且清晰无比地求饶，把她和赵匡胤所有子孙的性命全都交了出去。

这时赵光义的反应与他一贯的仁德形象非常般配，他哭了，边哭边说：“共保富贵，勿忧也。”之后天就亮了，赵光义在清晨时分，在他哥哥的灵柩前即位，成为宋朝的第二位皇帝。

以上，就是司马光版的“公元976年十月二十日夜赛跑夺权，先到先得事件”的描述。在这里，司马光没有提到任何“斧声烛影”的痕迹，在他的笔下，赵光义之所以能够抢在二侄儿赵德芳之前，接任他哥哥的皇位，完全是由于太监王继恩的自作主张，以及赵匡胤的皇后宋氏的主动礼让。甚至连他走进停放他哥哥尸体的万岁殿，都是由于程德玄的强迫。自始至终，他都没有半点的主动，更加谈不到有什么不轨之图。

再以下，就是宋史资料中的第一大部头《续资治通鉴长编》了。在这本融汇万千于一体的鸿篇巨制中，南宋的李焘先生把以上的所有版本去芜存菁，合而为一。既有文莹和尚的“斧声烛影”的传说，又有后来王继恩奉旨出宫，却变向叫人的司马光版当夜纪实，更有甚者，他把赵匡胤以斧戳雪，回顾赵光义时所说的话由“好做！好做”改成了“好为之！好为之”。

不知他出于什么目的，按说当时南宋内忧外患，君王臣宰日夜不安，一来根本就没人愿意理会他这个自顾自写字著书的个人爱好（可是奇妙的是，南宋官方没有找李焘的麻烦，居然在后世被理解成了南宋的官方已经认可了李焘的宋史主张）；二来《续资治通鉴长编》成书于1183年，那时赵光义最后一个当皇帝的子孙赵构已经当了二十一年的太上皇，马上就要老死了，天下人早就都知道赵光义肯定会断子绝孙，还有必要再拍他的马屁吗？

但是李焘这位堪称名副其实的史学大家就是这样改动了赵匡胤留在人间的最后

一句话。一字之变，变化万千，稍后我们再分析四字变六字的内在奥妙。

现在要做的是，根据以上罗列的所有有关赵匡胤之死的官方、非官方、私人笔记资料，来论证以下两个关键问题。相信所有的疑问，都包含在这两个问题里。

第一，赵光义到底杀没杀他哥；第二，赵光义就算没杀他哥，得位可正？

首先，把第一个问题再细分，即：一、没杀，可有证据？二、杀了，用的什么办法？

问题一——世间尚存的赵光义有作案嫌疑的资料，只能从文莹和尚及司马光的两篇私人笔记中搜寻了。其中以文莹的《续湘山野录》中的记载比较露骨，因为据他记载，最后一个在场者正是赵光义。赵光义有作案的时间、机会以及动机（他是最后的受益者）。可是无论怎样细致推敲，也找不出赵光义曾经对他哥哥做过什么的真凭实据。

至少他们在当夜三鼓时罢宴，各自睡觉，赵匡胤还活生生地出现在世人面前，在大雪中对弟弟说——好做！好做！之后，他才回到殿里“鼻息如雷”，直到五鼓时分“悄无声息”地死去。

世人分析“斧声烛影”，总是会想到，赵光义为什么会在窗棂烛光的映衬下时不时地离席躲避，像是在推辞着什么。那么，也就是说，他的哥哥在强迫他做什么。强迫他什么呢？这在后面酒局结束之后，赵匡胤送他出殿，在漫天大雪中公开对他所说的“好做！好做”中得到解答。

连贯起来，只能得到一个结论，即他的哥哥要他做皇帝，而他推辞，他哥哥不止一次地强迫他，所以他才“时或避席，有不可胜之状”。甚至直到两人分开时，赵匡胤还在继续强求，并且一再叮咛——“好好去做！好好去做”。

完全是在千叮咛万嘱咐弟弟把治理帝国的重任接过去。

当然，也有史学家把“好做”解释为“你做的好事”，并且直接联想到赵光义在酒桌上捣鬼，给他哥哥下了毒，之后他连连躲避他哥哥，是因为他哥哥已经发觉了不对，要亲自动手除掉他。甚至他们说，在烛光摇动中，外面的人根本看不清那是赵光义在躲，还是赵匡胤在踉踉跄跄地举步进逼。所以这直接证明了赵光义亲自出手谋杀了他哥哥。

但是其后发生的事又怎么解释呢？根据文莹和尚的记载，至少赵匡胤在酒局结束之后，还曾来到过殿外，以柱斧戳雪，才说出了“好做”的话。当时众目睽睽，侍卫、太监、宫女都在，他完全可以当即下令把赵光义拿下，就算自己死，也会让仇人死在他前头。

可为什么没这样呢？

所以通篇连贯理解，只能把“好做”解释为“好好去做”，即从始至终，赵光义都是清白的，甚至之所以接过治理庞大帝国的重任，都是他哥哥强加给他的，才让他后半生劳累不堪，既伤且病，最后饮恨而终。

再看司马光的记载，前面已经说过，以《涑水纪闻》为据，那么赵光义在公元976年十月二十日之夜，纯粹是闭门家中坐，富贵天上来，他的一切行动都是被动的，都是被强迫和不得已的，而且在他哥哥死之前，他从来没到过现场，根本就谈不到有半点的谋害之嫌。

所以综上所述，如果说赵光义是清白的，那么，绝对是言之成理，证据确凿。

那么再看问题二，杀了，用的什么办法？

要谈这个问题，首先就得请宋朝的太宗皇帝恕罪则个了，只能先假定他就是当天夜里杀了赵匡胤的凶手，那么赵光义就一定会反问——我是怎么杀的啊，能不能给个手法？

手法有二：斧子、毒酒。

先说斧子。提这个要被人笑话，稍有点历史知识的人都会说，什么“斧声”啊，赵匡胤手里经常提着的那可不是上战场杀人用的战斧，那是一种当时非常流行，当文具类用品在手里玩的“玉柱斧”。那是工艺品、是玩具，根本就没法杀人！

但是我有疑问：第一，如果没法杀人，那么怎能随便就敲掉别人的大门牙？是赵匡胤天生神武，手法与众不同，还是那些大臣的门牙特别脆弱，不堪一击？按我的理解，能敲掉别人门牙的东西，就足以要一个人的命了。你信不信一根针都能杀人？

第二，“玉柱斧”似乎很小是吧，那么赵匡胤是怎样站在漫天大雪里，“以斧戳雪”的啊？他当时是什么样的姿势，才能把在手里玩的小斧子戳到地面上？当然，如果赵匡胤的手臂比通臂猿刘备的还长，那就另当别论了。

先假设赵匡胤是被他弟弟用斧子（不管是玉柱斧还是别的什么斧）弄死的，那么尸体上必定血肉模糊，痕迹昭然。如此就可以解释为什么宋皇后见到赵光义后马上就求饶了——她立即明白，不马上诚恳表态，她会死得比赵匡胤还难看！

但这毕竟无法证明，所以姑且绕过去吧，就当一个纯粹的假设。

下面看毒酒。

无数的人都在煞有介事地论断，赵匡胤是被毒死的，问题就出现在他和亲弟弟赵光义单独喝酒时。结合赵光义在以后人生里的表现（李煜、钱俶的死法），他要是没给他哥哥配药才是怪事。何况，在文莹和尚及司马光的笔记中有着无数的蛛丝马迹可以追寻。

看《续湘山野录》，里面提到赵匡胤送走赵光义之后，回殿内解带就寝，之后“鼻息如雷”，死后尸体的颜色又“玉色莹然如出汤沐”，这样的体色变化以及声音异常，都是中毒的表现，而且这种毒还非同一般。

看《涑水纪闻》，宋朝的忠实官吏司马光先生就算再“为尊者讳，为贤者隐”，他也透露出了极其重要的“毒”之线索，而且其真实性及可考证性远远超出了那位有故事的文莹和尚所叙述的。

先说事先就守在赵光义家门外的程德玄。这事可真诡异，奇怪的地方并不是说，姓程的医药高手睡得好好的，听到门外有人叫他去见晋王，起来却没人，躺下却还叫，让他心慌意乱，直到在大雪天里主动跑到主子家的大门外，就等着晋王生病，他好进去治……这都是纯粹的劣等谎话，信的人是地道的猪头。

哈姆雷特说，天空中没有哪只小鸟会无缘无故地掉下来。一切都要从程德玄的奇特副业着手，这个开封府里的一般小吏有着人所不及的特长，他精通医药，因此成为赵光义的心腹。再结合一下他在当天夜里的具体表现，就完全可以得出，此人出现绝对不是什么偶然的事件——一切都是有预谋的。

试想，一个小吏，如果事先没有准备，怎么敢在皇宫里说出那样强硬甚至凶狠的话来——“便应直前，何待之有”！

这完全是一个同谋者甚至主事者才会说出来的话。但我说的诡异，是指这样重要的一个人，他为什么会那么露骨地守在赵光义的大门之外？他为什么不在赵光义的府内守候，直到事到临头？

也许真的是巧合吧。程德玄当夜不管是出于怎样的原因，真的是碰巧在赵光义家的大门外遇到了来送皇冠的王继恩，才得以参与其事的。至于他后来那么积极，也可以理解为富贵险中求，当场搏一把。谁都想立个功嘛。

但可惜的是，这里还有个内幕，隐藏得很深，在《宋史》的《马韶传》里。

马韶，赵州平棘人，此人在当时很是高人一等，因为他彻底地能为人所不能——他通晓天文、占卜。他与程德玄是好友，当时宋朝严禁“私习天文”，所以程德玄一般不和他走动，更不允许他靠近开封府。

在公元976年十月十九日的半夜，马韶突然来找程德玄，说“明日乃晋王大吉之辰，吾特来告知”。程德玄的反应是“恐骇不已”，马上把马韶藏在一间密室里，并且急忙入禀赵光义。赵光义要程德玄把马韶看住，说自己明天向皇帝告发以求自解。

《马韶传》里说，第二天赵光义上殿之时，竟然受赵匡胤遗诏登基了，真的是“大吉之辰”！于是马韶被放了出来，拜为司天监主簿。

事情没有关联吗？这至少可以得出一个很明显的结论——在事发当夜之前，晋王府上下人等对赵匡胤之死是有所预谋的。像程德玄，他一听到马韶的“预言”，立即想到谋反的事情已经泄露了，他能做的就是把马韶先关起来，马上向赵光义报告。赵光义更加惊慌，他甚至想到了贼喊捉贼，向自己的哥哥告发马韶，来证明自己的清白。

至于马韶是从哪里得到的消息，则一时之间没法细查了。

回到主题，那么说这样就可以证实赵光义的确是杀了他的哥哥了，而且是毒药？很遗憾，这样的证据，无论是在现代还是古代，赵光义都会轻蔑地瞥我们一眼，然后冷笑着说出三个字——“莫须有”。

难道不是吗？请注意，如果只分析当天晚上到底发生了什么事，赵匡胤到底做出了什么、没做什么，那么在总前提下，就已经陷进了一个没有结局的泥潭里。因为别说是千年之后，就算是当时，这都是最高、最敏感的国家机密，所以根本就不可能有什么正解。

就算把赵光义挖出来，给他上大刑，他都不见得说真话，而他说出来的话，我们也不会信。

那么说，此事就真的年深日久、埋没无闻，彻底人死两不知了吗？不，历史会证明，没有人能真正一手遮天，历史的真相，就像一棵参天大树的年轮，只要你会阅读，你就会发现在千年的印迹之中，哪一年发过大水，哪一年特别干旱，又或者哪一年遭了山火虫灾。在树的年轮里一切都有记载，只要你会阅读……真相，虽然隐秘，但总还是有的。

欲求真相，就得把时间往前推移，回到赵匡胤在洛阳时。当他面对弟弟那句“在德不在险”的空话时，为什么就没有当面反驳，进而索性一意孤行，强制迁都呢？

他真的那么“懦弱”？

当然不，事情要连贯起来看，看他回到开封之后又做过些什么，答案自然就会显现。史料记载，赵匡胤回到开封之后，在公务繁忙之间，居然在七月这一个月里，“三幸光美府第”。

赵匡胤在一个月里连续三次到三弟赵光美的家里去。

这是极其反常的。在这里，要强调一下中国古代的皇家制度。皇帝是不能随便到某个大臣的宅第去的，那是极大的特殊性荣誉，代表着“圣眷优渥，高厚隆宠”。大家别想着赵匡胤随便就到赵普家去吃肉喝酒，就觉得这事很平常。在《宋史》记载中，赵匡胤到二弟光义家去的次数都可以用一只手的手指头数出来——“王性仁孝，尹京十五年，庶务修举。帝数幸其府，恩礼甚厚”。

十五年里，赵匡胤不过才“数幸其府”而已。可是赵匡胤居然在一个月的时间里，去了三弟赵光美家三次。这是个极其敏感的政治信号，相信所有视力正常的宋朝官员都会理解这是什么意思——大宋皇帝赵匡胤已经积极明显地向其三弟示好。

这样做的用意何在？难道是赵匡胤祭祖归来，突然心血来潮，觉得长兄如父，要给从小就缺乏父爱的三弟以深沉的、炽热的、不求回报的父爱吗？

玩笑开得大了点，只要稍有点政治头脑的人马上就会明白，这是赵匡胤在着意培养三弟，要光美登上政治舞台。其作用只有一个，用他来牵制二弟光义。

这样做，好处真是妙不可言。想想四五年前的赵普、赵光义之争，赵匡胤打破了政坛的平衡，赶走赵普，让赵光义一人独大，直到后来他二弟敢于公开向他叫板，拆他的台。这是恶果，让他在洛阳时公开丢脸，且无可奈何，那么就索性让光美来成为第二个光义如何？

我把从来没有权位的光美扶植起来，用来打压光义。什么？有人说，光美无法和光义对抗？为什么没有？光美无功劳，那么光义有什么功劳吗？光美无根基，那更不在话下，由我来着意培养，比当初培养光义时还要用心，事情怎么就不会成功？！

而且一旦成功之后，光义被分权，从此老实，安心做人；而光美毕竟根基浮浅，我会吸取当初让光义尾大不掉的教训，把握好分寸，甚至他都不会像得势的赵普那样。想象一下，当初如果扶赵普压光义，由赵普独揽大权，那样的日子就很好过吗？

如果事情能按照这样的设想去发展，那么一切是多么美好啊……分掉了光义的权柄，就等于拿掉了他的野心，他和光美从此就都没有了非分之想，就还是我的好兄弟。再加上之前，我派德昭去迎接钱俶，派德芳主持当天的迎接宴席，我的儿子们也会顺利地走上前台。于是，一天的乌云就都散开了……

更何况，我还做了另外一件事，来压制光义最有力的那部分力量，让这个计划能够顺利地实施。

出征北汉，相信很多人都在想，赵匡胤为什么要这么急呢？按照他以往的行动规律，每次灭掉一个割据大国之后，他都会用两到三年的时间来消化它，把当地的矛盾都解决了，并改善那里的国计民生，比如说用减税、免税之类的手段来把那片土地彻底大宋化。那么为什么在平灭南唐这样的超级大国之后，赵匡胤仅隔半年就决定出兵北汉呢？

是被民众国情等因素推动的吗？有，但相信赵匡胤如果决意等待，谁也没法强迫他。那么是他彻底地轻视已经残废了的北汉，觉得只要出兵就一定能获胜吗？

可是全地球的人都知道，打北汉就是动契丹，再怎么样，赵匡胤也不会轻视那些来去如风的契丹铁骑吧？那么他到底在打着什么主意？

诸多因素纷繁杂乱，如果一定要剖析疑团，相信下面的这个因素才是他诸多考虑中最为重视的一点。

他要借助另一场大胜，来继续提升自己的威望，使之达到一个更辉煌的、时人不可企及的顶点，然后无论自己再做出什么事，都能压制整个官场。比如说废掉晋王，或许干脆杀了赵光义。

就算不那么暴烈，通过这次战争，也可以调动整个官场来为自己服务，把赵光义多年来当首都市长所培植起来的官场势力下降到最低点……纵观这一切，都可以得出一个结论，即赵匡胤还是在顾全着大局，他还是想着怎样既平稳过渡，又能达到削弱赵光义、扶植自己儿子登台的目的。

那么这时，把目光转向赵光义，设身处地地换位思考，站在赵光义当时的立场上，想一想他已经是什么处境了——眼看着赵匡胤的声威更加震烁古今，如果这次的北伐成功，他的功业将直追千古一帝李世民，那时候无论赵光义曾经怎样广施恩惠、小心结交了多少官场同人，都不会再有人陪着他蹚浑水了；更何况三弟光美马上就会在名利场中异军突起，有赵匡胤的刻意栽培，这实在是太轻而易举了……最要命的还是德昭与德芳，他们一个二十五岁、一个十七岁，早已成年，尤其是德昭，正宗的太子，连皇孙都生出来了，赵匡胤既然已经开始把他们往前台推，就绝对没有突然偃旗息鼓的道理。

那么，他该怎么办呢？自古华山虽险，尚有一线之生机，而他，在这样的局势下再不使险招的话，等待他的就只有安乐死！

而所谓的险招会是什么呢？历史证明，赵匡胤是在事业处于辉煌的顶峰时突然死亡的，这真的是巧合吗？或者是像一些现代“学者”说的，赵匡胤是家传基因有问题，再加上自己好喝酒，造成了中风、心梗一类的突发疾病，才猝死的？

这真是笑谈，试问千年以后，你凭什么来说赵匡胤的家传基因有问题呢？你能再找到赵家的DNA，还是凭着赵光义的子孙们或疯或傻，有疯了之后放火烧宫殿的，更有当了皇上突然间变神汉的，以及德昭、德芳的早死来做的判断（对不起，那些“学者”就是这么判断的）？见鬼，那跟赵匡胤有什么关系？应该从赵光义的遗传基因上找毛病，更要从赵光义的所作所为上找客观原因。如果一定要说赵匡胤是突发疾病死的，那就像肯定恐龙的灭绝是因为它们消化不良，大量放屁，把当时的大气层给熏毁了，让紫外线直接照到地球，把恐龙给照死的一样荒唐。

我们要追究，只能从曾经发生的那些有记载的事情里来分析，事情从赵匡胤一步步地谦让，想方设法地让朝政的变化、权力的再分配变得平和些开始，所以他勉为其难地从开封退让到了洛阳，再从洛阳迁就到了开封，可是变化却没有停止，他一直在努力，而且事实证明，他越来越接近成功——因为他至少还真正地掌握着当时的国政大权！

可是他唯一的漏洞，就是从来没有想过他那个和善淳朴、教育良好的弟弟会突然间对他痛下杀手，以终结他生命的办法，来阻止他计划的完成。

综上所述，赵光义杀兄，已可定案。千古之谜，就算没有真凭实据，就算赵光义事发当夜没有和他哥哥独处饮酒，他都脱不了最大的主使者的干系！

至于说到他是用怎样的手法杀人的，就要根究于王继恩和程德玄了。先看王继恩，这个太监很不寻常，他是太祖的亲信，同时也被宋皇后所赏识，事发当夜，皇后把召唤皇位继承人这样的大事都交给了他独立去办。可是他却违背命令，自作主张去找了赵光义，并且亲自带着赵光义回到皇宫，逼迫皇后就范。这样的表现，如果说他事先没被赵光义所收买，成了赵二一党的话，那连鬼都不会相信。

再看程德玄，此人当夜出现在晋王府门外绝非偶然，此人深通医药，再联想到后来南唐李煜、吴越钱俶在太宗朝的死法，能让人想到些什么呢？

如果说是程德玄配药，由王继恩下毒，是不是很合理呢？当然，这一切的猜想都没有意义，作案的细节在千年之后，甚至在当年都没人会知晓，更不会有人公之于众。我们所能做的，只能是从宋朝当时的国朝大政以及赵匡胤本人的各种施政方针来分析理解当事人的处境，还有他们的想法，他们可能采取的行动。

是赵光义杀了他的哥哥，这是我再次重申的个人看法。下面，要探讨的是总问题之二——赵光义就算没杀他哥，得位可正？

这个问题似乎不太通顺，因为既已确信是他杀了他的哥哥，那么还问什么“就算没杀，得位可正”？

是的，但就得这样问。试想，如果真是他杀的，那还用谈得位正不正吗？他是个凶手，自然不正！所以要谈得位正或不正，就只能先假设他没杀人。

好了，我们就先假定他是个好人，来探讨他的皇位是抢来的；还是凭空而落，靠运气才砸到他头上的；又或者是他生而幸运，投胎到了一位难说是贤明还是偏心的女人的肚子里，是靠上一代的临终遗嘱才合法得到的。

先说第二个可能——皇位凭空而落，是靠运气砸到他头上的。

理由，司马光说，赵光义当晚闭门家中坐，富贵找上门，王继恩送皇冠，程德玄推波助澜，他完全是身不由己，最后还被他那年轻的“少不更事”的小嫂子给强迫了一下，才勉为其难地接了他哥哥的班。

似乎很牵强，但是司马光先生的字面意思就是这样的。后世人等道德伦理败坏，什么事都往歪里想，一心想在鸡蛋里挑出骨头来，就算没骨头，也要先把鸡蛋打碎再说，这样，就实在和司马先生没有关系了。

非常遗憾，我们就是要往歪里想。现在返回去看第一个可能——他的皇位是抢来的。

多简单，就算一切完全像在赵光义死后二十二年才出生的司马光所说的一样，在一个最关键的地方都没法自圆其说——宋皇后当时要叫的人是“德芳”，无论如何不是“德芳”他二叔！

赵光义可以说他什么都是被迫的，一如他哥哥在陈桥兵变时的身不由己。但是别人给你什么你就要什么吗？我给你口棺材你就躺进去？！

所以赵光义你还是不要再装了，抢的就是抢的，何况那一点都不丢人。抢，毕竟也是一种相当复杂而且高难度的劳动付出，不是谁想做就都能做的。

只不过历史证明，有些人是豪夺，有些人是鼠窃，人就是这么奇妙，就连抢东西，都能分出来人品里的高低上下。所以该承认时要承认，无论是大丈夫还是真小人，共同的特点是“光明磊落”。

赵光义一定会喊冤，他会说，而且他的臣子们都必须替他说——他的皇位是由于他亲爱的妈妈杜老太后的临终遗嘱才合法继承过来的，而且其中所包含的政治意义是无比重大神圣，对当时整个汉民族社会的安定团结以及繁荣的生活都是必不可少的，可以说所有人的个人福祉和家庭完整都彻底依赖于这个遗嘱的贯彻执行的程度！

这个遗嘱，就是众所周知，但又真假难辨的“金匮之盟”。

讨论第三个可能性。

故事急速往回倒退，一直回到赵匡胤的生母杜老太后去世时，她临终遗言，要大儿子本着“国有长君，家国之幸”的大前提，把皇位不传子，而“一传光义，再传光美，三传德昭”。并且当场要儿子签字画押并由赵普监督生效，最后放在一个小金盒里，并由宫人秘藏在皇宫内某处。

以上的事情，在小文的前面杜太后死时，已经交代过了一次，这里不再赘述。因为，请注意，不是我懒，而是根本就没有那个必要。

一言以蔽之，因为当时根本就没有任何人知道有这个“金匮之盟”的存在！

那要在赵光义当了五年皇帝之后，才由急于在政治上复出的前宰相赵普突然提出来！

还有什么疑问吗？想一想当时赵普是什么处境，他被死敌卢多逊已经压制了七八年了，这期间不仅他度日如年，连他的儿子都要成为政治迫害的牺牲品了，随时都可能家破人亡，他为什么就不早点使出这个“撒手锏”呢？！

而赵光义在得知“金匮之盟”之前，一直都活在“篡位”和“杀兄”等恶性传言的阴影里，并且第一次征燕云已经失败，德昭已经自杀，他背负的恶名以及军国大事的压力无比沉重，赵普如果有这样的法宝，简直可以随时上报朝廷，让自己咸鱼翻身。

他为什么就是不做呢？

一句话，所谓的“金匮之盟”不过是个小小的政治把戏，它不过是赵普和赵光义之间的一个小小的交易——你让我重新上台，我让你平安过渡。

其真实性，嘿嘿，不仅现在的人会不屑一顾，就算在当年，只怕也是路人皆知。对这样劣等的把戏，实在没必要评论，只需要嗤之以鼻。

那么有人会问，怎样解释赵光义登基之后，立即对赵光美的提拔呢？就像当年赵匡胤对他一样，封光美为齐王，任开封府尹兼中书令，位于宰相之上。这完全可以理解为他在遵守着“再传光美”的“金匮盟书”嘛。所以，“金匮盟书”还是千真万确地存在着的。

可如果是这样的话，那么就证明赵光义已经知道了“金匮之盟”的存在，所以他才这样遵守，对吧？那么五年之后，赵普还在搞什么呢？

到底赵普是个傻子，还是赵光义是个傻子？说到底，这件事如果再往下深究，就可以确定另一件事了，那就是——我们是傻子，还在这件事上浪费精力。

分析到这里，公元976年十月二十日那个夜晚到底发生过什么事，基本上已经可以定性。那两个问题已经有了答案：一、赵光义杀了他的哥哥；二、赵光义得位不正。

这时历史上唯一的正解就出现了——《辽史》，契丹人半点都没含糊，直接说“赵炅自立”。

干净利落。

但是要强调，关于第二点，我没有半点对赵光义不满的情绪。因为，在这个世界上，唯一可以去偷去抢却不必有半点愧疚心理的东西就是皇位。

甚至人类有史以来，发出的最多的欢呼声，都送给了那些不择手段抢夺皇位的人。眼前就是活生生的例子，赵匡胤。他从七岁的小孩子柴宗训的手里抢到皇位时，难道人人都心悦诚服吗？不见得吧，如果他之后不是雄才大略，给我们民族带来了统一和稳定，我们会把他当作什么呢？

所以，纵然是赵光义杀兄夺位，这也并不能就此把他钉在历史的耻辱柱上。请比较，虽然他杀兄的手段还不能确定，但是总好过李世民在光天化日之下公开杀了大哥、三弟吧？而天可汗可以永享英明，那么赵光义为什么就不能得到人们的原谅呢？

因为这里面有一点点的小区别。

李世民不杀大哥、三弟，不仅得不到皇位，更连身家性命都保不住。赵光义却没有这份危机。

李建成、李元吉对李世民先下毒，再诬陷，更进一步要把秦王府诸将分散坑杀，一网打尽，无所不用其极，平日里根本就谈不到任何的兄弟恩义。

可赵匡胤是怎样对待二弟的呢？《宋史》记载，赵匡胤对赵光义关怀备至，不仅在官职上让二弟一人之下、万人之上，无比尊贵，甚至在日常生活中都爱护得无微不至。

赵光义的家地势很高，没有水源，他哥哥遣工匠做大轮，“激金水注第中”，并且“数临视，促成其役”。赵光义在皇宫里喝醉了酒，没法骑马，他哥哥亲自扶着他下殿阶，看到他的侍卫“执镫以出”，就赐那人以官职衣带及器帛，以勉励更尽职心。史书更记载，赵光义曾经重病，昏迷到连人都不认识了，赵匡胤急忙赶去，亲自为他灼艾治疗。当时赵光义在昏迷中仍然觉得疼痛，他哥哥的反应是取过点燃的艾绒在自己身上同样的部位薰灼，来感应疼痛的程度……就这样，从辰时一直治疗到酉时，直到赵光义出汗苏醒过来，赵匡胤才回宫。

恩义种种，难以尽数，至少可以说，赵匡胤对儿子都没有对光义好。史书记载，直到他死，长子德昭都没有封王，次子德芳仅仅是一州的防御使……光义，光义，如此恩重如山的哥哥，你竟然也能忍心下手！这不是篡位，这是忤逆，这不是在争权力，而是丧尽了天良！

也许在光义的心里，他也是迫不得已，他有必须这样做的理由。只是在那个大雪纷飞的深夜之后，他就再也不是以前的那个人了。心灵，随着一次泯灭所有良知的叛逆而幻灭。在那一夜之后，在背叛了他最最亲爱的大哥之后，还有什么是他做不出来的呢？

杀德昭、杀德芳、杀光美……进而怀疑天下所有人，还有什么难度吗？

第二十三章 魂归洛阳川

不管怎样，公元976年十月二十日那个夜晚还是过去了，时间继续流动，不以任何人的死亡而稍微停顿。

赵匡胤死，赵光义即位，天下第一富贵权柄骤然转接，一切波澜不惊。在《宋史》的记载中，明确地记录着“开宝九年冬十月癸丑，太祖崩，帝遂即皇帝位”。

就是这样简单，赵匡胤死了，他的二弟赵光义即皇帝位，其间没有任何的蹊跷、谜团，更没有任何人有过什么异议，或者不寻常的举动。

因为，紧接着就是“大赦，常赦所不原者咸除之”。之后，“群臣表请听政”，而赵光义“不许”，“宰相薛居正等固请”，赵光义才勉强同意——“乃许”，并从即日起，“移御长春殿”。

他是合理合法的皇帝了。

对于赵匡胤，人世间给他最后的一点印迹是“群臣谒见万岁殿之东楹，号恸殒绝”，只是一片哭声而已。紧接着就是商量怎样埋葬他了，而那极其简单，在中国都执行了上千年，是一整套完整的、规范的专门流程作业，真是再容易不过。

给赵匡胤定庙号，“太祖”，无论如何，谁也没法否认是他亲手开创了宋朝；给他定谥号，曰“英武圣文神德皇帝”。

《宋史》中给他的盖棺定论是：“五季乱极，宋太祖起介胄之中，践九五之位，原其得国，视晋、汉、周亦岂甚相绝哉？及其发号施令，名藩大将，俯首听命，四方列国，次第削平，此非人力所易致也。建隆以来，释藩镇兵权，绳赃吏重法，以塞浊乱之源。州郡司牧，下至令录、幕职，躬自引对。务农兴学，慎罚薄敛，与世休息，迄于丕平。治定功成，制礼作乐。在位十有七年之间，而三百余载之基，传之子孙，世有典则。遂使三代而降，考论声明文物之治，道德仁义之风，宋于汉、唐，盖无让焉。呜呼，创业垂统之君，规模若是，亦可谓远也已矣！”

以上文字，取自《宋史·太祖本纪》，看着像是极力在为赵匡胤歌功颂德，可是古人文笔精妙，尤其是此文为元朝人所撰，是好是坏，褒贬之间要细细地玩味。比如“考论声明文物之治，道德仁义之风，宋于汉、唐，盖无让焉”。

只说了文物之治、道德仁义之风，武功大治则一点不提。这说来似乎也无可厚非，谁让宋朝在武功上一败涂地呢？而宋朝的朝政制度，尤其是军事制度，绝大部分都是由赵匡胤首创的，并且一以贯之，三百年不变。

以元朝人的胜利者身份，能说出这样的话，似乎已经非常厚道了。但真的是这样的吗？

无须细辩了，赵匡胤的一生，笔者已经勉运拙笔，恭录于上了，其中的是非曲直，伟岸卑微，相信一切公道自在人心，我们每个人的心中都因此而有了一个明暗参半但又宽容博爱的赵匡胤。这就足够了。至于他的千秋功罪，是否给宋朝打下了积贫积弱的底子，却没法盖棺定论。

因为他的生命是被突然终结的，宋朝的国运、权柄，它的施政纲领，也是突然间拐了弯的，这甚至带动了我们整个民族的命运跟着一起滑向了一个不可预知的境地。

此后三百年的历史进程，一直在东亚处于主导地位的汉民族建立的宋王朝不断地没落、衰败，直到亡国……它造成的余震，甚至波及了我们现代每一个人的心理状态。

南宋境内的各族被元朝统治者定为“第四等南人”受尽欺凌，此后，心底的阴影和屈辱一直难以消除。

而这些，都随着赵匡胤的突然死亡拉开了序幕。如果他不死，如果他还能再多活几年，事情还会是这样的吗？

这是一个绝望中的猜想，注定没有答案……在当时，也没有任何人能预知到这些。每个人都争着擦干了眼泪，向新一任的皇帝聚拢，去进行下一轮的权力游戏。

公元 976 年十月二十一日之后，赵匡胤冰冷的尸体躺在棺柩里，被孤零零地安置在皇宫的一个角落，要等到第二年的春天，即公元 977 年四月二十七日，他才被运往洛阳，葬入由他本人选定的陵墓里。

他死时，大雪纷飞，天寒地冻，当他落葬入土为安时，他的故乡洛阳已经春满人间，柳絮纷飞了……新的一年已经开始，历史也翻开了新的一页。

图书在版编目（CIP）数据

如果这是宋史．壹，太祖开国 / 高天流云著．— 杭州：浙江人民出版社，2021.7（2022.2 重印）

ISBN 978-7-213-09909-0

Ⅰ．①如⋯ Ⅱ．①高⋯ Ⅲ．①中国历史—宋代—通俗读物 Ⅳ．① K244.09

中国版本图书馆 CIP 数据核字（2020）第 232956 号

如果这是宋史壹：太祖开国

RUGUO ZHESHI SONGSHI YI : TAIZU KAIGUO

高天流云　著

出版发行　浙江人民出版社（杭州市体育场路 347 号　邮编　310006）
责任编辑　钱　丛
责任校对　张志疆　朱　妍
封面设计　艾　藤　沐　希
电脑制版　顾小固
印　　刷　三河市冀华印务有限公司
开　　本　700 毫米 ×1000 毫米　1/16
印　　张　22.75
字　　数　315 千字
版　　次　2021 年 7 月第 1 版
印　　次　2022 年 2 月第 2 次印刷
书　　号　ISBN 978-7-213-09909-0
定　　价　45.00 元

如发现印装质量问题，影响阅读，请与市场部联系调换。
质量投诉电话：010-82069336